KB051823

알기쉬운
블록체인&암호화폐
105 문답

김상규 지음

BOOK STAR

머리말

2016년 11월, 미래창조과학부 현 과학기술정보통신부 는 2차관 주재로 한국인터넷진흥원 KISA 핀테크 보안 · 인증기술 지원센터에서 '제35차 정보통신기술 ICT 정책 해우소'를 개최하였다. 이날 행사에서 블로코, 코인플러그 등 블록체인 전문 기업과 한국은행, 신한금융지주 등의 금융권, SK, KT, IBM 등 ICT 기업, 학계 등 다양한 분야의 관계자가 참석하여 블록체인 기술 활성화에 대해 논의하였다. 이날 회의에서는 세계적으로 주목받기 시작하는 블록체인 기술이 외국 선진국과 기술격차가 크지 않다는 점에서 국내 IT 업계가 시장을 주도해 나갈 좋은 기회로 보았고 우리 업계가 블록체인 기술의 글로벌 경쟁력을 갖출 수 있도록 규제 개선, 기술 개발, 인력 양성 등 필요한 지원을 아끼지 않기로 하였다. 그 결과 2017년 1월 한국인터넷진흥원에 '블록체인확산지원TF' 팀이 신설되었으며, 새롭게 블록체인팀에 발령받고 블록체인 산업 활성화와 규제 개선 등 정책 지원 업무를 수행하는 역할을 맡게 되었다.

팀의 초기 역할은 블록체인 산 · 학 · 연 · 관 전문가들의 의견을 듣고 앞으로의 정책 방향을 세우는 것이었다. 블록체인 거버넌스 생태계를 조성하기 위해 업계 의견을 모아 정부에 전달하는 역할도 수행했다. 부수적으로 블록체인 기술과 정책에 대한 공부는 당연히 수반되었다. 블록체인이라는 새로운 분야에 대해 이해하고 산업 활성화 추진 계획을 세우는 것은 쉬운 일이 아니었다. 지속적으로 블록체인 산 · 학 · 연 전문가들과 모임을 가지며 하나씩 단계를 밟아 나갔다. 비교적 초기에 동국대 블록체인연구센터 센터장인 박성준 교수님을 초청하여 블록체인에 대한 전반적인 강의를 듣고 의논하는 시간을 가질 수 있었다. 교수님은 미래 핵심 기술로 블록체인의 중요성을 강조하며 정보사회, 지식사회, 지능사회로 발전하는 과정에서 인터넷 다음의 차세대 인프라는 블록체인이 될 것이라고 하였다. 블록체인을 비트코인만 위주로 생각하고 있었던 일반적인 통념에서 벗어나서 블록체인의 진화로 인하여 이더리움과 같은 스마트 계약이 가능한 플랫폼이 발전할 것이라는 미래상을 보았다.

그 후로 2017년 한 해 동안 블록체인 산업 활성화를 위해 다양한 업무를 수행하였다. 블록체인 관련 정책 및 법제도 연구, 동향조사, 블록체인 오픈 포럼 구성 · 운영 등을 통해 블록체인 생태계 기반을 조성하였다. 블록체인 TechBiz 컨퍼런스를 개최하며 블록체인 산 · 학 · 연 · 관 전문가들의 최대 행사로 발전시켰다. 성과를 바탕으로 2018년에는 정부 예산을 더 확보하여 다양한 블록체인 시범사업 진행, 시장 중심의 생태계 기반 조성, 블록체인 중장기 사업기획 등 블록체인 산업 활성화가 본격적으로 시작되었다.

블록체인 오픈 포럼 사무국 구성 · 운영, 블록체인 TechBiz 컨퍼런스 기획, 블록체인 활성화 정책 연구, 블록체인 비금융 분야 법제 개선 연구 등을 수행해 온 경험을 바탕으로 블록체인 기술과 암호화폐에 대한 일반인들의 이해를 돕고, 곧 도래할 블록체인의 시대에 가장 필요한 지식들을 알리기 위해 이 책을 썼다.

1993년 IBM은 세계 최초의 스마트폰 '사이먼'을 출시하였다. 20cm 길이에 4cm의 두께, 그리고 510g의 무게를 가진 이 폰은 16MHz의 프로세서와 4.5인치 160x293 해상도의 LCD, 1MB 램, 1MB의 저장 공간을 가지고 있었다. 최신 폰인 갤럭시 S9+와 2.7GHz, 6.2인치 2960x1440 AMOLED, 6GB램, 256GB 비교해 볼 때 단순 수치상으로 프로세서는 170배, 해상도는 90배, 램은 6,000배, 저장 공간은 26만 배의 성능 차이가 난다. 그렇지만 통화, 이메일, 주소록, 계산기, 달력, 게임, 카메라, 지도, 음악 등 PDA와 휴대전화가 한 기기 안에 통합된 당시로서는 상상도 못한 혁신적인 제품이었다. 또한 휴대전화로 전화 거는 것을 터치스크린에서 구현하는 방법, 응용프로그램을 업데이트하는 방법, 휴대전화를 원격으로 설정해 활성화하는 방법 등이 이미 그 당시에 개발되어 있었다. 하지만 비싼 가격과 무선 데이터 네트워크의 한계, 그 외 환경적 한계 등으로 완전한 실패로 끝났다. 당시 대부분의 사람은 이런 스마트폰을 필요 없는 제품으로 보았다. 당시 누가 스마트폰이 미래에 필수품이 될 것이라고 예측했을까?

당시 스마트폰에 관심을 가지지 않거나 무시했던 사람들이 저지른 실수는 기술의 초기 단계만을 보고 그 기술을 판단하려 했던 것이다. 마찬가지로 현재 블록체인 기술이 과장된 것이라고 주장하거나 실생활에 필요 없다고 생각하는 사람들은 똑같은 오류를 범할 가능성이 높다. 블록체인 기술은 가치의 저장과 전송 기능만을 갖는 비트코인에서 시작하였지만 현재 금융, 비금융 등 다양한 산업 영역에서 기술 개발이 이루어지고 있으며 비트코인과 실생활에서 활용될 예정이다. 블록체인 기술의 잠재력을 비트코인과 같은 암호화폐만을 가지고 판단해서는 안 된다. 블록체인을 사회 곳곳에 적용하여 4차 산업혁명을 선도할 기술로 받아들일 필요가 있다. 이 책의 목적은 독자들이 오늘날 블록체인 기술의 적용 분야와 잠재력을 이해하고 미래 사회에서 블록체인이 가져올 변화와 충격을 예측하는 데 도움을 주는 것이다.

모든 혁명의 시작은 언제나 가장 생동적이고 가슴이 설레는 시기이다. 혁명의 초기에 참여하는 사람들은 가장 큰 보상을 받고, 가장 큰 유산을 남기며, 가장 큰 즐거움을 얻는다. 블록체인 혁명이 막 일어나고 있다. 미래 전망에 확신을 가지고 이 혁명에 동참하기를 바란다.

끝으로 책을 펴내는데 정성을 쏟아주신 출판사 박정태 회장님과 임직원 여러분께 고마움을 전한다.

추천사

블록체인 분야에서도 법률적 이슈가 급증하는 현실에서, 이 책은 관련 법률가 또는 일반인들에게 블록체인, 암호화폐에 관한 기술적 지식을 체계적으로 학습할 수 있도록 구성되어 있다는 점에서 종래 관련 서적들과는 기능적 차별성이 뚜렷하다고 봅니다.

곽부규 법무법인 광장 변호사 (前 서울중앙지법, 특허법원 판사)

미래 인터넷 혁신을 이끌 블록체인 기술과 서비스, 암호화폐를 쉽게 이해할 수 있는 소중한 책이 발간된 것을 축하합니다.

김사혁 정보통신정책연구원 부연구위원 (블록체인 예타 생태계분과 위원장)

4차 산업혁명에 중요한 데이터 공유 기술의 하나로 등장한 블록체인을 쉽게 이해할 수 있도록 100가지 질문을 통해 블록체인 개념을 설명한 책으로, 기술 개발보다 활용에 관심을 가진 독자들에게 일독을 권합니다.

김종현 정보통신기획평가원 PM

미래를 바꿀 블록체인, 많은 사람이 물어 왔던 질문에 해답을 제시하는 기다려 왔던 책이다. 질문과 답을 통해 블록체인의 실체에 이해하기 쉽고 분명하며 직관적으로 접근하고자 하는 분들에게 추천합니다.

김항진 아이콘 루프이사 (오픈블록체인산업협회 공공분과장)

블록체인의 활용 가능성은 이제부터 시작이고, 일상적인 삶에서의 계약서 작성, 신용카드 거래 등의 변화는 벌써 상식이 되어 가고 있다. 이러한 현실에서 블록체인에 대한 기술적 내용과 법률적 쟁점을 실무자 관점에서 소개하고 있는 탁월한 책이다.

김혜규 특허법원 사무관 (변호사)

블록체인은 4차 산업혁명의 핵심 기술로 서울시에서는 시정 관리 및 정부 보조금 관리를 포함한 다양한 공공 서비스에 적용하기 위해 시도하고 있다. 이를 통해 투명성, 신뢰성, 효율성, 민주성을 실현하고 시민 편의성을 높일 것으로 기대된다. 블록체인이 바꿀 미래에 대해 알고 싶다면 이 책을 읽어 보길 추천한다.

김호평 서울특별시 시의원 (변호사)

블록체인에 대해 꼭 알아야 하는 주제들을 콕 집어서 쉽게 설명하지만, 필자의 열정으로 책장이 뜨겁다. 글로벌 리더십 확보 정책 초기부터 깊이 관여해 온 필자의 통찰력이 확연하다.

노종혁 한국마이크로소프트 상무 (미국변호사, 디지털 디플로머시)

필자는 KISA에 근무하면서 국내 블록체인 태동부터 지금까지의 발전 과정을 지켜보았던 경험을 살려 블록체인 개념을 쉽게 이해할 수 있도록 문답 형태의 책을 저술하였다. 블록체인 기술에 궁금하였던 분들에게 좋은 길라잡이가 될 것으로 확신한다.

류재철 충남대학교 교수

블록체인의 전반적인 개념 및 산업에서 활용할 수 있는 비즈니스 영역까지 문답식으로 제공함으로써 블록체인에 종사하는 분들께 가장 필요한 입문서가 될 것입니다.

박세열 한국 IBM 블록체인 기술총괄상무

블록체인을 이해하기 위해 개요부터 기술, 서비스 및 생태계까지 필요한 모든 정보들이 잘 정리된 입문서이다.

박현제 서강대학교 교수

이 책은 미래의 주요 기반시설인 블록체인 및 암호화폐에 대하여 깊이가 있으면서도 알기 쉽게 정리가 된 책입니다. 일반인부터 전문가까지 일독하면서 큰 흐름을 파악하시면 좋을 것 같습니다.

손도일 법무법인 율촌 변호사 (율촌 ICT팀장)

4차 산업혁명으로 모든 것이 초연결되는 시대에서 블록체인은 중요한 역할을 할 것이다. 이 책을 통해 블록체인이 바꿀 미래상을 미리 볼 수 있기를 바란다.

오세현 SK텔레콤 전무 (오픈블록체인산업협회 회장)

블록체인과 암호화폐에 대해 누구나 궁금할만한 질문들이 정리된 책이다. 손에 잡히는 내용으로 알차게 구성된 훌륭한 입문서!

유거송 한국과학기술기획평가원 부연구위원

이책은 지금 현재 많은 관심을 받고 있는 블록체인에 대해 초보자도 쉽게 이해할 수 있도록 설명되어 있으며, 특히 원자력을 포함한 다양한 분야에의 응용 가능성을 제시하고 있다는 점에서 일독의 가치가 있다.

유호식 한국원자력통제기술원 본부장

저자는 공공 분야 블록체인 도입을 추진한 전문가로서 블록체인과 암호화폐의 순기능적 활용 가능성에 대해 이해를 돕는 지식서를 집필하였다. 본서는 암호화폐의 편견을 깨뜨리고 미래 사회에 가져다 줄 본질적 혜택을 객관적 시각으로 풀어냄으로써 독자로 하여금 새로운 관점에서 비즈니스 기회를 통찰할 수 있도록 나침반의 역할을 충실히 하고 있다.

이대철 씨앤엘컨설팅 대표 (한국IT서비스학회 이사)

흔히들 4차 산업혁명을 선도할 만한 기술로 블록체인을 많이 언급하고 있다. 블록체인에 대한 105문 105답은 블록체인에 대한 이해와 활용, 비트코인 및 알트코인, 그리고 암호화폐의 거래에 대해 명확한 설명을 제시하여, 독자들로 하여금 블록체인이 가져올 새로운 혁신의 시대에 동참하기 위한 이해도를 한 단계 올릴 것으로 기대한다 .

이욱경 FSH KOREA 대표 컨설턴트

블록체인이라는 키워드가 우리 사회에 던져진 이후, 많은 블록체인 관련 서적들이 쏟아져 나오기 시작하였다. 그러나 그 어떤 서적도 이렇게 다양한 각도에서 블록체인을 조명한 책은 없었다.

이은솔 메디블록 대표 (영상의학과 전문의)

2018년 한 해 동안만 비트코인이 2,600만 원에서 360만 원선까지 급락했다. 이와 함께 블록체인과 디지털 자산에 대한 기대에 가득찼던 시각도 보다 이성적으로 바뀌고 있다. 4차 산업혁명의 주요 기술 중 하나로 자리매김하기에는 블록체인이 아직까지 보여 준 것이 많지 않다. 기술은 보다 성숙되어야 하고 제도와 정책의 뒷받침도 필요하다. 그리고 블록체인 기술의 도입이 효과를 가져올 수 있는 산업이나 과업이 어떤 것인지도 면밀히 살펴서 적용해야 할 것이다. 어쩌면 이제부터가 블록체인 산업이 제대로 시작할 준비가 되어가는지도 모른다. 그리고 모든 시작은 기본적인 것에서 출발한다. 블록체인과 암호화폐 등 디지털 자산에 대한 기본내용을 컴팩트하게 정리하고 싶은 분들께 이 책을 권한다. 마지막장을 덮을 때쯤 정신없이 변화하는 블록체인 산업에 좀 더 다가설 수 있을 것이다.

이중엽 소프트웨어정책연구소 선임연구원

전 세계는 지금 블록체인이 화두다. 넘쳐나는 블록체인 프로젝트와 코인들을 거시적 관점에서 판단할 수 있도록 도움을 주는 입문 지침서로 추천한다.

전삼구 더블체인 대표

한국인터넷진흥원 블록체인 확산지원TF팀에서 대한민국 블록체인 기술의 시작을 담당했던 저자의 수고와 고민이 이 책에 고스란히 담겨 있습니다. 블록체인 기술 중 가장 중요한 테마들로만 쉽고 재미있게 구성되어 이 책을 읽는 사람 누구나 블록체인 전문가가 될 것으로 기대합니다.

정연택 법무법인 바른 변호사 (前 서울중앙지법, 서울고법 판사)

블록체인의 혁명은 이미 시작됐다. 《알기쉬운 블록체인 & 암호화폐 105문답》은 블록체인 기술의 활용과 그 잠재력, 생태계에 없어서는 안 될 암호화폐를 제대로 이해할 수 있도록 A~ Z까지 명료하게 설명하고 있다.

조중환 CCTV뉴스 기자

블록체인과 암호화폐에 대해 이렇게 쉽고 체계적으로 정리한 책은 드물 것입니다. 블록체인, 암호화폐 관련 업무를 우리나라 공공기관에서 처음으로 시작했던 저자의 고민과 노력이 녹아 있기에 가능했을 것입니다. 이에 이 책을 강력히 추천드립니다.

최용관 커먼즈파운데이션 이사장

차례

Part 1 암호화폐의 기초 알아보기

Part 2 블록체인 자세히 알아보기

Part 3 블록체인의 다양한 활용

Part 4 블록체인과 암호화폐 국내외 동향

Part 5 암호화폐 투자 개론

Part 6 암호화폐 거래하기

Part 7 암호화폐 채굴

Part 8 암호화폐 ICO

Part 9 비트코인 자세히 알아보기

Part 10 알트코인 알아보기

PART

01

암호화폐의 기초 알아보기

001 암호화폐란 무엇인가요?

Q 암호화폐란 무엇인가요?

A 블록체인 기술을 사용하여 코인을 발행하고 거래 내역을 검증하는 시스템으로 이루어졌으며, 제3의 중앙관리기관을 필요로 하지 않는 디지털 화폐입니다.

암호화폐의 정의

암호화폐란 디지털 화폐의 한 종류로, 보안을 위해 블록체인 기술을 사용하여 코인을 발행하고 거래 내역을 검증하는 시스템으로 이루어져 있다. 국가별 중앙은행에서 발행하는 기존의 법정화폐와 달리 중앙관리기관이 존재하지 않는 분산형의 새로운 통화 시스템이다. 전체 발행량이 미리 정해져 있고, 네트워크 참여자들이 암호화된 데이터를 풀어내는 채굴이라는 과정을 통해 화폐가 발행된다. 거래 정보를 기록한 장부를 특정 중개기관의 중앙 서버에 보관하는 대신 네트워크상에 분산하여 공동으로 기록하고 검증·관리한다.

화폐의 진화

비트코인의 출현으로 세상에 나오게 된 암호화폐는 기본적으로 거래를 위한 시스템이기 때문에 거래의 의미를 알아봄으로써 더 잘 이해할 수 있다. '거래'란 쉽게 말하자면 내가 가지고 있는 것을 상대가 가치를 느끼고, 상대가 가지고 있는 것을 내가 가치가 있다고 느낄 때 서로 교환하는 것이다. 선사시대부터 물물교환의 형태로 거래는 이루어졌고 우리나라의 경우 고려 시대부터 화폐가 거래 수단으로 등장하기 시작한다. 국가의 통제를 받아 물물교환을 가능하게 하는 가치로서 화폐가 등장한 것이다. 엽전이라는 화폐의 형태에서 근대에 이르러 종이 형태의 지폐가 등장했다. 금속 덩어리인 엽전보다 더 가지고 다니기 수월했고 적은 부피로 더 큰 가치를 지니고 다닐 수 있었다. 20세기 정보화 시대를 맞이하며 컴퓨터가 등장하였고, 금융기관을 매개로 거래를 좀 더 수월하게 진행할 수 있게 되었다. 카드와 계좌 이체라는 새로운 결제 시스템이 등장하였다. 이제는 모바일로 어느 곳에서나 돈을 무형의 형태인 디지털로 송금이 가능하다. 화폐의 형태는 이렇게 사람들이 더 가지고 다니기 쉽고 사용하기 편리하도록 진화해 왔다.

[그림 1-1] 화폐의 진화

그동안 화폐가 진화해 오면서 따라왔던 것은 거래와 함께 이루어지는 장부의 작성이다. 장부가 없다면 A가 B에게 가치를 지급해도 기록이 남아 있지 않아서 그 거래를 증명할 방법이 없기에 지급했음에도 불구하고 반대급부를 받지 못할 수 있다. 예를 들면 A가 B에게 5만 원을 송금하고 B는 A에게 상품을 배송한다. 그리고 A가 상품을 받았다. 만약 이때 장부에 거래 내용이 남아 있지 않으면 악의적인 B는 5만 원을 또 요구할 수 있다. A는 장부를 통해서 5만원을 송금했음을 증명할 수 있다. 이것이 장부가 중요한 이유이다. 현재는 은행 또는 카드회사와 같은 중앙화된 제3의 기관에서 수수료를 받고 장부를 작성하며 거래하는 시스템이 일반적이다.

이러한 금융 시스템은 현재 가장 많이 사용되는 결제 및 거래 수단이다. 제3의 중앙기관으로 대표격인 은행은 사람들의 송금 등 거래 내역을 관리해 주며, 모든 내역을 은행의 장부에 작성한다. 우리 모두가 은행과 같은 제3의 중앙기관을 신뢰하고 있기 때문에 이러한 금융 시스템이 잘 운영될 수 있는 것이다.

제3의 중앙기관의 문제점

현재 제3의 중앙기관이 통제하는 금융 시스템은 전반적으로 잘 운용되고 있다. 하지만 몇 가지 문제점을 가지고 있다. 첫 번째로 해킹 등 위·변조가 일어날 수 있다. 모든 정보가 중앙 서버에 저장되어 있으므로 보안을 철저히 하겠지만, 해커에게 시스템의 취약점이 노출될 경우 큰 피해가 발생할 수 있다. 또한, 중앙관리기관의 내부자가 악의로 정보를 조작할 수도 있다. 두 번째로 금융 시스템을 구축하는데 비용이 많이 들어가게 되고 이러한 비용은 이용자에게 전가되어 금융 비용을 증가시키게 된다. 세 번째로 화폐를 발행하는 중앙은행과 정부가 통화 정책을 잘못된 방향으로 조정할 때 화폐 가치에 부정적인 영향을 줄 수 있다.

이러한 문제점을 해결하기 위하여 제3의 중앙기관이 없는 시스템을 만들기 위하여 노력해 왔다. 하지만 디지털 세계에서는 복제가 일어나는 것을 막을 수 없기에 이러한 시도는 한계에 부딪혀 왔다. 그러던 중 2009년 '사토시 나카모토'가 비트코인을 발표하며 디지털 세계에서 복제가 일어나지 않는 시스템을 만들 수 있음을 보여 주었다. 복제 가능성은 디지털 세계에서 당연히 수반되는 것이었는데 비트코인이 이 문제를 한 번에 해결한 것이다.

002 암호화폐와 기존 화폐의 차이는 무엇인가요?

Q 기존 화폐와 암호화폐의 차이는 무엇인가요?

A 기존 화폐는 제3의 중앙기관에서 총괄하여 관리하지만, 암호화폐는 네트워크상의 모든 참여자들이 함께 관리합니다.

Q 암호화폐, 가상화폐, 가상통화는 다른 것인가요?

A 일반적으로 같은 의미로 사용하지만, 엄밀히 따지면 범위 등에서 차이가 있습니다.

장부 관리에 대한 발상의 전환, 비트코인

비트코인은 정보 시스템 관리에 대한 발상의 전환을 이루어 낸 것이다. 중앙기관이 단독으로 정보를 가지고 있음으로써 문제가 발생하고 해킹과 위·변조의 위험에 항상 시달리니, 정보를 모두가 나누어 갖자는 것이다. 중앙기관에서 모든 정보를 통제하는 기존의 시스템과 달리 정보를 네트워크상의 모든 참여자가 공동으로 검증하고 관리하는 것이다. 비트코인은 모든 거래 기록이 담긴 장부를 네트워크상의 참가자들이 나누어 갖는다. 현재의 금융체계에서는 은행에서 거래 내역에 대한 진위를 확인해 주지만, 비트코인에서는 네트워크상의 참여자들이 진위를 확인해 준다. 누군가 해킹을 하려면 네트워크 참여자들의 모든 장부를 조작해야 하는데, 이것이 불가능하기 때문에 보안 측면에서 안전하다. 이렇게 중앙화된 기관이 독점하는 것이 아닌, 전 세계 사람 누구나 민주적인 방법으로 거래 장부를 작성하는 비트코인 등을 암호화폐라고 부른다. 암호화폐는 다른 말로 탈중앙화된 decentralized 또는 분산화된 distributed 장부라고도 한다.

비트코인은 하나의 블록에 여러 개의 기록을 남기고 그 블록은 평균적으로 10분에 하나씩 생성된다. 최초의 0번 블록인 원시 블록 genesis block 이 생길 때부터 규칙이 약속되어 있다. 그 거래기록이 작성된 블록들이 시간 순서대로 체인처럼 쭉 줄을 지어 있는 것이 블록체인이다. 기존의 화폐 시스템은 과거를 비롯하여 현재까지도 중앙화된 기관이 장부를 작성하고 거기에 비싼 수수료를 가져간다. 하지만 암호화폐는 수수료도 그에 비하면 더 저렴할 뿐만 아니라 보안 측면에서도 훨씬 진보적이다.

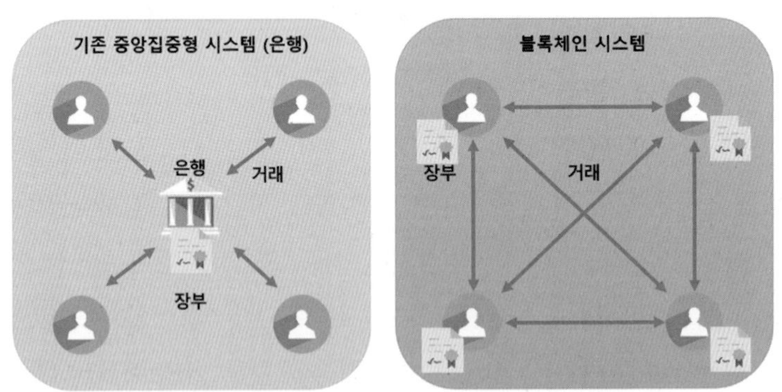

[그림 1-2] 기존 중앙 집중형 시스템 VS 블록체인 시스템

은행으로 대표되는 기존 중앙 집중형 시스템은 금융 거래 시 은행에 보관되어 있는 하나의 장부를 기준으로 하여 진행된다. 반면 블록체인 시스템에서는 이용자들 모두가 장부를 분산되어 갖고

서로 명세를 검증해 준다.

가상화폐 vs 암호화폐 vs 가상통화

일반적으로 가상화폐를 암호화폐보다 넓은 범위로 본다. 가상화폐란 실체를 갖지 않아 실물이 존재하지 않는 자산 거래 수단이라는 뜻으로 국외에서 'Virtual Currency'라는 단어로 흔히 사용된다. 지폐나 동전과 같은 실물이 없이 네트워크로 연결된 가상 공간에서 사용되는 전자적 형태의 전자화폐를 말한다. 가상화폐를 싸이월드의 도토리나 네이버페이, 카카오페이 등 전자 지급 서비스와 같이 중앙 서버에 종속하여 가입된 사용자들에게 통용되는 화폐를 포함하여 인터넷상에서 통용되는 모든 사이버머니는 물론 비트코인, 이더리움과 전자 상품권 등을 포함하여 범위를 넓게 본다. 국내 언론매체에서는 가상화폐를 블록체인 기술을 활용한 암호화폐를 포함하여 해석하는데 혼란을 일으킬 소지가 다분하다.

암호화폐는 블록체인 기술을 적용한 가상화폐로 현재 국제적으로 가장 널리 쓰이는 'Crypto Currency'에 가장 가까운 번역이다. 블록체인의 핵심이 암호 기술이기 때문에 암호화Crypto 되어 있는 화폐Currency 라는 뜻이다. 가상통화가 모든 전자적 화폐를 총칭하는 반면, 암호화폐는 비트코인 등 블록체인 기술을 활용된 화폐만을 가리킨다.

가상통화의 경우 암호화폐의 같은 의미로 쓰이는데 정부에서는 암호화폐보다는 가상통화라는 단어를 공식적으로 사용하고 있다. 가상통화의 영어 명칭은 'Virtual Currency'이지만 정부에서는 Currency를 화폐가 아닌 통화로 해석하여 사용하고 있다.

003 암호화폐는 화폐인가요?

Q 암호화폐는 화폐인가요?

A 교환, 가치 저장, 가치 척도 등의 기능적 측면에서나, 현행법적 측면에서나 암호화폐는 화폐가 아닙니다.

Q 암호화폐가 화폐가 될 수는 없을까요?

A 향후에 기술 발전, 사회적 합의 등을 통해 화폐로서의 일부 기능을 가질 수도 있을 것입니다.

암호화폐와 VS 화폐

암호화폐 Crypto currency 라는 단어는 암호화 Crypto 라는 단어와 화폐 Currency 가 합쳐 만들어진 단어이다. 단어에 '화폐'가 포함되어 있어 암호화폐가 화폐인지 논란을 일으킨다. 암호화폐는 블록체인 기술을 사용하여 거래 안전성을 확보하고, 추가적인 화폐 발행을 통제하며, 거래 수단으로 활용되는 디지털 자산이라고 볼 수 있다. 이 정의에 따르면 화폐의 기능을 가진다고 해도 이상할 것이 없다. 반면 화폐금융론에 따르면, 화폐는 교환 및 가치 저장의 수단이자 가치 척도의 기준으로 정의된다. 엄밀하게 따져보면 화폐의 기능이지 정의라고 보기에는 애매하다. 한 단계 더 나아가 교환, 가치 저장, 가치 척도의 세 가지 기능을 수행할 수 있도록 신뢰가 부여된 증표가 화폐라고 볼 수 있다. 여기에서의 '신뢰가 부여된 증표'는 일반적으로 국가 같은 제3의 중앙기관이 지정하고 이것이 곧 법정화폐가 된다.

이런 측면에서 볼 때 비트코인을 비롯한 암호화폐를 화폐로 보기란 쉽지 않다. 신뢰받는 무엇인가가 화폐가 될 수 있는 자격이 있는 것은 둘째 치더라도 교환, 가치 저장, 가치 척도의 기능을 활용하여 화폐로 쓰이기 위해서는 가격이 안정적이어야 한다. 가격이 불안정하게 움직이는 암호화폐가 거래에서 쉽게 쓰이기는 어렵다. 거래 처리 속도가 생각만큼 빠르지 않다는 점도 문제이다. 우리나라의 법정화폐는 한국은행이 발행하는 화폐이며 현행법상으로도 암호화폐는 화폐가 될 수 없다.

미래에 암호화폐는?

현재 시점에서 교환, 가치 저장, 가치 척도의 기능적 측면에서나 현행법적 측면에서나 암호화폐는 화폐가 될 수 없다. 다만 향후에 암호화폐 가격이 안정되고 기술 발전으로 거래 처리 속도가 획기적으로 단축되고 사회적으로 신뢰할 수 있는 분위기가 조성된다면, 암호화폐는 교환, 가치 저장, 가치 척도의 기능을 충족할 수 있는 형태로 발전할 수 있을 것이다. 이런 상황에서는 화폐로서의 기능을 수행할 수도 있을 것이다. 향후 암호화폐에 관련된 법이 제정되어 지위를 명확히 하는 일이 수반된다면 암호화폐를 둘러싼 불확실성이 제거될 것이고 미래 사회에서의 화폐로 자리 잡을 수 있을 것이다.

004 암호화폐는 어떻게 생겨났나요?

Q 암호화폐는 어떻게 생겨났나요?

A 2009년 사토시 나카모토가 비트코인을 공개함으로써 암호화폐는 탄생하였습니다.

비트코인의 탄생

최초의 암호화폐는 비트코인이므로 비트코인의 역사가 곧 암호화폐의 역사라고 볼 수 있다. '사토시 나카모토'라는 익명의 프로그래머가 기존의 법정통화를 대신할 새로운 화폐를 만들겠다는 발상에서 2009년 비트코인을 처음 개발했다. 2009년은 미국발 금융위기가 지속되던 시기로 미연방준비은행 Federal Reserve Bank 이 막대한 양의 달러를 찍어내 시장에 공급하는 양적 완화가 시작된 해이다. 이러한 상황에서 달러화 가치 하락 우려가 겹치면서 비트코인이 대안 화폐 중 하나로서 등장했다. 정부나 중앙은행, 금융회사 등 중앙기관의 개입 없이 작동하는 화폐를 창출하면서 그동안 국가가 발행하는 법정화폐는 화폐 가치를 마음대로 조종하여 왔음을 비판하였다.

'사토시 나카모토'는 'a peer to peer electronic cash system'이라는 논문을 2008년 10월 발표하면서 비트코인과 함께 블록체인 기술을 소개하였다. 2009년 1월 3일 비트코인의 첫 번째 거래인 50개의 비트코인 채굴을 함으로써 제네시스 블록을 생성하였다. 2009년 10월 비트코인의 한 채굴자는 비트코인의 거래 환율을 1달러당 1309비트코인 1 BTC=약 1원 으로 공시하였고, 이것이 비트코인 최초의 가격이 되었다.

비트코인의 목적

'사토시 나카모토'가 비트코인을 설계한 목적은 그가 남긴 논문에서 찾아볼 수 있다. 그는 논문에서 "완벽한 전자화폐 시스템은 온라인을 통해 일대일로 직접 전달할 수 있다. 이 과정에서 금융기관은 필요하지 않다"라고 말하여 기존의 금융 시스템에 대한 부정적인 의견을 나타냈다. 이어서 "인터넷 상거래는 일반적으로 제3자인 은행이 보증하는데 이런 시스템에서는 신용에 기반한 근본적 결함이 있을 수밖에 없다"고 주장했다. 은행 등 금융기관이 해킹과 위·변조의 문제가 있다는 것을 강조한 것이다. 기존 시스템에 대한 반감은 당시의 시대상을 반영하는 것이다. 논문이 발표된 해에는 미국 투자 은행 리만 브라더스 파산과 함께 글로벌 금융위기가 찾아왔다. 은행도 파산하면서 금융 시스템에 대한 신뢰가 무너지기 시작했다. 이에 더해 금융 거래를 전 세계적으로 저렴하고 편리하게 하겠다는 의도가 논문에서 읽혀진다.

005 사토시 나카모토는 누구인가요?

Q 비트코인의 창시자 사토시 나카모토는 누구인가요?

A 사토시 나카모토가 누구인지는 밝혀지지 않았으며, 그동안 사칭하는 사람들이 있었지만 누구도 자신이 맞다는 것을 증명하지 못했습니다.

사토시 나카모토 Satoshi Nakamoto

'사토시 나카모토'는 2008년 비트코인 논문의 저자로서 등장한다. '사토시 나카모토'는 비트코인을 만든 사람 또는 집단일 수 있으며, 위치 추적이 어려운 브라우저 등을 활용하며 활동을 하였기에 정체를 알 수 없었다. 일본인 이름을 가명으로 사용하였지만 일본어를 쓴 적은 없고 영어를 사용하였다. 사용하는 영어는 영국식 영어를 기본으로 미국식 표현도 섞여 있는 점으로 보아 한 사람이 아닌 여러 명으로 구성된 집단일 가능성도 제기되었다. 비트코인 프로그래밍 작업은 한 사람이 하기는 불가능하다는 점이 집단일 가능성에 더 무게를 실어준다. '사토시 나카모토'가 누구인지 추적하려는 시도는 많았으나 실패하였고, 자신이 '사토시 나카모토'라 주장하는 사람도 몇 있었지만 자신임을 증명하지는 못했다.

비트코인 개발자인 '사토시 나카모토' Satoshi Nakamoto 는 제3의 중앙 신뢰기관이 필요하지 않는 전자화폐 시스템을 연구한 결과로써 2008년 10월 9페이지짜리 비트코인 논문을 공개하였다. 그는 2009년 1월 50개의 비트코인을 채굴하며 비트코인의 첫 블록을 생성하였다. 그 당시에는 사토시 외에 아무도 비트코인을 몰랐기 때문에 다른 사람들에게 비트코인 네트워크에 참여하도록 요청하였다. 다행히 관심을 가진 소수의 사람들과 네트워크의 운영을

시작하였고, 업데이트를 하며 비트코인 시스템을 개선해 나갔다. 그러다가 2010년 12월 비트코인 포럼 커뮤니티에 쓴 마지막 글 이후로 그는 나타나지 않았다. 사토시는 100만 비트코인 약 4조원 을 가지고 있는 것으로 추정된다. 그동안 그를 찾기 위한 노력도 있었고 사칭하는 사람도 있었다. 사토시로 추정되었거나, 자신임을 주장한 몇 명을 살펴보기로 한다.

할 피니 Hal Finney

'사토시 나카모토'가 2009년 비트코인의 첫 채굴을 시작하고 첫 거래를 시작한 대상이다. 당시 50대 중반이었던 '할 피니'가 처음으로 비트코인에 관심을 보였다. '사토시 나카모토'와 비트코인을 채굴하고, 서로에게 전송하며 시스템을 테스트하였다. 이러한 과정은 비트코인이 제대로 된 시스템임을 보여 주었고 초기 사용자들을 끌어들이게 된 계기가 되었다. 비트코인 프로젝트에 중대한 기여를 한 '할 피니'는 2014년 루게릭병으로 별세하였다. '사토시 나카모토'와 '할 피니'의 이메일 대화 내용은 공개되어 있으며, '할 피니'가 사토시에게 비트코인 프로그램의 문제점을 제기하고 사토시가 그에 대응하여 버그를 수정하며 비트

코인 코어를 개선해 나갔다.

도리안 나카모토

2014년 미국의 언론사 뉴스위크에서는 '사토시 나카모토'가 일본계 미국인으로 현재 '도리안 나카모토'로 개명하여 살고 있다고 발표하였다. 그는 수학자로서 미국 기업, 국방부 등과 함께 프로젝트를 해온 사람이다. 그러나 '도리안 나카모토'는 몇 시간 만에 나타나서 비트코인과 관련이 없음을 밝혔다. 실제 비트코인의 창시자 '사토시 나카모토'의 온라인 계정에서도 '도리안 나카모토'가 비트코인 개발자가 아님을 발표하여 해프닝으로 일단락되었다.

크레이그 스티븐 라이트 Craig Steven Wright

2015년 호주의 컴퓨터 공학자인 '크레이그 스티븐 라이트'가 자신이 비트코인 개발자임을 주장하였다. 비트코인을 암호화하는데 사용한 키를 공개하며 이것이 자신이 '사토시 나카모토'라는 증거라고 하였다. 그러나 이 정도로는 기술적 증명이 불충분하다는 지적이 계속되었고, 확실한 증명을 요구하자 아무리 증명을 해도 믿지 않을 것이라는 말을 남기며 그만두었다.

알 수 없는 비트코인 개발자의 정체

이 외에 '닉 사보' Nick Szabo , '마티 말미' Martti Malmi , '찰리 리' Charlie Lee 등이 '사토시 나카모토'로 지목되었지만 확실히 밝혀진 것은 없다. '사토시 나카모토'는 한 사람이 아니라 여러 사람일 수도 있다. 사람이 아닌 집단 기관일 수도 있다. '사토시 나카모토'가 누구인지 궁금하지만 우리가 사토시가 누구인지를 알아야 할까? 사토시 나카모토는 비트코인의 개발자인 자신이 없어도 시스템이 정상적으로 돌아가는 탈중앙화 시스템의 위대함과 블록체인의 철학을 보여 주기 위하여 이렇게 정체를 숨겼는지도 모른다. 우리가 원한다면 모두 '나카모토 사토시'가 될 수 있다. 이것이 비트코인과 블록체인의 철학이다.

006 암호화폐는 믿을수 있나요?

Q 암호화폐는 믿을 수 있나요?

A 블록체인 기술을 사용하여 신뢰성, 투명성, 보안성을 완벽하게 충족시키고 있기 때문에 믿을 수 있습니다.

암호화폐 신뢰의 근원

암호화폐는 거래 내역에 대한 데이터 시스템이며 네트워크 시스템의 가치를 지니고 있다. 암호화폐를 가진다는 것은 자신의 컴퓨터에서 이를 갖는다는 것이 아니다. 클라우드 장부상에 돈에 대한 등기부 등본처럼 기재되고 그것을 사용할 수 있는 소유권을 가지는 것이다. 블록체인상의 거래 데이터는 한번 발생하면 영구적으로 남는다. 반면에 싸이월드의 도토리, 리니지의 사이버머니 등은 관리하는 회사가 인위적으로 발생량을 조정할 수 있고 위・변조할 수도 있으며, 최악의 경우로 관리하는 회사가 사라지면 아무것도 아닌 것이 된다. 반면 블록체인상에 기재된 데이터는 어떤 회사 또는 기관이 도산해도 없어지지 않는다. 전 세계 인터넷망이 없어지지 않는 한 영원히 블록체인상의 데이터와 암호화폐는 남는다. 이것이 분산 시스템의 우월성이다. 기존 화폐 시스템이 국가가 가치를 부여했다고 한다면, 암호화폐는 블록체인 시스템이 가치를 보장한다. 블록체인 기술로 전 세계에 P2P 네트워크망으로 연결된 모든 노드, 즉 우리 모두가 이를 보증하고 우리 모두가 가치를 인정하기 때문에 믿을 수 있는 것이다.

007 암호화폐의 종류는 어떻게 되나요?

Q 암호화폐의 종류는 어떻게 되나요?

A 2,000개의 암호화폐가 발행되어 있습니다.

Q 암호화폐의 가치는 얼마나 되나요?

A 2018년 말 기준, 모든 암호화폐의 가치를 더하면 약 110조 원으로 삼성전자의 시가총액의 절반 정도와 비슷합니다.

암호화폐의 종류

기본적으로 암호화폐는 디지털 통화로써 송금 기능만을 가진 것부터 블록체인 솔루션, 슈퍼컴퓨터, 카지노, 플랫폼, 게임, 소셜 네트워크, 클라우드 저장, 메신저, 헬스케어, 과학 · 연구, 사물인터넷, 부동산 등 다양한 분야에 특화되어 발행되고 있으며, 2018년 말 기준으로 약 2,000여 개의 암호화폐가 존재한다. 각 분야별로 대표적인 암호화폐는 다음과 같다.

분야	암호화폐	분야	암호화폐
디지털 통화	Bitcoin, Litecoin, Dash, Bitcoincash, Zcash, Ripple, Komodo, Arkcoin, Vergecoin, Bytecoin, Metal, Groestlcoin, Pivx, Monero, Dogecoin, Vertcoin, Monacoin	블록체인 솔루션/플랫폼	Ethereum, Qtum, Stratis, Decred, waves, Ardor, Neo, Nxt, Eos, Hcash, Ethereumclassic, Raiblocks
슈퍼컴퓨터	Golem coin, Elastic	예측, 배팅	Augur, Gnosis, Byteball, WINGS
소셜 네트워크	Steem, Reddcoin, Bitmark, LBRYcredits, Golos, Synereo, Singulardtv	클라우드 저장	Siacoin, Storj, MaidSafe, Storjcoinx
에너지	Power Ledger, Energo, Peercoin, Burstcoin, Energycoin	과학/연구	Einstenium, Gridcoin, Foldingcoin, Curecoin
사물인터넷(IoT)	IOTA	부동산	Bitland
문화/예술/음악	Artbyte, Musicoin	광고 플랫폼	AdEx, BATcoin

분야	암호화폐	분야	암호화폐
도메인/인터넷	Namecoin, Shift	헬스케어	Medibloc, Medical chain, Humaniq, Sequence, Patientory
메신저, 어플	Status, Cryptoping	직불카드	Tokencard, Monaco, Tenx, Plutoncoin
투자/자산관리	Iconomi, Taascoin, Meloncoin, Wetrust, Gambit, Sphere, Apx	전자상거래	Syscoin, Swarmcity, Bitbay, Incent

암호화폐의 가치

암호화폐의 종류는 2,000여 개에 달하며, 이들의 시가총액의 합은 2018년 말 기준으로 1,000억 달러, 원화로 110조 원에 달한다. 2013년 9,000억 원의 저점을 기록했던 암호화폐의 시가총액은 5년 만인 2018년 1월 900조 원의 고점까지 약 1,000배 상승을 기록하였다. 2018년 말 시가총액은 약 115조 원으로 고점에 비해 87% 하락하였다.

2013년에서 2015년 사이는 비트코인이 암호화폐에서 차지하는 시가총액 비중이 90% 이상에 달했던 시기로, 암호화폐 시가총액의 그래프는 비트코인의 변화와 거의 같다고 볼 수 있다.

2013년 말 1,000달러를 찍은 비트코인은 2015년까지 지속적으로 하락하여 200달러를 기록하였다. 최대 거래소였던 마운트곡스 파산 등으로 투자 심리가 위축되어 2년간 84%의 하락률을 기록했다. 2013년의 비트코인 폭등은 일반 사람들에게 비트코인을 처음 제대로 각인시킨 계기가 되었다.

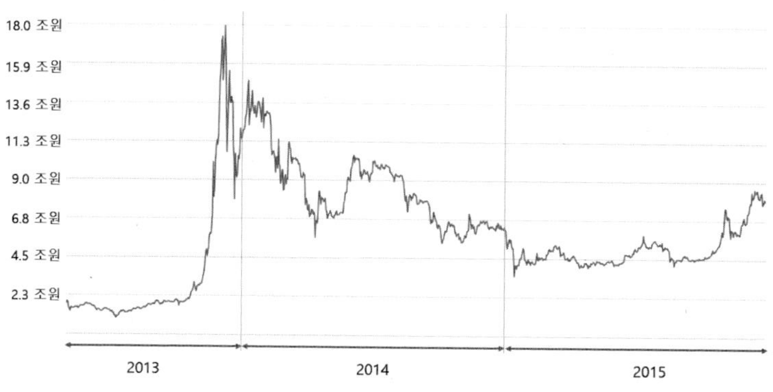

[그림 1-3] 2013~2015년 암호화폐 시가총액 그래프

2016년부터 2018년은 2017년의 폭등장과 2018년의 폭락장이 특징이다. 2016년은 거시적에서 볼 때 변화가 거의 없는 것처럼 보이지만, 1년 동안 꾸준히 상승하여 2배 정도 상승하는 등 지속적으로 암호화폐에 대한 우호적 환경이 조성되는 시기였다. 또한, 이더리움이 등장하면서 시가총액의 10%를 차지하였고, 비트코인을 넘어선 블록체인 신기술에 대한 논의가 시작된 시기였다. 2017년은 비트코인의 비중이 50% 이하로 하락하고 이더리움이 30%를 돌파하는 등 다양한 암호화폐가 주목되는 시기였으며, 수많은 블록체인 프로젝트와 ICO가 인기를 끌었다. 2018년 1월 암호화폐의 시가총액은 정점을 찍고 지속적으로 하락하게 된다. 비트코인의 암호화

폐 비중은 50%를 회복하고, 2017년도에 주목받았던 새로운 암호화폐들은 재평가를 받는 과정에서 가치가 많이 하락하였다. 비트코인을 중심으로 하여 리플과 이더리움의 1강 2중 체계가 구축되었다.

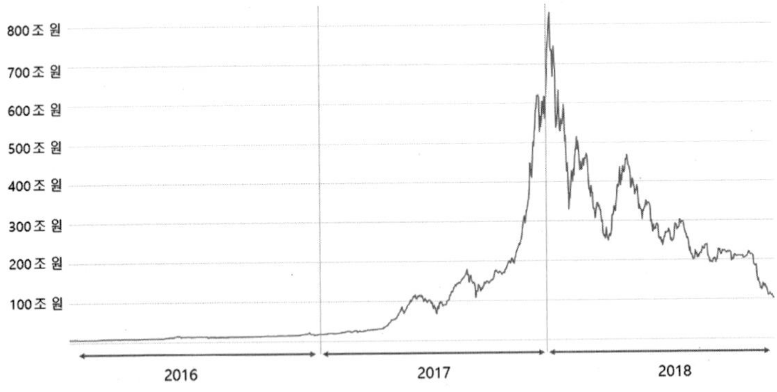

[그림 1-4] 2016~2018년 암호화폐 시가총액 그래프

008 암호화폐는 실생활에서 사용할 수 있나요?

Q 암호화폐는 실생활에서 사용할 수 있나요?

A 암호화폐의 사용은 미국, 일본과 같은 선진국에서 결제 수단으로써 이미 보편화 되었으며 사용처가 지속적으로 확대되고 있습니다.

암호화폐 사용처

비트코인은 2009년 처음 등장하였으며, 그 후로 1년 동안은 별다른 가치를 가지지 못했다. 2010년 중반 들어서 1비트코인당 0.07달러 약 70원 정도의 가치를 인정받았다. 이러한 비트코인이 갑자기 상승하게 된 계기는 2013년 키프로스 사태가 발생하면서부터이다. 러시아와 유럽계 검은돈의 도피처 역할을 하던 키프로스에서 금융위기가 발생하면서 예금주들에게 세금을 부과하였고, 예금주들은 비트코인을 안전 자산으로 여겼다. 매입하는 과정에서 비트코인의 가격의 상승과 함께 유명세를 타게 되었다. 그 이후 암호화폐 선진국에서의 비트코인에 대한 긍정적 시각, 핀테크에 대한 관심의 증가에 따라 사용처가 증가하였다. 비트코인 사용처를 알려주는 코인맵에 따르면 전 세계만 14,000곳에서 비트코인을 사용할 수 있고, 우리나라에서도 200개의 사용 가능한 곳이 있다. 이러한 상승세는 지속되고 있다.

암호화폐의 실생활에서의 사용

2010년 5월 미국에서 피자데이 Pizza Day 에 피자 2판을 비트코인 1만 개로 현재 기준 약 370억 원 구매하여 암호화폐 역사상 최초의 거래가 이루어졌다. 그 후 지속적으로 실생활에서의 활용은 증가해 왔다. 가장 활발한 분야는 송금 분야로, 전 세계 누구에게나 저렴한 수수료로 신속하게 비트코인을 보낼 수 있다는 점이 장점으로 작용하였다. 결제와 교환의 수단으로써의 사용도 증가해 왔다. 2014년 일본에서는 모나코인 Monacoin 으로 토지를 거래하였으며, 2017년 두바이에서는 비트코인으로 아파트를 분양하였다. 이더리움과 같은 스마트 계약 기능을 가진 차세대 암호화폐가 발전한다면 사용처는 앞으로 더욱더 늘어날 것이다.

비트코인의 첫 거래는 400억짜리 피자

비트코인이 극소수에서만 연구용으로 쓰이던 2010년 5월 어느 날, 미국 플로리다주의 한 프로그래머가 커뮤니티에 피자 2판을 비트코인으로 사겠다는 글을 올린다. 라즐로 laszlo 라는 아이디를 가진 사람이 10,000비트코인으로 2개의 라지 사이즈 피자를 원한다는 글을 올렸다. 피자를 직접 만들어서 주거나 주문해 주는 것도 괜찮으며, 비트코인이 교환 수단으로 쓰일 수 있는지를 실험해 보고 싶다 하였다.

비트코인 구매 글에 대한 리플 중에는 10,000비트코인은 41달러 4만 4,000원 정도의 가치가 있으니, 거래소 사이트에 가서 교환하라고 알려주기도 하였다. 이것으로 2010년 5월 당시 비트코인 시세는 1비트코인당 4원 정도였음을 추측할 수 있다. 4일 뒤인 22일 라즐로 laszlo 는 10,000비트코인으로 피자를 주문하는 데 성공했다며 글과 인증샷 링크를 남긴다. 6월에 라즐로는 또 글을 남기며, 10,000비트코인으로 2개의 피자 주문은 계속 받는다고 하였다. 자신이 비트코인을 매우 많이 가지고 있으며 비트코인을 모두 사용할 때까지 계속할 것이라고 했다. 8월에 이르러서야 그는 이제 자신의 비트코인이 바닥났으니 주문을 그만한다고 한 것으로 보아 꽤 많이 피자를 주문해 먹은 것으로 생각된다. 이 사건은 비트코인을 사용한 최초의 실물거래로, 이후로 사람들은 5월 22일을 비트코인 피자데이로 제정하여 기념해오고 있다.

2018년 이 주인공 라즐로는 다시 한번 등장하게 된다. 비트코인 라이트닝 네트워크를 이용하여 피자를 구매하였는데, 이번에는 10,000비트코인이 아닌 0.00649비트코인 당시 가치 약 7만 원 을 지급하여 피자 2판을 구매하였다. 참고로 라이트닝 네트워크는 비트코인 거래량 폭증에 대한 해결 수단으로 등장한 것으로 거래 당사자끼리 동의하에 결제 채널에서 몇 번의 결제를 모아 모든 거래가 종료된 후 최종 내역만 블록체인에 기록되는 방식이다. 라이트닝 네트워크는 거래에 드는 수수료와 시간을 절감하여 비트코인 시스템을 획기적으로 발전시킬 수 있는 기술이다.

009 암호화폐의 발행량이 얼마나 되나요?

Q 암호화폐의 총발행량이 얼마나 되나요?

A 비트코인은 2,100만 개, 리플은 1,000억 개로 암호화폐마다 총발행량이 다르며, 이더리움이나 모네로처럼 무한인 것도 있습니다.

Q 암호화폐의 총발행량이 추가될 수도 있나요?

A 정해진 규칙에 의해서 총발행량까지 발행되면 더 이상 추가 발행할 수 없습니다.

암호화폐의 발행량

암호화폐는 기존 통화 제도의 문제점을 개선하고자 탄생하였기 때문에, 인위적인 인플레이션 등 중앙기관의 존재로 인한 문제점을 방지하기 위해 발행량과 발행 방법을 엄격하게 정해 놓았다. 암호화폐의 발행량은 천차만별로 정해져 있는데, 발행 유형을 보면 크게 다음의 3가지로 구분된다.

비트코인 유형	리플 유형	이더리움 유형
총발행량이 설정되어 있고, 채굴을 통해 그 한도까지 발행	초기에 총발행량까지 발행한 후, 운영사 또는 재단에서 공급량을 조정	발행량에 제한이 없음

대부분의 암호화폐는 비트코인과 같이 발행 초기부터 총발행량

을 설정한 뒤 일정한 규칙에 따라 채굴되도록 하는 방식을 가지고 있다. 리플과 스텔라 루멘의 경우 일반적인 암호화폐와는 달리 중앙 집중형 방식을 가지고 있어서 중앙기관에서 발행된 수량을 가지고 공급량을 조정한다. 리플은 영리 기업인 리플랩스에서 운영하고 스텔라 루멘의 경우는 비영리재단이라는 점에서는 차이가 있다. 마지막으로 이더리움, 모네로의 경우처럼 무한대로 발행하는 방식이 있다. 주요 암호화폐의 총발행량은 아래와 같다.

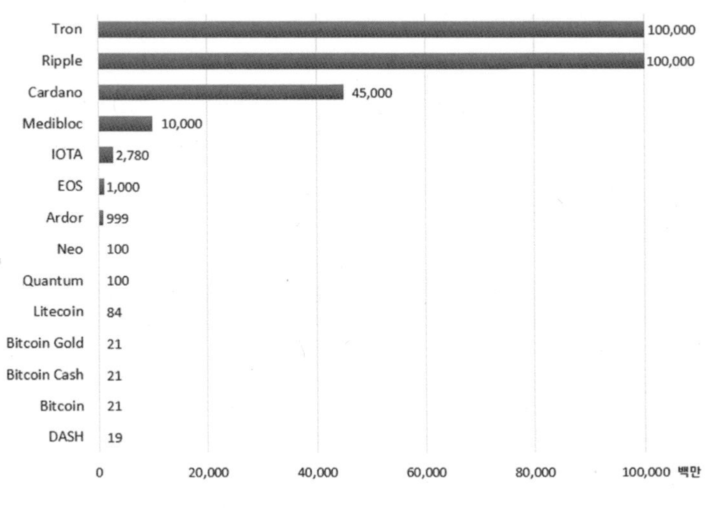

[그림 1-5] 주요 암호화폐의 총공급량

암호화폐	총공급량 (개)	암호화폐	총공급량 (개)
Etheroll	7,001,622	NXT	1,000,000,000
DASH	18,900,000	Leocoin	1,000,000,000
Bitcoin	21,000,000	Adtoken	1,000,000,000
Bitcoin Cash	21,000,000	EOS	1,000,000,000
Bitcoin Gold	21,000,000	IOTA	2,779,530,283
Bitconnect	28,000,000	Medibloc	10,000,000,000
Populous	53,252,246	Verge	16,555,000,000
Litecoin	84,000,000	Cardano	45,000,000,000
Metaverse ETP	100,000,000	Ripple	100,000,000,000
Quantum	100,000,000	Tron	100,000,000,000
Neo	100,000,000	Bytecoin	184,470,000,000
Syscoin	888,000,000	Monero	18,400,000+무한
Ardor	998,999,495	Ethereum	무한

암호화폐의 발행량 제한

비트코인으로 대표되는 암호화폐는 처음 세상에 등장하였을 때, "중앙은행 혹은 국가에 의해 통제되지 않고, 분권화 · 분산된 다수의 참여자들에 의해 공정하게 생산되는 정의로운 화폐"를 표방하였다. 이러한 배경에는 글로벌 금융위기 하에서 주요국 중앙은행들이 무분별하게 통화를 발행함에 따라 하이퍼 인플레이션을 초래할 위험이 있다는 생각에 기반하였다. 이렇게 암호화폐는 처음 설계될 당시부터 발행량을 정하여 일정 규칙에 의해서 발행될 수 있도록 만들어져 누군가 임의로 조정할 수 없다.

중앙은행 또는 정부가 통화 발행권을 갖게 되면 통화를 남발하여 인플레이션을 가속화하기 마련인데, 인플레이션을 억제하기 위해서는 화폐 발행량을 일정 수준으로 한정하고 그 한도 내 발행량을 늘릴 때마다 한계 발행 비용을 지속적으로 높여 가야 한다. 암호화폐의 화폐 발행량과 발행 비용은 정부를 비롯한 그 누구의 통제도 받지 않고 분산된 다수에 의해 구동되는 수학적 알고리즘에 의해 결정되게 하는데, 이를 통하여 중앙 집권화된 권력이 개입될 여지를 차단한다. 화폐 발행은 네트워크상의 누구라도 채굴을 통해 참여할 수 있게 하였고 이를 통해 화폐 발행의 분산성 · 개방성 · 공정성이 확보되었다.

이러한 시스템은 금과 유사하다. 금의 발행, 즉 채굴은 중앙기관에서 통제하는 것이 아니라 누구나 할 수 있다. 금 매장량은 한정되어 있으며, 소진될수록 금 채굴 비용은 늘어난다. 화폐가 금을 담보로 하여 발행되며, 금이 주요 화폐로써 사용되던 시절에는 일시적인 인플레이션과 곧 이은 디플레이션으로 인하여 시장 전체적인 관점에서 인플레이션이 없었다. 이런 면에서 볼 때 비트코인은 금의 발행 특성을 디지털 세상에 구현했다고 볼 수 있다.

 010

암호화폐 개발사가 망하거나 개발자가 없어지면 어떻게 되나요?

Q 암호화폐 발행/개발 회사가 망하거나 개발자가 없어지면 어떻게 되나요?

A 탈중앙화 시스템인 블록체인 기반의 암호화폐는 개발사와 개발자의 유무와 상관없이 운영될 수 있습니다.

Q 암호화폐 개발자가 없어진 사례가 있나요?

A 암호화폐의 대표격인 비트코인의 경우 개발자가 누구인지 밝혀지지 않았고 행방도 모르지만, 잘 운영되고 있습니다.

암호화폐의 발행과 개발

비트코인으로 대표되는 암호화폐는 '중앙은행 혹은 국가에 의해 통제되지 않고, 분권화 · 분산된 다수의 참여자들에 의해 공정하게 운영되는 화폐 시스템'을 목표로 한다. 실제로 탈중앙화 네트워크 방식으로 인하여 중앙 관리자 없이 비트코인 시스템은 10년 동안 해킹 없이 안전하게 운영되었다. 기존의 금융 시스템의 경우 은행과 같은 중앙관리기관이 망할 경우에 예치된 자산에 위협을 받는다. 반면 비트코인과 같은 암호화폐의 경우 중앙 관리자 없이 네트워크상의 모든 노드가 관리자 역할을 수행하기 때문에 개발자가 없어지거나 개발사가 망한다고 해도 영향을 받지 않고 아무 문제 없이 처음에 설계된 대로 운영된다. 다만 시스템의 성능 향상 등 업그레이드에 있어서 제약을 받고 나날이 발전하는 다른 암호화폐의 기술력에 밀려 해당 암호화폐의 가치 하락을 불러올 수는 있다. 이더리움의 경우 비탈릭 부테린이라는 천재 프로그래머를 중심으로 프로젝트가 진행되고 있기 때문에 그의 신변이 이더리움 가격에 많은 영향을 끼친다. 실제로 2017년 6월 비탈릭 부테린의 사망설이 나왔을 때 일시적으로 가격이 하락하였다.

유명 암호화폐 개발자

암호화폐는 모두 각각의 철학과 비전을 가지고 있는 공학적 프로젝트라고 할 수 있다. 암호화폐를 개발하고 이끌어가는 개발진이 누구인지에 따라 가치가 달라진다. 암호화폐계에서 영향력이 가장 크며 절대적이라고 할 사람은 최초의 암호화폐인 비트코인을 만들어 낸 사토시 나카모토라고 할 수 있다. 2008년 블록체인과 암호화폐에 대한 최초의 논문을 작성하고 2009년 비트코인의 첫 채굴을 시작하였다. 논문 발표 당시부터 계속 정체를 숨겨왔으며 2011년부터는 온라인에서도 사라졌다. 이후로 그를 사칭하는 사람이 있었지만 누구도 자신이 사토시 나카모토임을 증명하지 못하였다.

현재 가장 유명한 암호화폐 개발자는 비탈릭 부테린이다. 이더리움의 창시자로 블록체인에 '스마트 계약'이라는 기능을 추가함으로써 암호화폐의 활용을 한 단계 진화시켰다. 독학으로 프로그래밍을 배워 19세에 이더리움 백서를 작성한 개발자이다. 17세 때 비트코인을 접하게 되었고, 독학한 후 비트코인 관련 블로그에 글을 쓰며 건당 5비트코인 당시 시세로 5,000원 을 받았다. 19세 때 전 세계의 블록체인 개발자들을 찾아다니며 깨달음을 얻고, 곧바로 이더리움의 원리를 구상하여 이더리움 백서를 출간하였다. 개발 당시부터 현재까지 비탈릭 부테린은 이더리움을 이끌어 가는 지도자이며, 현재도 꾸준히 이더리움의 발전과 블록체인 · 암호화폐 생태계 활성화를 위한 비전 제시를 하고 있다.

011 국내에서 개발된 암호화폐도 있나요?

Q 국내에서 개발된 암호화폐도 있나요?

A 보스코인, 아이콘, 메디블록 등이 있습니다.

Q 국산 암호화폐는 왜 많지 않나요?

A 정부의 규제 정책, 전문 인력의 부족, 투기에 집중된 관심 등이 복합적으로 작용하고 있습니다.

국산 암호화폐 현황

국내에서 처음 발행된 암호화폐는 보스코인 BOScoin 이다. 2017년 5월에 ICO를 진행하였으며 1,200만 달러를 모금하였다. 보스코인은 'Trust Contracts'를 위한 탈중앙화된 의사 결정 체계를 갖춘 암호화폐 플랫폼이다. 초당 1,000번의 거래가 가능한 빠른 처리 속도를 자랑하고 있고, B2C 서비스를 연동하여 확장성을 가지고자 한다. 보스코인은 5년 내 1억 명의 사용자를 확보하려는 목표를 세우고 있다.

보스코인 다음으로는 2017년 9월에 ICO를 진행한 아이콘 ICON 이 있다. 루프체인 Loopchain 으로 구성된 블록체인 커뮤니티 간 연결을 지원하는 블록체인이다. 루프체인은 퍼블릭 블록체인이 아닌 프라이빗 블록체인 기술에 강점을 가지고 있으며, 이더리움과 연결하여 탈중앙 거래가 가능하도록 설계되어 있다. 병원, 은행, 대학, 보험, 전자상거래 등 다양한 커뮤니티를 연결하여 탈중앙화 시스템을 구축할 수 있도록 설계되었다.

2017년 11월에는 메디블록 MEDIBLOC 이 ICO를 진행하였다. 여러 기관에 흩어져 있는 의료 정보와 스마트폰, PC 등 여러 기기를 통해 생산되는 모든 의료 정보를 안전하게 통합 관리할 수 있는 블록체인 기반 의료 정보 오픈 플랫폼을 지향한다. 현재 환자의 개인 의료 정보는 병원에서 관리하고 있는데 탈중앙화를 통해 정보 교환 비용을 줄여주고 서로 신뢰할 수 있는 의료 정보를 공유하도록 한다. 이런 시스템을 통해 향후 의료사고 분쟁 해결에도 도움을 줄 수 있을 것이다. 퀀텀 QTUM 기반의 디앱 DApp, Decentralized Application 으로 시작하였으나, 폭넓은 거래소 상장을 위해 ERC20 토큰을 발행하였으며 궁극적으로 자체 블록체인을 구축할 예정이다.

ICO 금지로 인한 국내 업체들의 어려움

우리나라는 암호화폐 발행 ICO, Initial Coin Offering 을 전면 금지한 몇 안되는 국가이다. 암호화폐 발행 ICO 은제도권 금융에서의 주식 공개상장 IPO, Initial Public Offering 과 유사하다. 블록체인 기술을 활용한 암호화폐를 만드는데 드는 비용을 누구나 참여할 수 있는 개방된 형태로 모집한다. 스타트업의 개발자가 암호화폐 백서 하나만 가지고 우리나라에서 정식적인 방법을 통해 투자를 받을 수 있는 곳은 존재하지 않는다. 그러나 현재까지 암호화폐 개발진들은 ICO를 통해서 블록체인과 암호화폐에 개발에 대한 미래 청사진으로 수백억의 투자자금을 확보할 수 있었다. 전 세계적으로 지금도 지속적으로 암호화폐가 개발되고 ICO가 진행되고 있다.

국내에서는 ICO가 금지되어 있어 외국에서 ICO를 진행하게 되는데 이로 인한 국부 유출과 산업 발전 저해로 인한 피해가 심각하다. 국내 업체들이 스위스나 싱가포르에서 ICO를 위해 필요한 법률·행정 비용과 인력 측면에서 떠안아야 하는 부담이 갈수록 커지는 상황이다. ICO를 성공적으로 마쳤다 해도 문제가 있다. ICO에서 확보한 암호화폐를 현금화하는 과정에서 법인을 여러 개 설립해야 하고 환전상들에게 5% 이상의 수수료를 지급하는 경우가 있다. 국내에서 암호화폐 거래소와 연결된 은행에서 법인계좌 개설이 허용되지 않다 보니 환전상을 필수로 거쳐야 하는 구조이다.

국산 블록체인 산업과 암호화폐의 미래

ICO 금지 해제는 국내 블록체인 산업을 발전을 위한 첫걸음이기 때문에 일정 요건 하에서 허용하는 것이 산업발전에 도움이 될 것이다. KYC Know Your Customer, AML Anti Money Laundering 으로 불법 자금의 유통 등을 방지하고, 몇 가지 엄격한 기준을 통해 투자자 피해를 예방할 수 있는 환경이 조성된다면 ICO를 허용하는 것이 블록체인 산업 생태계를 위해 필요하다.

현재까지 암호화폐 규제로 인하여 국산 블록체인 스타트업의 등장과 암호화폐 개발이 저조한 면이 있었다. 또한, 암호화폐의 투자 또는 투기에 관심이 집중된 나머지 개발자와 연구자 등 전문인력이 부족하였는데, 블록체인과 암호화폐의 중요성이 사회적으로 인정받아 가고 있으므로 앞으로 밝은 미래가 예상된다.

012 암호화폐의 장단점은 무엇인가요?

Q 암호화폐의 장점은 무엇인가요?

A 빠른 전송 속도, 저렴한 수수료, 탈중앙화 시스템, 투명성, 신뢰성 등이 장점입니다.

Q 암호화폐의 단점은 무엇인가요?

A 가치의 높은 변동성, 법정화폐가 아닌 점, 적은 활용처, 법적인 보호를 받지 못하는 점 등이 있습니다.

암호화폐의 장점

일반인들이 암호화폐를 사용하며 가장 쉽게 느낄 수 있는 장점은 기존 화폐에 비해서 국제적으로 송금이 빠르고 수수료가 저렴하다는 것이다. 외국의 경우 국가 간에도 송금 수수료가 비싸고 송금 기간도 몇 시간 걸리는 경우도 있다. 또한, 국가 간 송금 시 환전 등 과정에서 많은 수수료와 시간을 소비하게 되는데, 비트코인과 같은 암호화폐의 경우 이런 점에서 상대적 우위에 있다.

한편으로, 암호화폐의 본질로부터 장점을 생각해 보기로 하자. 기존의 화폐는 국가에 의해 통제되어 오며 국가 내외부 간 이해관계에 따른 환율 조작, 양적 완화, 금리 조정 등의 정책으로 인하여 인플레이션을 유발하는 등 화폐 가치에 부정적인 영향을 미쳐 왔다. 화폐를 관리하는 정부 정책에 따라 또는 국제 관계에 따라 가치가 변화하는 등 위험에서 벗어날 수 없는 숙명을 가지고 있었다. 그러나 비트코인 등 암호화폐는 정해진 알고리즘에 따라 생산되며, 누구도 발행량을 인위적으로 바꾸거나 조작할 수 없다. 기존의 화폐에서 발생하는 중앙기관에 의한 가치 조작 문제로부터 벗어날 수 있다는 점이 암호화폐의 가장 큰 장점이다.

암호화폐가 처음 설계된 당시부터 발행 과정이 확정되어 있는 점, 거래 내역이 공개되는 투명성도 큰 장점이다. 비록 지금은 마약 등 불법 물품 거래, 상속과 증여세 회피 등 불법 용도로 쓰이는 사례가 있지만 앞으로 개선될 것으로 생각된다.

보안성 측면에서 비트코인 네트워크는 10년 동안 한번도 해킹당한 적이 없을 정도로 완벽하다고 볼 수 있다. 비트코인을 해킹하기 위해서는 전체 네트워크가 가진 연산력의 절반 이상의 파워를 가지고 있어야 하는데 이것은 사실상 불가능하다. 전 세계 슈퍼컴퓨터를 총 동원해도 비트코인을 조작할 수 있는 파워의 1%에도 미치지 못한다.

암호화폐의 단점

현재 일반인들이 가장 크게 느끼는 비트코인 등 암호화폐의 단점은 가치의 높은 변동성이다. 화폐로써 쓰이기 위해서는 가치의 변동성이 높으면 문제가 있다. 화폐의 가치가 상승할 경우 재화와 서비스를 더 많이 구매할 수 있게 되지만 디플레이션을 피할 수 없다. 반대로 화폐 가치가 하락할 경우 인플레이션이 발생하게 되며 해당 화폐에 대한 가치와 선호도도 감소하게 된다. 급격한 화폐 가치의 변동성은 암호화폐를 화폐로써 사용하기 힘들게 하는 가장 큰 요소이다.

두 번째로 암호화폐는 법정화폐가 아니므로, 이에 따른 한계가 존재한다. 금, 은, 원자재 등과 같은 실물화폐처럼 그 자체가 가진 효용 가치에 의해 화폐의 가치가 보장되는 것은 아니다. 법정화폐는 액면가에 대해 채무 관계에 대한 정당한 지불수단임을 국가가 보증하여 가치를 보장하는데, 암호화폐는 가치를 보장하는 기관이 없고 시장 참여자들에 의해 성립된다. 다만, '테더'처럼 실물화폐에 가치가 연동되는 스테이블 코인이 등장하는 등 실물화폐와 암호화폐의 구분을 명확히 할 수 없는 것도 있다.

세 번째로 비트코인의 활용처가 적다는 것이다. 화폐의 기능을 하려면 널리 통용되어야 한다. 그러나 현재까지는 비트코인 등 암호화폐가 기존의 화폐만큼 널리 사용되진 못하고 있다. 비트코인을 중심으로 암호화폐로 결제를 받는 상점들이 늘어나고 있지만 주변에서 쉽게 찾기는 어렵다. 암호화폐가 기존의 화폐가 만족시키지 못하는 부분을 보완할 수 있어야 하고 결제 시스템을 도입함으로써 얻는 이익이 있어야 활용처가 많이 늘어날 것이다.

마지막으로 비트코인은 아직 법적으로 보호를 받지 못하는 시스템이다. 송금 시 주소에 하나라도 오타가 발생하거나 결제상에 실수가 생겨 피해를 입게 될 경우 법적인 틀 안에서 보상을 받기 어렵다. 또한, 비트코인 지갑이나 거래소에 예치해 놓은 코인이 해킹으로 탈취당할 경우 보상받지 못할 수도 있다.

013

암호화폐의 거래는 익명성이 보장되나요?

Q 암호화폐의 거래는 익명성이 보장되나요?

A 기본적으로 암호화폐의 거래는 익명성이 보장됩니다.

Q 거래 내역이나 계좌 잔고를 숨기는 등 익명성이 강화된 암호화폐는 무엇이 있나요?

A 모네로, 대시, 제트캐시 등이 있습니다.

암호화폐의 익명성

비트코인을 비롯한 암호화폐는 기존 금융 시스템과는 달리 익명성이 보장된다. 이러한 익명성을 이용하여 암시장이나 불법 거래에 정부 당국의 감시를 피해서 많이 사용되고 있는 것으로 예상된다. 상속이나 증여에도 암호화폐를 이용하면 익명성으로 인해 과세하기 어렵다. 블록체인에 남는 것은 무의미한 숫자와 알파벳의 조합인 '비트코인 주소 간' 거래 내역이지, 현실에서 누가 누구에게 비트코인을 전달하였는지 전혀 알 수 없다. 이렇게 비트코인은 익명 프로토콜로 간주된다. 주소는 무작위 숫자와 문자의 조합으로 생성되므로 사용자의 신원과 전혀 상관없이 구성된다. 누구든지 자신의 개인정보와 무관하게 새로운 비트코인 주소를 생성할 수 있다. 모든 일체의 송금 기록은 영원히 남아 공개되나, 그 대상이 누구인지 알 수 없다.

그러나 익명성은 보장된다 해도 거래 내역은 블록체인으로 남아 공개되므로 거래 내역과 계좌 잔고의 비밀이 보장되지는 않는다. 한편으로 비트코인은 신원을 알 수 없는 익명성을 갖춘다기 보다는 임의인 비트코인 주소를 사용한다는 점에서 가명성을 가지고 있다고 보기도 한다.

비트코인 믹싱

비트코인은 지갑의 주소만 알면 인터넷 사이트 https://blockchain.info 에서 모든 거래 내역을 조회할 수 있다. 비트코인을 사용하는 사람 중에 자신의 거래 내역이나 계좌 잔고를 남들이 들여다보는 것을 원치 않는 사람이 있을 것이다. 이런 경우 여러 명의 거래를 섞어 추적을 어렵게 하는 것이 있는데 이것을 믹싱 mixing 이라고 한다. 비트코인이 초기에 불법 거래에 많이 사용되면서 익명성을 확실히 보장받기 위해서 노력한 흔적이기도 하며, 비트코인 사용자의 프라이버시를 보장하려는 개발자들의 노력의 산물이기도 하다. 비트코인 믹싱은 여러 사람의 비트코인을 섞어서 목표된 주소로 보내는 것이다. 여러 개의 거래가 섞여 있기에 여러 번 합칠수록 믹싱은 더 강력해진다. 믹싱의 효과는 참여하는 총사용자 수와 사용되는 비트코인 수량에 비례한다. 믹싱 방법에는 중개자 믹싱 서비스와 P2P 믹싱 크게 두 가지가 있다.

익명성에 특화된 암호화폐

비트코인은 블록체인의 특성으로 인해 모든 블록이 체인처럼 연결되어 있고 거래 내역을 추적 가능하게 설계되어 있다. 장점이 될 수 있지만, 특정한 사용자 입장에서는 단점이 될 수 있다. 이러한 비트코인이 가진 익명성의 한계를 극복하기 위해서 비트코인 믹싱이라는 방법이 고안되었다. 그렇지만 믹싱도 추적을 어렵게 하기 위한 방법일 뿐 익명성을 완전히 보장해 주지는 못한다. 이러한 문제점을 해결하기 위해 등장한 암호화폐로는 모네로, 대시, 제트캐시 등이 있다.

PART

02

블록체인 자세히 알아보기

014 블록체인이란 무엇인가요?

Q 블록체인이란 무엇인가요?

A 데이터를 저장·전송할 때 네트워크상의 구성원 모두가 내역을 공유하고 이것을 블록의 형태로 체인처럼 저장하는 분산형 장부입니다.

Q 기존 금융 시스템과 블록체인의 차이점은 무엇인가요?

A 기존의 금융 시스템은 중앙기관에서 거래 내역인 장부를 독점적으로 관리하지만, 블록체인은 네트워크상의 모든 참여자가 공동으로 장부를 관리합니다.

블록체인 기술

블록체인은 데이터를 저장 · 전송할 때 중앙 집중형 서버에 데이터를 통하는 기존 방식과는 달리 데이터의 저장 · 전송에 참여하는 구성원 모두에게 내역을 공개하는 분산형 장부 Distributed Ledger 이다. 네트워크 내의 모든 참여자가 공동으로 거래 정보를 검증하고 기록, 보관함으로써 공인된 제3자 없이도 무결성 및 신뢰성을 확보할 수 있다. P2P Peer-to-Peer 네트워크에서 발생하는 모든 거래 정보를 담고 있는 분산원장 Distributed Ledger 을 모든 노드 Peer 가 저장과 업데이트를 하면서 무결성을 유지한다.

블록체인이란 개념은 사토시 나카모토라는 익명의 개발자가 암호화 기술 커뮤니티 메인 Gmane 에 발표한 〈비트코인:P2P 전자화폐 시스템 2008〉이라는 논문을 통해 최초로 소개되었다. 이러한 시스템을 통해 별도의 제3자 기관이 없이도 분산화된 장부에 의해 시스템이 작동되기 때문에, 시스템 유지 보수 비용이 매우 적게 들고, 보안성을 극대화할 수 있다. 블록체인이 적용된 시스템에서는 사용자가 데이터 또는 정보 거래를 요청하면 거래 정보가 기록된 블록이 생성되어 네트워크상에 있는 모든 참여자들에게 P2P로 공유되고, 공유된 블록에 대해 다른 참여자들의 승인을 받게 되면 기존의 블록체인에 거래 기록이 체인처럼 추가되면서 거래가 이루어진다.

기존 블록체인에 저장되어 있는 거래 정보를 수정하려면 전체 블록체인 네트워크 참여자의 과반수가 인정해야 하는데, 이로 인하여 해킹하는 것은 사실상 불가능하다고 할 수 있다. 해커가 데이터를 위·변조하기 위해서는 전 세계에 분산 저장되어 있는 장부를 과반수 이상 조작해야 해서 해킹이 어렵다.

기존 금융 시스템과 블록체인

네트워크 참여자들이 P2P로 연결되어 데이터를 저장하고 서로 검증하는 구조를 쉽게 설명하기 위해 기존의 금융 시스템을 예로 들어 보겠다. 은행 시스템의 경우 중앙 서버에 정보를 저장하며 관리하는 원장 ledger 에 예금 잔고를 기록한다. 은행이 고객별로 예금 잔고를 관리하면서 입출금을 승인하고 기록하며, 중앙은행은 타 은행의 잔고를 원장에 기록하고 은행 간 자금 이체를 처리하는 방식으로 진행된다. 이러한 방식의 중앙 집중형 장부 관리 시스템은 신뢰할 수 있는 제3의 기관 TTP, Trusted Third Party 을 설립하고 해당 기관에 신뢰를 부여하는 방식으로 운영된다. 이에 따라 정보를 관리하는 기관에서의 정보 조작, 횡령 등 내부적 위협에도 노출되어 있고, 중앙 서버의 해킹이라는 외부적 위협에도 노출되게 되었다. 이러한 내・외부적 위협을 블록체인 기술을 통하여 해결하였다. 거래 정보를 기록한 원장을 특정 기관의 중앙 서버가 아니라 P2P 네트워크에 분산하여 저장함으로써 거래 참여자가 공동으로 기록・관리・검증을 수행하게 된다. 제3의 기관을 거치지 않기 때문에 수수료와 관리 비용의 절감은 물론 해킹으로부터의 위험에서도 원천 차단되게 되었다.

015 블록체인은 4차 산업혁명의 대표 산업인가요?

Q 블록체인은 4차 산업혁명의 대표 산업인가요?

A 블록체인은 4차 산업혁명 시대에서 반드시 필요한 핵심 인프라 기술이며, 4차 산업혁명의 대표 산업입니다.

Q 블록체인은 4차 산업혁명에서 어떻게 활용되나요?

A 인공지능, 사물인터넷, 빅데이터, 모바일 기술 등과 결합하여 금융뿐 아니라 제조업 등 전 산업분야에서 활용이 가능합니다.

4차 산업혁명 시대의 도래

2016년 세계경제포럼 의제로 4차 산업혁명이 제시되면서 ICT 융합에 기반하는 4차 산업혁명이 세계적 관심을 일으켰다. 이에 대비하여 세계 각국에서는 정보통신 기술을 활용하여 저성장 기조 돌파와 신성장 동력 확보를 위한 논의가 활발히 진행 중이다. 우리나라의 경우 2016년 알파고 열풍 이후 인공지능AI을 중심으로 4차 산업혁명에 대비하고 있다. 4차 산업혁명은 3차 산업혁명의 확장된 개념으로 ICT정보통신기술를 중심으로 한 다양한 산업 분야가 융합되어 새로운 기술 혁신이 등장하는 것을 배경으로 한다. 사물인터넷, 빅데이터, 인공지능, 로봇, 3D프린팅, 드론 등이 4차 산업혁명의 핵심 기반기술로 부각되고 있다.

이러한 4차 산업혁명의 특징을 가장 잘 보여 주는 대표적인 기술이 블록체인이다. 블록체인은 2008년, 전 세계의 금융 산업이 붕괴하는 시점에 탄생하였다. 사토시 나카모토라는 익명의 개발자는 P2P Peer-to-Peer 방식 전자 결제 시스템을 위한 새로운 프로토콜, 블록체인을 구상했다. 이 전자 결제 시스템은 비트코인이라 불리는 암호화폐를 사용한다. 이 프로토콜은 분산 저장 방식을 통해 변하지 않는 일련의 규칙을 수립했고, 이러한 규칙 덕분에 믿을만한 제3자의 검증을 거치지 않고도 데이터의 신뢰성을 보장받아 위변조 위험이 제로인 시스템을 활용할 수 있게 되었다.

블록체인 기술은 기존의 중앙 집중적인 시스템에 대항하여 분산형 시스템을 구축하는 기술적 기반을 제공한다. 신뢰할 수 없는 무작위의 익명 네트워크에서 신뢰성을 제공하며 기존의 네트워크 시스템을 혁신적으로 변화시키는 역할을 한다. 따라서 네트워크가 초연결된 4차 산업혁명 기술 전반에 걸쳐서 신뢰를 제공하는 인프라 기술이라고 할 수 있다. 또한, 기존의 중앙 집중적 시스템으로 인한 비효율적인 공적인 전통적 시스템을 새롭게 재편하여 효율적으로 구성할 수 있다. 기존의 산업들과 융합하여 새로운 가치를 창출해 낸다는 점에서 4차 산업혁명의 대표주자라 할 수 있다.

4차 산업혁명 시대의 블록체인 활용

블록체인은 4차 산업혁명 시대의 인프라로 전 산업 분야에 활용될 수 있다. 기본적으로 탈중앙화 플랫폼으로써 신뢰성과 안전성이 필요한 정보 교환 매개 기능을 하므로 다양한 임무를 맡을 수 있다. 블록체인 기반의 거래는 제3의 중개기관 없이 보안과 안전이 보증되고, 거래 비용과 절차를 감소시켜 효율성을 증대시킬 수 있다. 현재 금융 분야가 블록체인 기술의 영향을 가장 많이 받고 있는 분야이지만 비금융 분야로 점차 영역을 확대해 나가고 있다. 인공지능, 사물인터넷, 빅데이터, 모바일 등 IT 기술이 경제 · 사회 전반에 융합되어 혁신적인 변화가 나타나는 4차 산업혁명의 시대에는 초연결, 초지능을 특징으로 더 넓은 범위에 더 빠른 속도와 영향을 미칠 것이며, 블록체인이 기반기술로써 활용될 것이다.

016 블록체인과 암호화폐는 분리될 수 있나요?

Q 블록체인과 암호화폐는 분리될 수 있나요?

A 비트코인과 같은 퍼블릭 블록체인에서 블록체인과 암호화폐 사이는 분리될 수 없는 관계입니다. 다만 프라이빗 블록체인의 등 특정 형태에서는 블록체인과 암호화폐는 분리할 수 있습니다.

블록체인의 등장

최근 정부의 암호화폐 규제로 인하여 블록체인이라는 용어도 일반인들에게 잘 알려진 듯하다. 그렇지만 불과 2017년 말까지만 하더라도 블록체인이라는 용어는 일반인들에게 잘 알려지지 않았고, 암호화폐 투자자 상당수도 모르는 채 투자를 해온 것으로 보인다. 암호화폐는 블록체인 기술의 첫 번째 작품인 비트코인과 함께 탄생하였고, 둘 사이는 분리할 수 없는 관계이므로 블록체인에 대한 이해가 암호화폐를 아는 데 필수적이다. 비트코인은 블록체인이라는 기술을 이용한 최초의 애플리케이션이라고 할 수 있으며, 화폐라는 최고 수준의 신뢰성이 필요한 시스템에서 중앙 통제 시스템 없이 운용이 가능한 것을 증명한 최초의 사례이다.

비트코인과 같은 블록체인 시스템에서는 중앙관리자 없이 네트워크를 운영하기 위해서 컴퓨팅 자원을 제공하는 채굴자에게 암호화폐로 보상함으로써 참여의 인센티브를 부여한다. 이러한 유인책으로 인하여 시스템이 설계된 대로 돌아갈 수 있다. 따라서 블록체인은 육성하되 암호화폐는 규제하겠다고 한 것은 비트코인과 같은 퍼블릭 블록체인에서는 적용되지 않을 수도 있다.

퍼블릭 블록체인에 꼭 필요한 암호화폐

블록체인 기술은 상호 간의 거래 내역 검증을 통한 위변조 방지가 핵심인데, 이러한 과정에서 엄청난 컴퓨팅 파워가 필요하며, 24시간 365일 쉬지 않고 블록체인 네트워크상에서 거래 내역을 검증하는 데 사용된다. 이러한 컴퓨팅 파워에 대한 보상으로 암호화폐를 지급하게 되는 것으로 둘 사이는 뗄 수 없는 관계이다. 블록체인 시스템에서는 불특정 다수의 노드Node와 거래 검증인들이 자신의 컴퓨팅 리소스를 분산 네트워크에 제공하면서 장부를 같이 작성하고 검증한다. 이러한 상황에서 해커들은 그 장부의 위치에 대한 확인도 어렵고, 확인한다고 해도 수많은 노드의 장부들을 같이 해킹하여야 목적을 달성할 수 있기 때문에 해킹이 불가능하다. 블록체인의 보안성은 이런 분산 시스템으로부터 비롯된다.

이런 시스템을 구성하기 위해서는 장부를 작성하는 노드, 즉 컴퓨팅 리소스를 제공하는 자들에게 적절한 보상이 이루어져야 한다. 그 보상을 특정 기관이 주게 되면 중앙화된 시스템이라고 할 수 있으며, 블록체인상에서 발행된 암호화폐로 프로그램 설계에 따라 주게 되면 분산화된 시스템이라고 할 수 있으며 기존과는 전혀 새로운 경제 구조를 갖게 된다. 따라서 암호화폐가 없다면 비트코인과 같은 퍼블릭 블록체인 시스템은 운영이 힘들 수 있다. 블록체인과 암호화폐를 분리하여 암호화폐는 규제하고 블록체인 기술은 육성한다는 말은 퍼블릭 블록체인에서는 적용되지 않을 수 있다.

암호화폐 경제 시스템에서의 지불 수단

또한, 단순히 채굴자에 대한 보상으로서의 역할만 있는 것이 아니다. 암호화폐가 초기의 송금 기능만 가진 비트코인에서 더 발전하여 스마트 계약 기능을 갖춘 P2P 경제 시스템으로 진화하고 있는 2세대, 3세대 암호화폐를 생각해야 한다. 이러한 경제 시스템에서 사용될 지불 수단으로서의 기능 실현에 필요하다. 이러한 암호화폐 경제에서 '스마트 자산'의 표현 수단 등 많은 확장 요소를 가지고 있으며 지불 수단으로서 필요하다. 결론적으로 암호화폐는 퍼블릭 블록체인에서는 반드시 필요한 수단이며, 프라이빗 블록체인 등 특정 유형에서는 암호화폐가 없는 블록체인도 가능할 수 있다.

017 블록체인의 구조는 어떻게 되어 있나요?

Q 블록체인의 구조는 어떻게 되어 있나요?

A 다수의 거래 정보의 묶음인 블록이 체인처럼 연결되어 블록체인을 형성합니다.

Q 블록에는 어떠한 정보들이 들어가나요?

A 블록헤더와 거래 정보로 구분되며, 블록헤더에는 임의의 값(Nonce), 이전 블록 해시값, 난이도, 타임스탬프 등이 있습니다.

블록체인의 구조

블록체인을 통해 해시, 전자서명, 암호화 등의 보안 기술을 활용한 분산형 네트워크 인프라를 기반으로 다양한 응용 서비스를 구현할 수 있다. 블록체인에는 이전 블록의 정보 해시값, 현재의 거래 정보 및 해시값 등이 포함되어 조작이 어렵고, 거래 정보가 공개되어 투명한 관리가 가능하다. 블록체인을 구성하는 각 블록 Block 은 헤더 Header 와 바디 Body 로 구성되며 블록체인의 연결 구조는 다음과 같다.

[그림 2-1] 블록체인의 연결구조

헤더에는 현재 블록을 이전 및 다음 블록으로 연결하는 해시 Hash 값과, 암호화된 시스템에서 사용되는 임의의 값인 넌스 Nonce 등이 포함된다. 바디에는 각각의 거래별 트랜잭션 Transaction 이 기록되어 있으며, 바디에 기록되는 정보는 구현하는 비즈니스 모델에 따라 다른 정보가 기록된다.

해시란 어떠한 입력 메시지를 고정된 길이의 출력값으로 암호화시키는 기술로 데이터의 무결성 검증 및 인증에 사용된다. 전자서명이란 작성자로 기재된 자가 그 전자문서를 작성하였다는 사실과, 작성된 내용이 송·수신 과정에서 위·변조되지 않았다는 사실을 증명하는 기술이다.

거래 정보들이 모여 하나의 블록에 생성되었을 때 이를 블록체인에 연결시키는 기술을 체이닝 기술이라고 한다. 연결되는 블록에는 이전 블록의 해시값이 기록되어 있어 서로 연결되어 있다. 어떠한 블록의 위·변조를 위해서는 최근에 생성된 블록에서부터 위·변조하고자 하는 블록까지를 모두 조작해야 하는데, 이때 걸리는 시간이 검증 시간보다 오래 걸리기 때문에 원천적으로 차단된다.

블록체인의 바디

블록체인의 바디에 기록되는 부분은 서비스별로 다양하다. 기본적으로 비트코인 블록체인의 바디에는 해당 블록에서 10분간 거래된 이체 내역들로 이루어진다. 코스콤에서 개발한 장외채권 거래 시스템의 바디에는 채권 종목, 만기일, 수량, 단가, 소유주 등의 거래 정보가 들어간다. 신한은행에서 개발한 골드 안심 서비스에는 소유주, 중량, 판매일, 골드바 일련번호, 거래 결과 등의 정보가 블록체인 바디에 기록된다.

구분			저장되는 정보
블록	헤더	버전	소프트웨어/프로토콜 버전
		이전 블록 해시	바로 앞 블록의 해시값
		머클트리 해시	개별 거래 정보의 거래 해시를 2진 트리 형태로 구성할 때, 트리 루트에 위치하는 해시값
		타임	블록이 생성된 시간
		채굴 난이도	채굴 난이도 조절용 값
		임의의 값 (Nonce)	0에서부터 시작하여 조건을 만족하는 해시값을 찾아낼 때까지 증가하는 계산 횟수
	바디	거래 정보	송금과 관련한 정보
	기타 정보		블록 내 정보 중 헤더와 바디에 해당하지 않는 정보

[표 2-1] 블록체인의 각 구조에 들어가는 정보

018 블록체인상의 정보는 위변조가 불가능한가요?

Q 블록체인상의 정보는 위변조가 불가능한가요?

A 블록체인상의 정보는 누군가가 임의로 위조나 변조를 할 수 없습니다.

블록체인의 위·변조

블록체인은 거래 정보가 담긴 블록들이 체인처럼 이어진 분산장부이다. 새로운 거래가 이루어질 때마다 그 내용을 담긴 새로운 블록이 만들어져 기존의 블록에 연결되며, 해당 블록체인의 처음 시작부터 연결되어 있다. 비트코인의 경우 2009년 사토시 나카모토가 첫 거래를 한 시점부터 현재까지 체인으로 연결되어 있는 것이다. 보안성을 확보하기 위해 블록체인 시스템상의 모든 참가자가 처음 거래부터 최근의 거래까지 모든 정보를 포함한 거래 장부를 각자 보관한다. 새로운 블록이 만들어지면 참가자들이 기존에 갖고 있던 장부들과 비교하는데 누군가 악의로 조작하여 내용이 조금이라도 다르면 그 블록은 시스템에 등록되지 못한다. 해킹을 하여 장부 내용을 조작하기 위해서는 네트워크상의 참가자들이 갖고 있는 모든 장부를 동시에 조작해야 하는데, 이러한 컴퓨팅 파워를 가지기 위해서는 전 세계 슈퍼컴퓨터의 컴퓨팅 파워를 모두 더해도 한참 못 미치기 때문에 사실상 불가능하다.

위·변조를 방지하기 위한 저장 과정

블록체인에서 새로운 거래 정보는 전체 네트워크상의 참여자, 즉 노드의 과반이 동의해야 블록에 저장된다. 블록을 생성하는 과정은 암호화폐별로 적용된 알고리즘에 따라 달라진다. 이더리움의 경우 거래가 발생하면 이 거래 내역을 모든 노드에 전파하고 노드가 관리하고 있는 거래 내역 풀에 입력되며 각각의 노드는 해당 거래 내역이 정상적인지를 개별적으로 판단한다. 이더리움의 채굴자들은 이러한 거래 내역 목록 중, 자기가 생성하는 블록에 입력할 대상들을 정한 상태에서 채굴에 성공할 경우 해당 해시값을 블록에 포함시켜, 블록을 전파한다.

채굴자들은 수수료를 많이 주는 거래 내역을 우선으로 진행한다. 이렇게 전파된 블록은 각 노드에서 유효한 것인지를 판단하여 저장하고 해당 블록에 포함된 거래 내역들을 자신의 거래 내역 풀에서 삭제한 뒤 새롭게 채굴을 진행한다. 이더리움 월렛에서 Confirmation이라는 부분이 있는데, 100개의 Confirmation을 받은 경우 해당 거래 내역이 블록에 포함된 이후 100개 블록이 그 뒤에 추가되었다는 의미이다. 블록의 경우 형성 과정에서 분기될 수 있는데, 이때 더 긴 블록을 가진 쪽이 블록체인상에 기록된다. 상대적으로 짧은 곳에 분기되었던 거래 내역은 다시 거래 내역 풀로 돌아가고 유효성 검사를 다시 거치게 된다. Confirmation이 충분히 크면 이 거래 내역은 오랫동안 블록에 보관되었기 때문에 취소될 가능성이 적다는 것을 의미한다. 이런 과정을 통해 블록체인상의 정보는 위변조가 철저하게 방지된다.

019 블록체인의 블록은 어떤 방식으로 만들어지나요?

Q 블록체인의 블록은 어떤 방식으로 만들어지나요?

A 일반적으로 컴퓨팅 파워로 연산하는 작업 증명(Proof of Work) 방식을 통해 만들어집니다.

Q 작업 증명(Proof of Work) 외의 다른 방식도 있나요?

A PoS(Proof of Stake), PoI(Proof of Importance) 방식 등이 있습니다.

블록체인의 블록 생성

기록을 저장하는 블록들은 어떻게 짧은 시간 만에 전 세계에 있는 노드들과 합의를 거쳐서 생성될까? 은행을 비롯한 금융기관들은 클라이언트들의 거래 내용을 해당 은행에서 확인하고 기록한다. 그래서 거래를 할 때 해당 금융기관에 대한 신뢰가 반드시 필요하다. 하지만 블록체인상에서의 분산 장부는 블록체인 네트워크에 참여하고 있는 사람들노드 이 그 기록이 진짜임을 과반수의 동의를 얻어야 기록된다. 이 노드들은 전 세계적으로 분산되어 있고 합의를 통해서 기록이 작성된다. 이러한 과정은 투표와 닮아 있다. 현행 선거제도에서는 한 명이 하나의 투표권을 가지고 가장 많은 지지를 얻은 사람이 대표로 선출된다. 그런데 블록 생성 합의 과정은 하나의 노드가 하나의 투표권을 가지지 않는다. 가장 많고 가장 빨리 작업을 한 사람이 블록에 기록하고 블록을 생성할 수 있는 투표권을 더 많이 갖는다. 그만큼 암호화폐의 보상도 받게 된다.

이것이 작업 증명 proof of work 이라는 것인데 컴퓨팅 파워의 연산력을 이용하여 수학 문제를 푸는 것을 작업 work 이라 한다. 가장 빠르고 많은 수학 문제를 푼 사람이 블록 생성 권한을 더 많이 갖는다. 연산은 초기에는 일반 저사양의 컴퓨터 CPU로도 가능했지만, 조금씩 많은 능력을 요구하여 이제는 고사양의 GPU Graphics Processing Unit 또는 ASIC application specific integrated circuit 기기가 필요하다. 컴퓨팅 파워를 이용하여 수학 문제를 푸는 과정에 대해 이해하려면 해시 hash 라는 개념이 필요하다.

해시(Hash)

해시 함수는 임의의 길이의 데이터를 고정된 길이의 데이터로 맵핑하는 함수이다. 해시 함수의 가장 기본적인 성질은 두 해시값이 다르다면 원래의 데이터도 다르다는 것이다. 아래의 예를 보면서 설명하기로 한다. 'I love you'라는 입력 데이터에 해시 함수를 돌리면 16진수로 구성된 고정된 길이의 숫자가 나타난다. 그런데

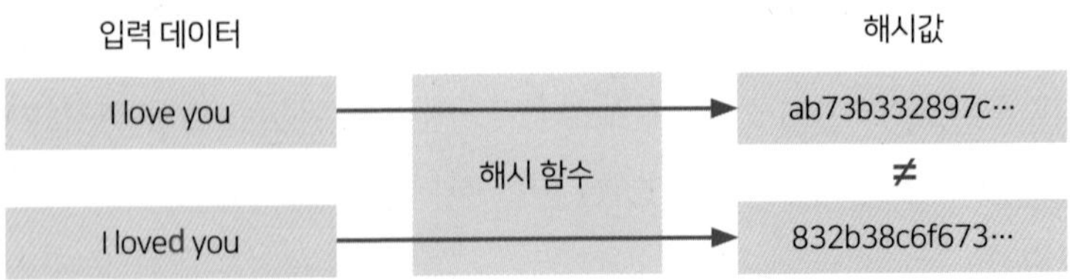

과거형을 의미하는 d를 붙이게 되면 해시값은 전혀 달라진다.

어떤 문구를 대입해도 일정한 길이의 해시값이 출력되고, 위의 두 해시값 길이는 같지만 내용은 전혀 다르게 된다. 거래 내용인 입력값이 달라도 똑같은 길이의 해시값이 나오게 된다. 만약 누가 이 해시값을 조작하거나 만지게 된다면 데이터 손상 여부 확인도 가능하다. 다시 그 해시값을 해시 함수에 넣어 보면 전혀 다른 해시값이 나오기 때문이다. 해시 암호화 기법은 현재 블록체인 기술뿐만 아니라 공인인증서 패스워드 암호화, 디지털 인증서, 서명 등 보안이 필요한 다양한 곳에서 사용되고 있다. 해시에 대한 개념 설명을 하는 이유는 블록체인 시스템에서 수학 문제를 풀어서 해시값을 형성하기 때문이다. 수학 문제는 넌스값이라는 무작위의 숫자를 입력해 나오는 출력값이 특정 숫자보다 작을 경우 작업을 증명한 것으로 되어 이때의 해시값을 블록에 기록한다. 비트코인이 송금되는 경우를 보면서 과정을 자세히 살펴보자.

비트코인 송금 시 블록 생성 과정

A가 B에게 1비트코인을 전송한 내용을 암호화할 때 필요한 것이 해싱 hashing 이다. A가 B에게 1비트코인을 전송했다는 거래 내역

을 암호화할 때 필요한 해시 함수로 SHA256이 있다.

블록에서 임의로 대입되는 숫자 넌스값 에 대하여 나오는 16진수 출력값이 블록에서 설정한 숫자 난이도 보다 적게 나오면 계산이 완료된 것이다. 이렇게 작업이 완료된 것을 '작업 증명 PoW, Proof of Work '이라고 한다. 무작위의 넌스값을 SHA256 함수에 입력해 설정된 값보다 작은 숫자를 계산해 내는 과정에서 많은 연산력이 필요하다. 이 연산력을 '해시 파워'라 하는데 과반수의 해시 파워가 블록을 업데이트할 수 있는 권한이 주어지고 이것이 블록이 생성되는 방식이다.

블록체인 기술은 어떻게 발전하고 있나요?

Q 블록체인 기술은 어떻게 발전하고 있나요?

A 비트코인으로 대표되는 1세대 블록체인에서 이더리움으로 대표되는 2세대 블록체인으로, 더 나아가 EOS, IOTA, 퀀텀 등으로 대표되는 3세대 블록체인으로 발전하고 있습니다.

Q 3세대 블록체인이 2세대 블록체인인 이더리움보다 월등히 좋은가요?

A 이더리움이 블록체인 2세대라는 것은 2세대를 연 최초의 암호화폐라는 의미이며, 이후로도 이더리움은 세대를 계속 진화하여 발전 중입니다.

1세대 블록체인

디지털 통화 Digital Currency 로써 통화의 발행 · 유통 · 거래의 기능만을 갖는 것으로 대표되는 비트코인은 1세대 블록체인으로 볼 수 있다. 2009년에 비트코인의 등장과 함께 블록체인 1세대가 시작되었다. 1세대 블록체인은 다수의 사용자가 기록을 P2P로 각각 저장하는 분산원장 기술과 거래 기능을 가진다. 비트코인은 당초 송금을 위한 기술로 개발되어 제한적인 분야에서 활용이 가능하다. 최근의 암호화폐와 비교 시 상대적으로 확장성도 낮고, 처리 속도가 느리며, 수수료도 적지 않게 발생되는 등의 단점이 존재한다.

2세대 블록체인

2세대 블록체인은 기존 비트코인의 한계를 극복하고 스마트 계약을 도입하여 다양한 영역으로 확장을 목표로 하고 있는 것으로 이더리움이 대표적이다. 이더리움의 경우 디지털 통화의 기능과 더불어 거래 스크립트를 다양한 형태의 프로그램으로 가능하게 만든 스마트 컨트랙트Smart Contract를 구현하였으며, 블록체인 기반 위에서 부동산 계약, 온라인 투표 등 다양한 분산형 애플리케이션을 구동할 수 있는 플랫폼을 구성할 수 있다. 스마트 계약은 사용자 간 계약을 프로그래밍을 통해 편리하게 진행하게 할 수 있으며, 계약을 중개하는 제3자가 없어도 안전하고 신속하게 다양한 계약을 구현할 수 있다. 이더리움도 이렇게 장점만 있는 것은 아니고, 단점도 있다. 에너지 소모가 큰 작업 증명PoW 방식를 사용하고 있어서 지분 증명PoS 방식으로 전환하기 위해 준비 중이다. 이 외에도 사용자 간 거래 기록의 용량 제한, 의사 결정 기능의 부재 등이 한계로 지목되고 있다.

3세대 블록체인

3세대 블록체인은 2세대의 이러한 단점들을 해결하고 더 많이 기능을 탑재하는 것을 목표로 하였다. 대표적으로 의사 결정 기능을 탑재하고 있다. 이를 통해 암호화폐의 생태계 발전 방향에 대한 합의를 도출해 빠른 의사 결정을 내릴 수 있다. 1세대, 2세대 블록체인에서 자주 발생하였던 하드포크가 줄어들 것이며 시스템의 빠른 개선도 기대할 수 있다.

비트코인과 이더리움의 작업 증명PoW 방식 합의 알고리즘은 채굴 시 컴퓨팅 파워에 따라 보상을 주기 때문에 보안성이 완전하게 유지된다는 장점이 있지만, 높은 채굴 비용과 전력 비용 때문에 환경 파괴, 자원 낭비를 유발한다는 단점이 있다. 퀀텀과 같은 3세대 블록체인이 채용한 지분 증명 방식 PoS, Proof of Stake의 경우 소유량에 비례해서 보상을 받는데, 퀀텀 지갑에 퀀텀을 보관해 놓으면 해당 자산이 네트워크상에서 증명에 사용된다. 이때 필요한 것은 인터넷이 연결된 저사양의 PC 한 대뿐이며 작업 증명 방식 PoW 처럼 막대한 컴퓨팅 파워에 요구되는 비용이 발생하지 않는다. 퀀텀은 블록체인 위에서 다른 응용 프로그램이 동작할 수 있도록 만들어졌다. 탈중앙화 애플리케이션 DApp, Decentralized Application 이라고 하는데 스마트폰에서의 iOS, 안드로이드에 올려진 앱들이 DApp과 같은 것이다. 화폐의 기능은 물론 애플리케이션 생태계를 만드는 플랫폼 기능까지 확장된다. 현재 20여 개의 디앱이 발표되었으며, 우리나라 스타트업에서 개발한 의료 정보 블록체인 플랫폼인 메디블록도 퀀텀을 기반으로 하여 개발되었다.

EOS의 경우 위임 지분 증명 방식 DPoS, Delegated Proof of Stake을 택하고 있다. 지분 증명 방식 PoS 의 경우 작업 증명 방식 PoW 의 단점을 해결하고자 등장하였지만, 여전히 보완해야 할 문제점을 내재하고 있다. 이것을 해결하고자 EOS가 내세우는 것이 위임 지분 증명 방식 DPoS 이다. 코인 지분을 가지고 있는 소수의 대표를 개개인에게 위임해 다 같이 투표하는 방식이다. '간접 민주주의'와 같이 어떤 안건에 대하여 위임된 구성원이 참여하여 투표하는데, 구성원이 되기 위해서 기본 자격을 갖춘 '마스터 노드'가 있다. 장점으로 소규모 참여자의 편의성, 빠른 속도의 합의, 마스터 노드의 자발적인 채굴 보상 및 수수료 감면 등이 있다.

021 블록체인의 장단점은 무엇인가요?

Q 블록체인의 장단점은 무엇인가요?

A 블록체인의 특징인 익명성, P2P 분산성, 확장성, 투명성, 보안성, 안정성이 장점이 될 수도 있고, 단점이 되기도 합니다.

블록체인의 특징

블록체인은 분산형 시스템 구조로 되어 있어 제3의 기관 없이 P2P 거래를 통해 거래 비용을 줄일 수 있다. 이렇게 누군가 중앙 서버를 운용할 필요가 없기 때문에 서버 유지·보수 등에 필요한 비용이 절감된다. 제3의 기관 대신 모든 참여자가 거래 장부를 갖고 있기 때문에 네트워크 일부에 문제가 발생해도 전체 시스템에는 영향이 없고, DDoS와 같은 공격에도 안전하다. 블록체인의 특성을 설명하는 대표적인 단어들로 익명성, P2P 분산성, 확장성, 투명성, 보안성, 안정성 등이 있다. 이러한 특성들은 일반적으로 블록체인의 장점이지만 단점으로도 볼 수 있는 양면성을 지니고 있다.

	장점	단점
익명성	- 거래 시 개인정보를 요구하지 않음 - 은행계좌 , 신용카드 등 기존 지급 수단에 비해 높은 익명성 제공	- 마약, 무기 등 불법 거래 대금 결제 가능 - 비자금 조성이나 상속·증여 시 탈세를 가능하게 함
P2P 분산성	- 공인된 제3의 기관 없이 P2P 네트워크를 통해 거래 가능 - 불필요한 수수료 절감	- 문제 발생 시 책임 소재가 모호
확장성	- 공개된 소스에 의해 쉽게 구축·연결·확장 가능 - IT 구축 비용 절감	- 결제 처리 가능 거래 건수가 실제 경제 내 거래 규모 대비 미미
투명성	- 모든 거래 기록이 공개되어 누구나 접근 가능 - 거래 양성화 및 규제 비용 절감	- 거래 내역이 공개되어 있어 원칙적으로는 모든 거래가 추적 가능하여 특정 관점에서는 익명성 보장이 어려움
보안성	- 장부를 공동으로 소유하여 해킹으로부터 안전 - 보안 관련 비용 절감	- 개인 키의 해킹, 분실 등의 경우 일반적으로 해결 방법 없음 - 기밀성 제공하지 않음
안정성	- 분산형 네트워크 구조로써 단일 실패점이 존재하지 않아 일부 네트워크에 오류가 발생해도 전체 네트워크는 유지됨 - 일부 참가 시스템에 오류 또는 성능 저하 발생 시 전체 네트워크에 영향 미미	- 네트워크 내 트랜젝션 과부하나 집단 마이닝 Pool 등의 실시간 대용량 처리에 어려움

[표 2-2] 블록체인의 장단점

022 블록체인에는 어떤 유형이 있나요?

Q 블록체인에는 어떤 유형이 있나요?

A 블록체인은 사용자들의 자격을 제한하는 정도와 형태에 따라 퍼블릭 블록체인, 프라이빗 블록체인, 컨소시엄 블록체인으로 구분됩니다.

Q 블록체인 유형별 대표적인 사례는 무엇이 있나요?

A 퍼블릭 블록체인은 비트코인, 이더리움이 있고, 프라이빗 블록체인에는 나스닥 링크(Nasdaq linq)가 있고, 컨소시엄 블록체인에는 R3CEV가 있습니다.

블록체인 유형의 구분

네트워크 참여자의 성격과 시스템 접근 제한 범위 등에 따라 퍼블릭 개방형 과 프라이빗 폐쇄형 및 컨소시엄의 형태로 구분된다. 퍼블릭 블록체인 시스템은 다른 참가자의 허락 없이 누구나 분산 원장에 읽고 쓸 수 있기 때문에 '퍼블릭'이라는 이름을 가지며, 권한 부여에 제한이 없다. 프라이빗 블록체인 시스템은 소수의 한정된 참가자만이 네트워크에 접속하여, 부여받은 권한 범위 내에서 활동할 수 있다. 대표적인 퍼블릭 블록체인인 비트코인은 저장된 거래 내역을 누구나 확인할 수 있는데, 프라이빗 블록체인이나 컨소시엄 블록체인은 모든 사람에게 블록체인의 데이터를 공개하지 않아도 된다.

최초의 블록체인은 퍼블릭 유형인 비트코인으로 시작되었다. 우리에게 친숙한 암호화폐 거의 대부분은 퍼블릭 블록체인이다. 퍼블릭 블록체인에 대해 이해하기 위해서는 퍼블릭Public이라는 단어를 알아보면 쉽다. 퍼블릭은 '일반인의, 대중의, 대중을 위한, 공공의, 공개된'이라는 뜻이다. 이처럼 퍼블릭 블록체인이란 공개된 블록체인으로 대중, 공공에 공개되어 있다고 볼 수 있다. 퍼블릭 블록체인에서는 누구나 해당 블록체인에 참여할 수 있고, 모든 거래 내역을 볼 수 있다. 비트코인 블록체인 네트워크에 참여하고 싶은 사람은 누구든지 노드node가 될 수 있다.

퍼블릭 블록체인은 누구나 네트워크에 참여할 수 있어서, 해킹 등 악의적 공격을 받을 가능성이 있다. 따라서 퍼블릭 블록체인에서 해킹 위협과 위변조 가능성에 대비하고자 도입한 방법이 작업증명PoW이라는 합의 방식이다. 작업 증명 방식은 비트코인, 이더리움, 비트코인 캐시 등 대부분의 암호화폐가 사용하고 있는 합의 매커니즘이다. 퍼블릭 블록체인은 중앙기관의 통제를 받지 않으므로 제도권에서 직접적으로 활용되기 쉽지 않으며, 자신들의 고유한 암호화폐를 발행하여 네트워크를 유지한다.

프라이빗 블록체인은 대중화된 것이 없어 일반인들에게는 익숙하지 않다. 프라이빗이라는 단어는 '사유의, 개인 소유의, 특정 집단 전용의, 사립의'라는 뜻을 가지고 있다. 이처럼 프라이빗 블록체인은 퍼블릭 블록체인처럼 모든 데이터를 누구에게나 공개하는 것이 아닌 특정 그룹 또는 정해진 사람만 볼 수 있고 접근 가능하다. 거래 내역 등 데이터가 공개적으로 노출되지 않는다는 장점을 가진다. 프라이빗 블록체인의 경우 일반적인 암호화폐와 같이 대중적으로 사용하는 용도보다는 회사나 소규모 집단 내에서 데이터를 효율적으로 안전하게 관리하는 용도로 사용될 가능성이 높다.

퍼블릭 VS 프라이빗 VS 컨소시엄 블록체인

프라이빗 블록체인의 경우 거래 내역 등 데이터를 조회하거나 블록을 생성하기 위해서는 신원이 보장된 사용자로 허가를 받아야만 가능하지만, 퍼블릭 블록체인의 경우는 누구나 익명성을 보장받은 채 권한이 있다.

퍼블릭 블록체인은 전 세계에 걸쳐서 수많은 사용자 노드들이 데이터를 송수신하는 과정에서 다소 시간이 걸리는데, 프라이빗 블록체인의 경우 블록 수와 노드 수가 적어서 데이터 송수신 등 처리 과정에서 빠른 속도를 가진다.

프라이빗 블록체인의 경우 노드의 수가 퍼블릭 블록체인에 비해 적다 보니 데이터 위변조 측면에서 보안성이 다소 취약할 수 있다. 반면, 프라이빗 블록체인을 이용하는 기관 내에서 데이터를 수정해야 할 필요가 있을 경우 과반수의 동의를 거쳐서 데이터를 원하는 방향으로 수정할 수 있다.

은행권 또는 금융권 연합을 통한 R3CEV와 같은 컨소시엄 블록체인 기반 서비스도 등장하였다. 현재 국내에서는 민관연 합동 프로젝트 '해운물류 블록체인 컨소시엄'이 활동하면서 수출입 물류의 블록체인 적용 가능성을 검증하고 있다. 컨소시엄에 참여한 40여 개 기업과 기관들은 시범 프로젝트 결과를 실제 물류 현장에 적용 가능토록 구체화하고, 정부 유관기관들은 블록체인 관련 제도적 장치와 정책 지원 방안을 검토하고 있다. 컨소시엄 블록체인은 프라이빗 블록체인과 특성이 유사하여, 컨소시엄 블록체인이 프라이빗 블록체인의 한 종류라 볼 수도 있고 두 개를 합하여 프라이빗 블록체인이라고 부르기도 한다.

구분	퍼블릭 블록체인	프라이빗 블록체인	컨소시엄 블록체인
주체	모든 거래 참여자	중앙기관	컨소시엄 참여자
규칙	변경 어려움	변경 용이 (중앙기관 결정)	변경 용이 (컨소시엄 합의)
거래 속도	네트워크 확장이 어렵고 거래 속도가 느림	네트워크 확장이 매우 쉽고 거래 속도가 빠름	네트워크 확장이 쉽고 거래 속도가 빠름
접근	누구나 접근 가능	허가받은 사용자	허가받은 사용자
블록 생성	누구나 생성 가능	허가받은 사용자만 생성 가능	허가받은 사용자만 생성 가능
식별	익명성(가명)	식별 가능(신원 보장)	식별 가능(신원 보장)
거래 증명	컴퓨팅 파워를 통해 누구든 참여	중앙기관에 의해 정해진 규칙으로 거래 증명	주체들 간 합의된 규칙에 따라 거래 검증
활용 사례	Bitcoin, Ethereum	NASDAQ Linq(비상장주식거래 플랫폼), Overstock	R3CEV

[표 2-3] 블록체인 유형별 주요 특징

023 블록체인의 보안성이 뛰어나다고 하는데 암호화폐 해킹 사건은 왜 일어나나요?

Q 블록체인의 보안성이 뛰어나다고 하는데 암호화폐 해킹 사건은 왜 일어나나요?

A 블록체인 코어 시스템 자체는 안전하나, 암호화폐 거래소에 대한 해킹과 개인 전자지갑의 관리 소홀로 해킹 사건이 일어납니다.

Q 암호화폐 해킹에서 안전하려면 어떻게 해야 하나요?

A 보안이 철저하고 공인된 암호화폐 거래소를 이용하고, 개인 지갑을 사용할 경우 컴퓨터의 보안과 암호관리를 철저히 해주세요.

블록체인의 보안

국내외에서 암호화폐 해킹 사건은 꾸준히 일어나고 있다. 블록체인 기술의 최대 장점은 보안성인데, 최근까지도 계속되고 있는 암호화폐 해킹 사건은 그 규모가 증가하고 있고 빈도도 줄어들지 않고 있다. 해킹으로부터 안전하다는 블록체인이 지속적으로 해킹을 당하고 있는 역설적인 상황은 왜 발생하는 것일까? 결론적으로 암호화폐가 해킹의 타겟이 되어 피해를 입는 것은 블록체인 기술은 암호화폐 시스템 자체에 적용되었을 뿐 암호화폐 거래소는 이를 벗어난 외적인 영역이기 때문이다. 암호화폐를 안전하게 소유하고 거래하려면 사용자들이 각 암호화폐의 전자지갑을 만들어서 다른 사용자의 지갑으로 직접 암호화폐를 송금해야 한다. 하지만 암호화폐 거래소를 거치게 되면 이러한 방식이 아닌 증권거래소와 흡사한 중앙 집중형 거래 방식을 거치게 된다. 암호화폐는 거래소에서 개인의 전자지갑이 아닌 거래소에 맡겨둔 상태가 되며, 해커들은 거래소의 취약점을 통해 해킹하여 암호화폐를 탈취하는 것이다.

암호화폐 해킹 사건

대부분의 해킹 사건은 대부분 전자지갑과 거래소, 내부자 영역에서 발생하며, 취약점을 악용하여 암호화폐를 탈취한다. 애플리케이션의 개발 코드 상의 취약점 취약한 코드 구현 또는 활용 을 공격하여 프로그램 버그를 생성시키고, 이를 악용하여 금액을 인출하는 방법이 가장 기본적인 해킹 방법이다. 해킹 사건의 대부분이 거래소나 전자지갑 등 다수의 개인 키가 저장된 서버를 공격하여 개인 키를 획득한 후 암호화폐를 인출하게 된다. 외부로부터의 공격 외에 내부로부터 공격받는 경우도 있다. 암호화폐 거래소의 운용사 내부 직원이 악의적 의도로 내부 정보를 이용하여 회원들의 정보를 이용해 비트코인 탈취하거나, 해킹으로 피해를 입은 것처럼 위장하여 예치된 암호화폐를 횡령하는 사례도 있다.

공격 사례	설명
전자지갑 공격 사례	2016년 6월, 이더리움 투자펀딩앱 DAO는 전자지갑 취약점으로 인해 약 6,000만 달러의 이더를 인출
내부자 공격 사례	2014년 2월, 도쿄 소재의 마운트곡스는 내부자가 거래기록 조작을 통해 85만 비트코인을 횡령

공격 사례	설명
거래소 공격 사례	2017년 4월, 국내 거래소인 야피존은 거래소의 서버 관리 문제로 약 55억 원의 피해를 입었다.

[표 2-4] 암호화폐 공격 사례

블록체인의 보안 이슈

공격자가 블록체인 네트워크의 51%를 장악할 경우 거래 내역 및 합의 결과를 임의로 조작 가능할 수 있다. 이것을 '합의 가로채기' Concensus Hijacking라고 한다. 공격자가 블록체인 전체 컴퓨팅 파워의 51%를 장악하여 다른 모든 채굴자보다 블록을 빨리 생성하여 진행하며 위변조가 가능하다. 그러나 네트워크 51% 장악은 현실적으로 불가능 하며 현재까지 이러한 사태가 발생한 적이 없다.

프라이빗 블록체인의 경우에도 합의 가로채기가 발생할 수 있다. 운영 주체를 장악하여 권한을 도용함으로써 합의 가로채기가 가능한데, 운영기관이 권한을 부당하게 행사할 때 이를 저지할 수 없다. 권한의 부당한 행사에는 위변조를 비롯하여 독단적인 정책의 도입 등이 있다. 이러한 사태를 방지하기 위해서는 암호화폐 설계 당시부터 정책, 프로토콜 반영 시 명확한 합의나 조건을 설정해 두는 것이 필요하다.

마지막으로 스마트계약에서 발생하는 이슈가 있는데, 이더리움이 이미 이러한 피해를 입은 사례가 있다. 블록체인의 스마트 계약에서 시큐어 코딩이 이루어지지 않을 경우 경합이 발생하기 쉬우며, 계약이 복잡해질수록 더 많은 오류가 발생할 수 있다. 스마트 계약의 경우 철저한 코드 검토와 블록체인의 주요 함수 표준화를 통해서 문제를 방지할 수 있다.

암호화폐 거래소 해킹 사건

마운트곡스 해킹 사건

2010년 설립된 마운트곡스 Mt. Gox 는 전 세계 암호화폐 최대 거래소였다. 해킹을 당하기 전까지 100만 명의 회원을 보유하였고, 비트코인 가격이 1,000달러를 돌파하면서 승승장구하고 있었다. 그러던 중 2014년 마운트곡스는 비트코인 85만 개 당시 시가 1,200억 원 를 도난당했다고 발표하며 파산 신청을 하게 되었고, 암호화폐 시장의 패닉을 불러왔다. 2014년 2월 해킹 사건 이후 비트코인 가격은 1,000달러에서 지속적으로 하락하여 1년 이상 200달러 선에서 횡보하게 된다.

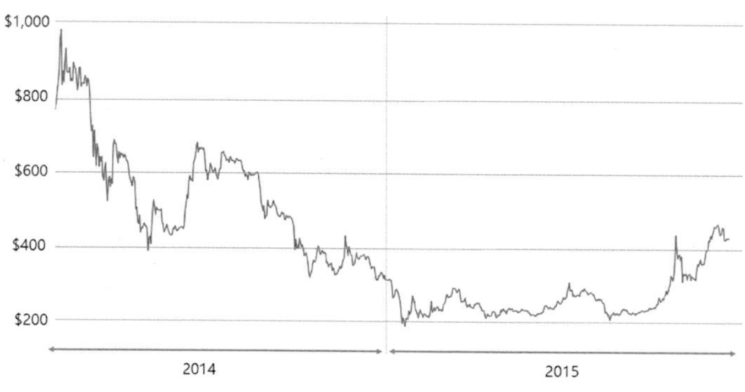

[그림 2-2] 마운트곡스 사건 이후 비트코인

당시 390억 원의 자산을 가진 마운트곡스는 부채가 약 680억 원에 달해 채무 초과 상태에 이르게 된다. 그나마 다행으로 수사 과정에서 20만 개의 비트코인을 되찾았고 위탁관리인에 의해 관리되게 되었다. 그리고 이 계좌는 누구든지 실시간으로 지켜볼 수 있다. 되찾은 20만 개의 비트코인과 하드포크로 얻은 비트코인 캐시 등을 모두 더하면 현재 시가로 해킹 피해 금액을 모두 변제하고도 남는 금액인 1조 원에 달한다. 파산 이후 채무자에게 빚을 갚기 위해 남아 있는 자산을 지속적으로 매각해 오면서 시장에 지속적으로 부정적인 영향을 끼치고 있다. 비트코인 가격이 하락할 때마다 이 물량이 나온다는 말이 퍼지면서, 마운트곡스의 비트코인 계좌를 들여다보는 전문 사이트까지 생겼다.

야피존, 유빗 해킹 사건

2017년 4월 국내 비트코인 거래소 야피존이 해킹으로 3,831비트코인 당시 시세 55억 원 을 도난당했다. 해커의 공격으로 거래소의 핫 월렛 네트워크에 연결된 지갑 이 탈취되었다고 밝혔다. 야피존 회원 전체 자산의 37%에 달하는 규모인데, 해킹에 대한 대응 방식은 황당하게도 모든 회원의 자산을 37%씩 차감시키는 것이었다. 당시 100만 원어치의 코인을 보유하고 있었다면 하루만에 63만 원이 되어 버리는 조치를 거래소에서 취한 것이다. 다만 회원들의 피해에 대해서는 야피존에서 발생한 거래소 수수료 수입의 일부를 분배받는 권리를 가진 야피존 Fei로 대체하여 지급하기로 하였는데, 이것은 거래소가 정상화될 경우에 손실 회복이 가능하고 기한이 없는 피해 보상 방안이었다. 그 뒤로 야피존은 이미지 개선을 위해 유빗으로 거래소 이름을 변경하였다.

하지만 이것으로 끝난 것이 아니었다. 2017년 12월 2차 해킹이 발생했다. 전체 거래 자산의 17%가 탈취당하여 입출금을 정지하고 거래소 파산 절차를 진행하였다. 회원 자산의 75%는 일단 출금할 수 있게 하였고, 나머지 자산에 대해서는 파산 절차가 종료된 이후 지급한다고 발표했다.

코인체크 해킹 사건

일본의 주요 암호화폐 거래소인 코인체크가 2018년 1월 해킹 공격을 받아, 약 580억 엔5,600억 원어치의 NEM을 탈취당했다. 암호화폐 해킹 사건 역사상 가장 큰 규모이다. 멀티시그월렛을 사용하지 않은 부주의로 해킹이 발생하였다. 제대로 된 보안을 유지하기 위해서는 네트워크와 차단된 콜드월렛을 따로 확보했어야 하는데, 이 부분에 부족함이 있었다. 3월 코인체크는 피해자들에게 1코인당 88엔으로 계산해서 보상하겠다고 발표하였지만, 구체적인 보상 시기 누락 등 진행 상황이 부진하자 일부 피해자들은 소송을 진행하고 있다. NEM재단은 유출된 코인을 추적하다가 한계에 부딪쳐 3월에 추적을 중단하였다. 해커들은 익명성 높은 다크웹 사이트를 통해 다른 암호화폐로 교환하였고, NEM코인의 모자이크라는 추적 수단을 무력화시키는 기술을 사용해 상당수를 다른 암호화폐로 교환하였다. 코인체크 해킹 사건의 여파로 한동안 NEM을 비롯하여 암호화폐 시장은 침체를 지속하였다.

024

블록체인이 적용된 서비스인지 어떻게 알 수 있나요?

Q 블록체인이 적용된 서비스인지 어떻게 알 수 있나요?

A 블록체인 서비스 사용자가 해당 서비스가 블록체인 기술이 적용되었는지 알기란 쉽지 않습니다.

블록체인 서비스 적용 영역

산업 전 영역에 걸쳐서 블록체인 기술 적용이 확산되고 있다고는 하지만, 구체적으로 어떤 분야에서 어떻게 적용되는지 알기란 쉽지 않다. 블록체인은 코어 기술로 시스템 내부자가 아닌 이상 어떻게 작동되는지 외부에서 파악이 힘들기 때문이다. 비트코인의 경우 대다수의 사람들은 블록체인이라는 것이 무엇인지 모르고 투자했을 수도 있으며, 투자할 때 블록체인에 대해 몰라도 아무런 상관이 없다. 일반적으로 제공되는 블록체인 기반 서비스에서 사용자는 어느 부분에 블록체인이 적용되는지 알기 힘들다. 구현 사례를 보면서 블록체인이 활용되는 영역에 대해서 설명하기로 한다.

아래 서비스는 블록체인 기반의 거래 플랫폼의 프로세스를 나타내고 있다. 이러한 전 과정에서 실제 블록체인이 활용되는 영역은 가입과 거래 시점이다. 가입 시에는 회원 가입, 개인정보 조회 및 계좌 연동, 로그인/로그아웃에서 블록체인 기반하여 서비스를 구현할 수 있다. 거래 시점에는 체결 확정 및 결과 통보, 완료 거래 내역 조회, 거래 증명서 확인 및 출력 시 블록체인을 이용하여 구성할 수 있다. 물론 이 서비스 이용자는 블록체인 기술이 적용되었는지 확인하기란 쉽지 않다.

가입	주문	거래	결제 / 청산
회원가입	매수 등록	상대방 지정	입금/주식 입금
개인정보 조회	매도 등록	주문 조회	호가 정보 갱신
로그인/로그아웃	개인 간 거래	체결 및 결과 통보	거래 완료
		거래내역 조회	
		거래 확인	

블록체인이 활용되는 영역

[그림 2-3] 블록체인 기반 거래 플랫폼

PART
03

블록체인의 다양한 활용

025 블록체인은 비트코인처럼 송금 기능만 있나요?

Q 블록체인은 비트코인처럼 송금 기능만 있나요?

A 블록체인 기술은 송금 기능을 가진 비트코인에 적용되면서 시작했지만, 현재는 금융뿐만 아니라 비금융 분야 전반적인 영역에 걸쳐 적용이 확산되고 있습니다.

블록체인의 영역 확장

블록체인은 금융 결제 수단 및 가치 저장, 보관의 역할을 하는 비트코인으로부터 시작하였다. 최근에는 비금융 분야인 제조 및 유통, 사회/문화, 공공 서비스 부문 등 전 산업 영역으로 확대되어 가고 있는 추세이다. 블록체인은 가장 기본적인 기능인 송금으로 시작하여 금융 분야에 우선적으로 적용되었으며, 주요 분야는 아래와 같다.

분야	내용
결제 및 송금	제3의 중앙기관 없이 수수료 및 전송 시간을 절감한 송금·결제 시스템
증권 거래	블록체인 기반의 거래 및 스마트 계약 기능 플랫폼
투자 및 대출	블록체인의 특성을 활용한 투자자 및 기업 간 연결 플랫폼
상품 거래	TXID(트랜젝션 ID)추적을 활용한 상품거래 시스템
무역금융	무역 거래 시 필요한 서류(계약서, 신용장 등)의 위변조 방지 및 간소화 시스템

[표 3-1] 금융 분야의 블록체인 활용

비금융 분야 활용

블록체인은 금융 분야의 적용을 시작으로 하여 최근에는 비금융 분야의 다양한 영역에 활용이 확산되고 있다. 비금융 분야의 주요 적용 분야는 아래와 같다.

분야	내용
신원 관리	디지털 신원 정보를 블록체인에 저장하여 관리하는 시스템
스마트 계약	문서 위·변조 등을 방지하기 위한 검증, 인증 시스템
전자투표	블록체인의 신뢰성, 투명성, 안정성을 활용한 전자투표 시스템
수송	GPS 및 위치 정보 시스템과 연계한 차량 운영 플랫폼
유통·물류	재고 관리, 상품이력 등을 관리하는 블록체인 기반 플랫폼
보안	무결성 및 신뢰성, 해킹 불가능한 특성을 활용한 보안 운영 시스템
스토리지	데이터를 분산하여 안전하게 저장하는 기능을 활용한 시스템
IOT 관련	사물인터넷 플랫폼에 기기 간 신뢰성 확보를 위한 블록체인 시스템
클라우드	클라우드 플랫폼 내 블록체인 서비스 개발·운영이 가능한 시스템

[표 3-2] 비금융 분야의 블록체인 활용

026 해운 화물을 운송하는 데 블록체인이 활용되나요?

Q 해운 화물을 운송하는 데 블록체인이 활용되나요?

A 해운/물류 시스템에 블록체인 기술이 적용되면 유통 현황을 실시간으로 확인할 수 있어 업무 효율성 향상과 최적화된 재고 관리가 가능합니다.

Q 해운/물류 시스템에 블록체인 적용 시 장점은 무엇이 있나요?

A 높은 상호 운용성으로 인한 효율성 증대, 행정 처리 비용 절감, 신뢰성 확보, 실시간성, 투명성이 장점입니다.

해운/물류 분야의 블록체인

해운/물류 분야는 현재 블록체인 적용이 활발히 이루어지는 분야 중 하나이며, 많은 전문가가 이 부문에 대해 매우 긍정적으로 전망하고 있다. 해운업계에서는 물류 공급망 Logistic Supply Chains 에 대한 블록체인 기술의 잠재적 응용 가능성에 대하여 높이 평가하고 있으며, 해운산업의 스마트화와 디지털화를 통하여 효율성을 향상시킬 수 있을 것으로 기대하고 있다. 특히 해운산업의 투명성 강화와 신뢰성 강화 수단으로써 현 시스템의 약점인 취약한 투명성, 부족한 정확성과 신뢰성, 국제적 거래에서 오는 복잡성 등을 해결할 것으로 전망된다. 해운 분야에 대한 블록체인 기술의 도입은 아직 실증 사례 구축을 중심으로 진행 되고 있으며, 블록체인의 응용을 통해 궁극적으로 해운업계의 투명성과 신뢰성 강화에 도움을 줄 것으로 기대된다.

구체적인 블록체인 적용 방안

해운 업계의 소유주, 운영자, 화주, 물류 공급업체, 규제 기관 및 최종 사용자 간 공유할 수 있는 산업 간 플랫폼을 구축하여 물류 공급망의 각 참여자들이 운송 중인 컨테이너의 위치를 추적하고, 각종 고객 서류, 선하증권, 기타 정보 등을 실시간으로 확인할 수 있다. 블록체인의 특성상 데이터 기록의 변경, 파괴, 추가를 방지할 수 있으므로, 신뢰성과 보안성이 보장된 서비스를 제공할 수 있다. 해운 업계의 다양한 이해 관계자들 간 공유할 수 있는 산업 간 플랫폼을 구축함으로써 새로운 서비스가 창출될 것이며, 이로 인한 해운업의 패러다임 변화가 시작될 것이다. 특히 선하증권Bill of Lading 분야의 활용성이 기대되며, 스마트 계약을 통해 서비스 제공 시, 즉각적인 송장Invoice 발행이 가능하고 소유권도 바로 이전되는 등 그동안 경험하지 못했던 신 개념의 서비스가 등장할 것이다. 선하증권Bill of Lading 분야의 활용이 기대되는 이유는 블록체인 기술은 다양한 이해 관계자들이 함께 특정 정보에 대하여 접근하는 시스템상 신뢰성과 투명성 부분에서 뛰어난 능력을 발휘하기 때문이다. 스마트 계약을 통해 제품 배달에 대한 서비스 또는 처리가 수행될 때 즉각적인 송장 발행과 소유권 이전, 운송 중 제품의 지리적 위치에 따라 보험 비용이 자동적으로 조정될 수 있다.

해운/물류 분야의 블록체인 미래 및 과제

해운 분야의 블록체인 기술 활용을 위해서는 각계각층의 다양한 준비가 필요하다. 해운업계뿐만 아니라 산/학/연/관 관계자들이 모여서 법제도적 측면을 개선하려는 움직임이 필요하고, 관련된 기술 및 서비스의 개발 등 통합적인 접근이 요구된다. 인프라로써 해운 블록체인 활용을 위한 표준화 마련도 우선순위가 될 것이며, 블록체인 기반의 해운 시스템을 위한 업계 공통의 표준이 필요하다. 구체적으로는 해운업계 전체가 활용할 수 있는 퍼블릭 블록체인 구축이 가장 이상적인 모델이 될 것이며, 공개 시스템 기반의 블록체인 기술 도입으로 최대한의 가치를 창출 가능할 것이다. 블록체인 기술 활용의 목표가 해운 물류 공급망 전체에 걸쳐 물류 백본 기간망 을 구축하려는 것이라면, 소수의 정해진 단체들만 참여 가능한 프라이빗 블록체인 방식은 부적합하다. 해운 업계 전체가 블록체인 기술의 도입으로부터 최대한의 가치를 얻을 수 있는 방법은 누구나 이용할 수 있는 공개 시스템을 구축하는 것이다. 소수의 IT 업체, 화물 및 운송 업체 간 프라이빗 블록체인 구축을 위한 제휴 움직임은 여러 파편화된 블록체인 시스템만 만들고 실패할 것으로 예상된다. 해운업계는 극소수의 이익만을 위한 프라이빗 블록체인 도입 구축을 지양하고, 해운업계 전체가 누릴 수 있는 퍼블릭 기반의 표준화 구축이 필요하다.

인프라로써 블록체인 활용을 위한 표준화 마련이 중요한 이유는 인터넷의 발전 단계에서 찾아볼 수 있다. TCP/IP 네트워크 전송 표준 프로토콜이 인터넷 시대를 가져온 것처럼, 블록체인 기술을 활용한 새로운 차원의 해운 서비스 시대를 열기 위해서 표준화가 필요하다. 월드와이드웹 컨소시엄이 인터넷을 관리하는 것과 마찬가지로, 블록체인 기술 기반의 해운 시스템에도 맞춤형 응용 프로그램을 개발할 수 있는 업계 전반에 걸친 공통 표준이 필요하다.

027

투표와 선거에 블록체인이 활용되나요?

Q 투표와 선거에 블록체인이 활용되나요?

A 국내에서는 경기도의 주민 제안 공모사업 심사의 온라인 투표에 블록체인 기술을 활용하였고, 아프리카 시에라리온에서 세계 최초로 대통령 선거에 블록체인 기술을 적용했습니다.

Q 투표와 선거에 블록체인 활용 시 장점은 무엇이 있나요?

A 신뢰성과 투명성을 갖추고, 구축 비용을 절감할 수 있습니다.

투표/선거에의 블록체인 도입

블록체인의 신뢰성, 공정성, 투명성을 이용하여 전자 투표에 블록체인 기술을 활용하려는 관심이 증가하고 있다. 암호화폐에서 활용되던 거래 정보 대신에 유권자의 투표 정보를 블록체인에 기록하고 네트워크에서 P2P로 공유하게 되면 누구나 이 기록을 확인할 수 있다. 블록체인 기술을 통해 투표 결과의 조작 가능성을 제거할 수 있다. 또한, 투표 시스템 구축에 드는 시간과 비용을 감소시켜서 사람들의 의견을 쉽게 모으는 직접 민주주의가 구현될 수 있는 기반을 마련할 수 있다. 아직 규모 측면에서 블록체인을 활용한 투표 적용이 정당 또는 특정 기관 내의 의사 결정, 주민 의견 수

렴이나 청원 등 중소 규모에 제한된 형태로 운영되고 있다.

블록체인 기반의 선거 시스템에서 각각의 사용자는 입후보자들에게 투표할 수 있는 vote token을 받게 될 것이며, 각 vote token은 하나의 주소로 한 번만 보낼 수 있으며, 따라서 중복 투표 이중 지불를 사전에 방지할 수 있다. 누구든지 투표 기록에 접근할 수 있으며, 이와 동시에 익명성도 유지할 수 있다. 투표 데이터는 블록체인망에 영구적으로 저장되며, 인터넷이 가능한 어디에서나 투표 가능하다는 것도 혁신적이다.

028 블록체인으로 만들어진 국가가 있나요?

Q 블록체인으로 만들어진 국가가 있나요?

A 비트네이션(Bitnation)이라는 최초의 블록체인 기반 가상 국가가 2014년 설립되었습니다.

블록체인 가상 국가의 등장

블록체인을 통해 가상 국가의 등장이 가능하다. 비트네이션Bitnation이라는 최초의 블록체인 기술 기반 가상 국가가 이더리움 스마트 계약 기술을 기반으로 하여 2014년 설립되었다. 현재 1만 5,000명의 시민을 가지고 있다. 기존 국가는 국민의 출생, 사망, 결혼, 부동산 등기, 법적 문서 등의 기록을 관리하고 통제할 중앙관료가 필요하지만, 비트네이션은 블록체인 기술을 활용하여 중앙관료를 대체하는 시스템을 고안하였다. 주민등록번호와 법도 필요 없으며, 자발적으로 개인 간 문서를 블록체인에 올려 공증받는 방식으로 운영된다. 예를 들어 결혼 사실을 등록하기 위해서 비트네이션 신분증으로 결혼 증명서 블록을 만들어 이 블록이 다른 참가자들에게 전송되고 모든 네트워크가 이를 인증하면 블록이 등록된다.

DBVNs(Decentralized Borderless Voluntart Nations)의 특징

이러한 가상 국가를 '탈중앙화된 국경 없는 자발적 국가' Decentralized Borderless Voluntary Nations, DBVNs 라고 부른다. 기존의 어떠한 기술로도 구상이 불가능했던 가상 국가를 블록체인 기술을 통해 사람들이 DBVN을 시작할 수 있는 방법을 제공하였다. '탈중앙화'는 기능과 권력, 사람들과 서류들을 중심에서 재분배 또는 분산시키는 과정이다. DBVN 체제에서 분산화는 P2P 기술, 모듈식 인터페이스, API 레이어 등의 기술을 통한 기술적 · 인적 분산화를 의미한다. '무국경'은 특정한 지역, 민족 또는 기타 범주에 의해 서비스의 제한을 두지 않는 것을 말한다. 국경이나 통관 절차도 없다. 토지의 경계나 공해, 해안선도 존재하지 않는다. DBVN은 지역에 관계없이 모든 지역에 서비스를 제공한다. '자발적'에서는 힘과 강제력 없이 시민들을 비자발적인 행동으로 이끌지 않는 것을 말한다. DBVN이 가진 자발적인 특성으로 본질적 측면에서 박해, 위협, 보복 등 구조적인 폭력에서 자유로워진다. 플랫폼의 시민들은 원하는 DBVN을 선택할 수 있다. DBVN은 시민들의 자유의지로 들어갈 수 있고, 정부기관이 없는 완벽한 분산된 환경이며, 물리적 또는 정치적 경계에서 자유롭다.

029 병원 진료에 블록체인이 활용될까요?

Q 병원 진료에 블록체인이 활용될까요?

A 병원 진료를 비롯하여 헬스케어/의료 전 영역에 블록체인 기술이 적용될 것입니다.

Q 헬스케어/의료 전 영역에 블록체인이 적용될 경우 장점은 무엇인가요?

A 안전하고 투명한 블록체인 기반 시스템에서 의료 정보의 다양한 영역에서의 활용성이 확대될 것입니다.

헬스케어/의료 분야에 블록체인 도입

그동안 병원 진료 데이터 등 의료 정보는 의료기관인 병원 중심의 의료 정보 생산·관리 시스템상 근본적으로 의료 소비자인 환자가 정보 주체로서의 권한을 수행하기 어려운 구조로 되어 있었다. 블록체인 시스템의 도입을 통해 이러한 문제점을 해결할 수 있다. 의료 정보의 안전한 보관 체계가 확립되고 의료 소비자인 환자가 정보주체로서 정보를 관리하고 원하는 곳에 공유 가능해지는 시스템을 구축할 수 있다. 의료 정보가 필요할 때마다 의료기관에 방문하여 발급받는 과정에서 소모되었던 과다한 비용과 시간도 해결될 수 있다. 의료 정보의 수집·저장·공유 시 블록체인 기반 시스템의 높은 보안성과 투명성을 바탕으로 개인 맞춤형 의료 정보 플랫폼, 자동 보험 청구 심사 등 새로운 서비스가 등장할 수 있다.

블록체인 도입의 효과

① 보안성 높은 의료 데이터 교환 시스템 구축

블록체인 기반 의료 데이터 교환 시스템을 구축하면 높은 상호 운용성, 무결성, 보안성을 유지한 채 의료 정보를 전송할 수 있다. 의료 데이터의 과거와 현재 기록에 원활하게 접근할 수 있게 될 뿐만 아니라, 데이터로의 접근 비용 및 시간도 감소된다. 실제로 에스토니아 정부는 블록체인 기반의 의료 · 건강 기록 시스템을 구축하여 관리 중이다.

② 의료 비용 클레임(보상청구) 해결

전 세계적으로 의료 비용의 약 5~10%가 과도한 요금 청구 또는 보험 사기로 인하여 낭비되고 있다. 2016년, 미국에서 의료 비용 사기로 인하여 3,000만 달러 약 340억 원 의 손실이 발생된 것으로 발표되었다. 의료 비용 클레임 판결 및 지불 · 결제 관리 프로세스를 블록체인 시스템을 구축하여 자동화한다면 이러한 피해를 줄일 수 있을 것이다.

③ 신뢰성 높은 의약품 공급망 관리

전 세계적으로 위조 약품으로 인하여 제약업계는 연간 2,000억 달러 약 230조 원 의 손실이 발생하는 것으로 추정된다. 실제로 개발도상국에서 판매되는 의약품의 약 30%가 위조품인 것으로 조사되었다. 블록체인 기반의 의약품 공급망 시스템을 구축하면 의약품 공급 체인의 각 단계를 추적할 수 있고, 신뢰성 있는 추적 로그를 확보할 수 있다. 또한, 스마트 계약과 같은 기능을 활용하면, 공급 과정의 어느 시점에서든지 의약품의 소유권을 입증하고 당사자 간의 계약 관리를 진행할 수 있다.

④ 제약 임상시험의 공공성 향상

일반적으로 임상시험 결과의 약 50%는 일반에 공개되지 않는다. 이로 인해 관련 의료 분야 이해 관계자와 의료 정책 입안자의 지식 격차가 확대되고 환자에게 중대한 안전 문제가 발생된다. 블록체인 기반의 임상시험 기록 시스템을 도입하면, 시험 결과 공유로 인하여 의료 공공성을 높일 수 있고, 오류 감소 및 편의성 향상도 가능하다. 동시에 집단지성의 힘을 극대화하여 연구 결과의 질적 향상도 이룰 수 있다.

⑤ 헬스케어 시스템의 보안성 향상

환자 데이터 유출 및 해킹 피해의 43%가 내부자 소행이었으며, 27%가 해킹과 랜섬웨어로 인해 발생하고 있다. 2020년, 200~300억 개의 헬스케어 IoT 장비가 전 세계적으로 연결될 것으로 예상되고 있으나, 기존의 의료 인프라 시스템으로 보안성을 유지하는 것은 불가능하다. 하지만 블록체인 기반의 의료 시스템을 구축한다면 의료 사물인터넷 IoMT, Internet of Medical Things 활용 시 보안성, 신뢰성을 유지하며 상호 운용성도 확보 가능할 것으로 예상된다.

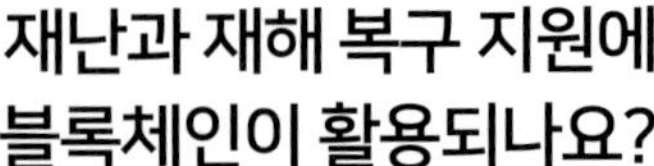

030 재난과 재해 복구 지원에 블록체인이 활용되나요?

Q 재난과 재해 복구 지원에 블록체인이 활용되나요?

A 재난과 재해 복구 지원 시스템을 블록체인 기반으로 구축할 수 있습니다.

블록체인 기반의 재난·재해 복구 지원 시스템

재난과 재해의 복구 지원에 블록체인이 쓰일 수 있다. 블록체인 기술은 재앙에 대처하고 생명을 구하는데 유익한 잠재력을 보유하고 있다. 무상 원조는 더 큰 책임과 투명성에 대한 요구로 감시 · 감독이 강화되고 있으며 이러한 현상은 관료주의와 맞물려 무상원조 시스템의 효과성과 효율성을 감소시킬 수 있다. 블록체인이 이러한 문제점을 해결하며 더 안전하고 투명한 시스템을 만들 수 있도록 기여할 것이다.

이러한 시범 테스트가 'Start Fund'에 의해 시작되어, 크게 주목받지 못하는 소규모 비상 재난 사태에 대해 원조하기 위해 42개의 원조 · 구호 기관의 네트워크를 구축 중이다. 2014년 창설 이래 49개국의 540만 명에게 혜택을 주었다. 현재의 인도주의 지원 시스템의 약점은 자금 지원의 속도가 느리다는 것인데, 실제로 UN을 통한 자금 지원은 평균 90일 정도 소요된다. 'Start Fund'는 72시간

이내 자금 지원이 이루어지며, 이것은 세계에서 가장 빠른 공동 소유의 조기 지원 시스템이다. 블록체인 기술을 통해 'Start Fund'를 더 효율적으로 운영할 수 있다. 현재의 문서, 계약서 및 서류 교환의 행정 절차엔 몇 시간이 걸릴 수 있는데, 블록체인은 이러한 절차의 속도를 높여줄 수 있다. 블록체인의 스마트 계약과 같은 기술이 활용되며 블록체인의 완전무결한 저장이라는 특징을 이용하면 사기를 줄이고 기부자들에게 자금 집행의 투명성을 확신시킬 수 있다. 지난 10년간 재난 · 재해로 고통받는 사람들의 수는 2배로 증가하였고, NGO들의 이러한 사태에 대한 대응 능력을 향상시키기 위해 블록체인 기술이 더 활성화되어야 할 것이다.

031 전력 거래에 블록체인이 활용되나요?

Q 전력 거래에 블록체인이 활용되나요?

A 블록체인을 도입하면 전력 거래 시 중개기관을 거치지 않는 간소화된 시스템을 통해 비용 절감 등 효율성이 증가됩니다.

블록체인 기술을 활용한 에너지 거래

블록체인 기술은 제3의 중앙기관 없이 분산 네트워크에서 에너지 거래 트랜잭션 를 전달할 수 있는 잠재적인 저비용 수단으로 주목 받고 있다. 블록체인이 언젠가는 중개자의 필요성을 완전히 제거함으로써 에너지 분배에 대하여 더 자유로운 시장 접근을 허용할 것으로 전망되고 있다. 자동적으로 전력 기기를 식별하고 IoT로 연결하여 난방, 냉방, 환기, 전기 자동차, 태양열 설치, 배터리 등 에너지 장비가 서로 상호 작용하여 큰 비용을 절감할 수 있게 된다.

블록체인 기술은 에너지 효율성 증가에 크게 기여할 수 있다. 분산화된 제어를 통하여 에너지 시스템의 효율성을 향상시킬 수 있고, 블록체인을 통하여 에너지 전력 수요를 파악 기록하며 분산화된 전력원들 간 에너지 교환이 컴퓨터를 통하여 자동적으로 진행되는 시스템을 구성할 수 있다. 이것은 더 나아가 사물인터넷 시스템과의 연동을 통하여 다양한 방면에 적용됨으로써 에너지 시스템 관리의 효과성과 효율성 측면에 모두 도움이 될 것이다. 구체적으로 살펴보면, 스마트 미터링 디바이스에 의해 분산 장부상에 자동적으로 데이터를 기록하고 처리하며, 보안성을 극대화하는 등 효율성을 향상시킬 수 있다. 또한, 블록체인은 신재생에너지의 문제점들을 해결할 수 있다. 태양광 등에서 생산된 전력 에너지의 P2P 거래를 보다 효율적이고 보안성을 향상시키며 가능하게 하고, 전력의 장거리 전송 시 손실 방지와 에너지 저장의 효율성 증가에 도움을 줄 수 있다.

블록체인 기술의 에너지 도입은 환경적 측면에서도 도움이 된다. 실제로 환경에 관한 관심과 영향력을 가진 사람들은 천연자원에 대한 지속 가능성을 높여줄 블록체인의 잠재력에 관심을 가지고 있다. 활용 가능한 분야는 임업, 에너지, 어업, 유기농 식품, 광업, 탄소 측정, 공기 오염 모니터링, 자원 재활용 등 다양하다. 예를들어 해산물 같은 식품 자원이나, 목재와 같은 환경 자원들이 환경 친화적으로 생산·유통되는지 보증하는 데 블록체인이 사용될 수 있다.

데이터를 저장하는데 블록체인이 활용되나요?

Q 데이터를 저장하는데 블록체인이 활용되나요?

A 데이터 기록을 보관, 저장하는데 블록체인이 활용될 수 있습니다.

데이터 기록 보관 저장 시 블록체인 활용

데이터 기록을 보관, 저장하는 데 블록체인을 활용하는 것은 가장 단순하고 쉬운 분야라고 할 수 있다. 블록체인 네트워크에 참여하는 모든 사람이 기록에 접근할 수 있으며, 따라서 거래 내역의 조작이 불가능한 장점을 최대한 활용할 수 있다. 블록체인의 이러한 특성이 정부가 국민들의 각종 기록을 관리하는데 유용하게 사용할 수 있다. 출생증명서, 사망 진단서, 운전면허증과 같은 공공 기록에 우선적으로 적용할 수 있다. 공공 분야뿐 아니라 일반 회사들도 직원들의 급여 관리, 성과 관리 등 기록과 관련된 곳에 블록체인을 활용할 수 있다.

블록체인 기술을 활용한 클라우드 저장 서비스로 스토리지Storj가 가장 대표적이다. 스토리지는 블록체인 기반의 분산 클라우드 저장 플랫폼으로 여유 있는 하드디스크 등 저장 공간을 가진 이용자 farmer 가 저장 공간을 필요로 하는 사람들 renter 에게 빌려주고 대가를 받는 구조로 되어 있다. 분산 네트워크 기반으로 파일을 저장하고 검색과 공유가 가능한 서비스이다. 스토리지 웹 애플리케이션인 'STORJ SHARE'를 이용하면 사용하지 않는 저장 공간을 다른 사람들에게 대가를 받고 빌려줄 수 있다.

033

신입사원 채용에 블록체인이 활용될까요?

Q 신입사원 채용에 블록체인이 활용될까요?

A 신입사원 채용 시 학력검증부터 인적 자원(HR)관리의 전 분야에 활용 가능합니다.

블록체인 기반의 HR(Human Resource)

블록체인은 정보와 거래 내역에 대한 유효성을 검증할 수 있으므로 채용 및 인적 자원 HR, Human Resource 관리 전 분야에서의 활용이 기대된다. 어떠한 사람의 학력이나 직장 경력에 대한 세부사항에 대하여 위변조가 불가능하다는 점은 HR 담당자에게 매우 매력적이다. 그동안 HR 영역에서는 채용 지원자가 이전에 비해 학력 및 직장 경력이 다양화됨에 따라 관련 정보를 증명하는 데 어려움이 있었고, 학력 위조 문제가 가장 대표적이었다. HR 분야에서의 첫 번째 블록체인의 활용은 학력 검증이 될 것으로 전망된다. 국내외 대학 졸업자의 졸업증명서를 발급하는데 많은 비용과 시간이 드는데, 블록체인 기술 도입을 통해 이러한 문제점을 해결할 수 있다.

하지만 HR 분야 블록체인 기술 도입에 있어서 법적, 개인정보보호 문제가 존재하며 이에 대한 해결이 수반되어야 한다. 실제 미국의 경우 채용 지원자에게 과거 임금이나 나이를 묻는 것은 불법인데, 이러한 정보가 블록체인에 저장될 경우 문제를 일으킬 수 있다. 채용 후에도 직원 관리를 위해 블록체인의 스마트 계약을 활용하여 임금, 복지 및 기타 노무 관련 내용에 대해 활용 가능하다. 예를 들어 설정된 목표 달성 시에 자동으로 보너스를 받는 것과 같이 이벤트에 따라 발생하는 거래들에 대해 암호화하고 자동으로 트리거 되도록 설정할 수 있다.

034

돼지고기 유통에 블록체인이 활용되나요?

Q 돼지고기 유통에 블록체인이 활용되나요?

A 돼지고기 등 농수산 식품의 안전한 유통을 위해 블록체인이 적용될 수 있습니다.

식품 안전 분야에의 블록체인 적용

식품 안전 분야의 블록체인 적용은 중국에서 가장 활발히 적용되고 있다. 이는 중국 내 식품 공급업자들의 부도덕한 원산지 위조 및 과도하게 오래 걸리는 유통 절차로 인하여 초래하는 식품 폐기량 증가 등 손실과 유통 과정상의 비효율적인 측면에 기인한다. 이러한 문제점들을 해결하고자 블록체인 기술을 도입하여 산지에서 판매처에 이르기까지 식품 데이터를 투명하게 관리함으로써 공급체인을 효율화하고 식품의 안전성을 강화할 수 있다.

중국은 세계 최대 돼지고기 소비국으로서 중국산 돼지고기의 유통 과정에 블록체인 기술을 적용하려 하고 있다. 다양한 농수산 식품 중 돼지고기를 우선적인 대상으로 선정한 이유는 중국이 돼지고기의 최대 소비국이자 세계 3위의 수입국이며, 식량 안보 측면에서도 돼지고기의 활용이 정부의 주요 현안이기 때문이다. 월마트, JD.com, IBM, 칭화대학교는 '블록체인 식품 안전 얼라이언스'를 발족하고 블록체인 기술을 사용하여 공급망 전체에 실시간 추적성을 제공하는 표준 기반의 데이터 수집 기술을 연구하기로 했다. 얼라이언스는 2016년 망고의 유통 경로를 블록체인으로 구축하는 실험을 수행하였고, 망고를 추적하는 데 걸리는 시간을 기존의 6일에서 2초로 단축시켰다. 생산 농가에서 월마트 매장까지 돼지고기의 유통 경로를 추적하는 블록체인 시스템 구축을 통해서 식품 유통점들은 블록체인 기록을 바탕으로 식품 안전 관리 수준을 높일 수 있고, 공급체인 전반에 식품 인증을 위한 보호 장치를 더욱 강화할 수 있을 것이다. 돼지고기 유통과 관련된 블록체인 기록은 유통점에서 제품의 유통기한을 관리하는데 활용되며, 식품 인증과 관련된 보호 장치까지 강화될 수 있다. 미래에는 돼지고기뿐만 아니라 전 식품 영역에 걸쳐서 블록체인 기반 '디지털 식품망'이 구축될 것이며 생산자로부터 공급자를 거쳐 소비자에게 이르기까지 안전한 식품이 제공되는지 확인 추적 가능하며, 식품 안전성 확보에 중요한 역할을 할 것이다.

035 다이아몬드에 블록체인이 활용되나요?

Q 다이아몬드에 블록체인이 활용되나요?

A 다이아몬드의 채굴에서부터 감정과 유통 등 전 과정에 블록체인을 도입하여 기존의 문제점을 해결하였습니다.

에버렛저(Everledger)

다이아몬드가 일반 소비자에게 판매되기까지 여러 절차를 거치게 된다. 원석을 채취해서 연마하고 도매상, 소매상을 거쳐 소비자에게 도착한다. 이러한 과정에서 여러 가지 문제점이 발생한다. 다이아몬드 감정 시 연마 정도, 크기, 색상, 투명도 등 측정에 감정사가 개입하게 되는데 일률적인 가치로 특정이 되지 않을 수 있다. 감정이 정확하게 되었다 하더라도 감정서의 분실 또는 위조라는 위험이 존재하고 있다. 감정서가 분실될 경우 가치를 다시 산정하는 것이 복잡하고, 감정사가 감정서를 위조할 수도 있다. 또한, 다이아몬드의 도난 위협도 언제든지 있다.

이러한 문제점들을 에버렛저라는 스타트업이 블록체인 기술로 해결하였다. 다이아몬드 채굴에서부터 감정과 유통 과정에 이르는 전 과정에 해당하는 정보를 블록체인에 블록으로 등록하여 위변조될 수 없는 기록을 만드는 것이다. 블록체인으로 이력과 거래 내역이 관리되며 다이아몬드의 감정의 불신, 감정서 분실과 위조, 절도 등의 위험으로부터 벗어날 수 있게 되었다.

036 중고차 거래에 블록체인이 활용될 수 있나요?

Q 중고차 거래에 블록체인이 활용될 수 있나요?

A 중고차 거래에 블록체인이 적용되면 신뢰성 있는 거래를 할 수 있는 기반이 마련될 것입니다.

중고차 거래에 블록체인 적용

중고차 성능과 상태 속이기, 허위 매물, 성능 점검 서류 위조 등 중고차 매매 관련 피해 사례는 지속적으로 증가하고 있다. 중고차 매매는 일반적으로 중고차 매입, 성능 점검, 중고차 판매 순으로 이어진다. 이러한 과정에서 성능 점검 기록부를 위변조 하거나 바꿔치기하여 사기 매매를 하는 경우가 빈번히 발생한다. 보험개발원에서 이를 방지하기 위해 카히스토리 앱을 개발하였으나, 사고 이력이 누락될 수 있는 등 한계점이 존재한다.

중고차 사기 피해를 방지하기 위해 블록체인 기술 개발이 세계 각국에서 이루어지고 있다. 블록체인 기술이 적용되면 중고차 이력 위변조가 원천적으로 차단된다. 현재 프랑스 르노자동차 관리시스템에 적용되고 있는 비체인이 대표적이다. 비체인은 차량 제조 시부터 차량의 아이디를 발급하여 블록체인에 등록한다. 이후 차량 관련 정보가 바뀔 때마다 데이터가 자동적으로 업데이트된다.

국내에서는 삼성SDS가 서울시와 같이 장안평 중고차 시장에 블록체인 기술을 적용하는 시스템을 개발 중에 있다. 블록체인 기반의 자동차 이력관리 시스템이 등록되면 거래 절차에서의 신뢰도를 향상시킬 수 있을 것이다. 다만 국내에서 도입하려는 시스템은 신차 등록부터 관리를 시작하는 것은 아니고, 중고차 매매상 상사를 관리하는 차원부터 구축하기로 한 것이다. 앞으로 신차 등록부터 적용되는 시스템까지 구축하게 된다면 차량의 전반적인 관리체계에 혁신을 가져올 것으로 기대된다.

037 원자력 안전을 위해 블록체인이 활용될 수 있나요?

Q 원자력 안전을 위해 블록체인이 활용될 수 있나요?

A 원자력 통제 영역인 수출입 통제, 안전 조치 등에 블록체인 기술이 접목된다면 핵 안보와 핵 비확산에 큰 도움이 될 것입니다.

원자력 통제에 블록체인 사용

지속적인 핵안보, 핵 비확산을 위한 노력에도 불구하고 모든 영역에서 100% 완벽하게 통제가 되고 있는 것은 아니다. 이러한 노력은 핵 관련 물질 수출입 통제, 기업 제재 등 다양하다. 핵무기 관련 제품 및 기술의 확산을 방지하기 위한 움직임은 다양한 변수로 인하여 완벽하게 이행되지 못하고 있다. 이란의 경우 핵 관련 수출입 통제 품목에 대한 운송 서류에 대한 위변조를 통해 감시를 피해 거래를 해 온 것으로 파악된다.

블록체인 기술은 이러한 문제를 해결할 수 있는 잠재력이 있다. 블록체인 네트워크에서 수출입을 통제할 경우 신뢰성과 투명성을 높이고 스마트 계약 기능을 통해 수출입 사기를 방지할 수 있다. 수출 통제 분류 번호, 최종 사용자 및 기타 라이센싱 정보와 같이 통제 대상 물품에 대한 주요 정보를 블록체인에 저장할 수 있으며 모든 이해 관계자가 투명하게 검증 및 확인할 수 있다. 이러한 방식을 통해 권한 없는 특정인이 수출 통제 상품을 거래하는 것을 원천적으로 차단할 수 있다. 핵물질 관련 수출입 물자에 대해 실시간으로 블록체인에 기록되어 모니터링과 추적이 가능할 것이다. 위변조 없이 투명하고 신뢰성 있는 수출입 통제가 이루어질 수 있다.

원자력 시설에 대한 안전 조치의 경우 현재 IAEA의 감독 관리 아래 특정 핵분열성 물질, 용역 · 설비 · 정보 등이 군사 목적에 사용되지 않음을 감독받고 있다. 블록체인 시스템을 통한 투명하고 신뢰성 있는 감독 시스템을 구축함으로써 안전 조치의 사찰 결과를 대체할 수도 있을 것이다. 원자력 통제는 신뢰성, 투명성, 보안성이 가장 엄격하게 요구되는 분야로 블록체인의 활용이 기대된다.

PART

04

블록체인과 암호화폐 국내외 동향

 038

국내외 블록체인의 동향은 어떠한가요?

Q 국내외 블록체인의 동향은 어떠한가요?

A 전 세계적으로 정도의 차이는 있으나 블록체인 산업의 규제와 육성을 적절히 조정하고 있습니다.

Q 블록체인과 암호화폐 산업의 규제와 육성은 동시에 진행될 수 있나요?

A 소비자 피해 방지를 위한 건전한 규제와 블록체인 산업의 육성은 동시에 진행될 수 있습니다.

전 세계적인 추세

암호화폐 시장 규모가 커지면서 이에 대한 투기 수요를 억제해야 한다는 등 논란이 커지고 있다. 기본적으로 암호화폐는 법정화폐를 대체할 수 없을 것이라는 시각이 일반적이며, 국가별로 다양한 정책을 통해서 규제와 육성을 동시에 적절하게 조절하는 방식을 택하고 있다. 정도의 차이가 있지만 규제 강화에 힘쓰는 국가도 존재하고 반면에 정부 주도적으로 기술 개발을 지원하고 공공분야에 우선적으로 적극 도입하여 산업 육성에 중점을 두고 있는 국가들도 있다. 전반적으로 볼 때 대부분의 국가들이 암호화폐의 적극적인 도입에 대해서는 주저하고 건전한 암호화폐 시장을 조정하기 위한 규제를 하고 있으며, 블록체인 산업 육성에 대해서는 대체로 긍정적인 입장을 가지고 있다.

블록체인 산업의 규제와 육성

블록체인과 암호화폐는 분리할 수 없는 관계이며, 건전한 암호화폐 시장을 조성하기 위한 규제와 블록체인 산업 육성은 동시에 진행될 수 있다. 현재 암호화폐 거래에 대해서는 거래소를 비롯하여 시장의 불투명성이 심하며 이로 인한 선의의 피해자가 지속적으로 발생하고 있는 상황이다. 암호화폐 거래에서 발생하는 불법을 차단하고, 투기를 진정시키면서도 블록체인 육성도 빠지면 안된다. 암호화폐 거래 과정에서의 불법행위와 불투명성은 막고 블록체인 기술을 적극 육성해 나가는 방침을 정부에서 가지고 있다. 현행법의 테두리 내에서 암호화폐 거래를 투명화하는 문제에 대해서는 전 세계 모든 국가가 동의하고 있다. 암호화폐 자금 세탁을 방지하기 위한 거래 실명제가 대표적이다. 과세 형평성 차원에서도 과세를 하여 제도권으로 편입시키려는 움직임이 전반적인 추세이다. 우리나라도 국가 차원에서 블록체인 규제의 단계적인 완화 등 관련 법체계 정비를 통해서 블록체인 산업을 활성화하고 글로벌 표준을 마련해 전 세계적으로 영향력 확대를 추진해야 하는 과제를 가지고 있다. 블록체인 산업에 도움이 될 수 있는 가이드라인이나 백서 발간, 기술 지원 및 공공 블록체인 인프라 투자, 전문 인력 양성을 통한 기반 마련 등 산업 육성과 생태계 조성이 필요하다.

 039

미국에서는 어떤 일이 일어나고 있나요?

Q 미국에서는 어떤 일이 일어나고 있나요?

A 미국은 전 산업 분야에 블록체인 기술을 적용하기 위한 움직임이 세계에서 가장 활발히 진행되고 있습니다.

공공 영역에서의 블록체인 적용 현황

미국은 정부 주도로 공공 분야에서 블록체인 적용을 추진하고 있다. 미국 우정청 USPS 은 블록체인 기반의 '포스트 코인' 플랫폼을 통해 결제와 환전을 지원하려는 등 정부 차원에서 주도적으로 추진하고 있다. 국토안보부 DHS 는 ID 관리 및 개인정보 보호를 위한 솔루션 개발에 블록체인 기술을 도입할 예정이다. 국경 감시를 위한 카메라 보안 감시 시스템 연구를 위해 블록체인 스타트업 Factom에 19만 9,000달러를 투자하여, 기반 인프라로써 블록체인 기술의 활용 가능성 및 강점과 잠재적 약점 등 전반적인 분야에 걸쳐 연구가 진행 중이다. 보건사회복지부 HHS 는 블록체인 기술의 헬스케어 산업 분야에서 잠재적 사용 분야를 연구 중이다. 식품의약국 FDA 은 의료 분야에서 건강 관리의 효과를 극대화하기 위해 병원마다 분산된 정보를 통합하고 데이터를 상호 연계하는 빅데이터를 구성하기 위해 미국인의 의료 정보 전체를 블록체인에 저장할 계획이다. 방위고등연구계획국 DARPA 은 군 관련 분야에 블록체인 기술 적용을 추진 중이다. 블록체인 기술 기반의 군 관련 앱 및 보안 메신저 서비스 개발하고 있으며, 이로 인하여 데이터 유출이나 위변조 및 해킹 방지와 유지 관리 비용이 절감될 것이다. 이것은 기존 중앙 집중화된 인프라를 활용하는데 따랐던 비용도 절감할 수 있을 뿐 아니라 전송되는 정보 이력도 추적 가능하다는 점에서 획기적이다. 추후에는 민간 분야에서 도입되는 것을 목표로 하고 있다. 블록체인 기술 기반의 군용 시스템 감시 및 데이터베이스 위변조 방지 시스템도 연구 중인데, 미국의 핵무기를 보호할 수 있는 변조 방지 컴퓨터 시스템이 주 대상이다. 이것은 블록체인 시스템의 특성상 많은 범위의 사이버 공격을 무력하게 만들며, 코드 인젝션과 같은 사이버 공격을 잠재적으로 제거 가능하기 때문이다. 미국 에너지부 DOE 는 에너지 인프라 시스템 개선을 위하여 에너지 인프라에 대한 사이버 공격 대항을 위한 시스템 연구 등 다방면에서 블록체인 기술을 연구 중이다.

민간 영역에서의 블록체인 적용 현황

코닥 Kodak 은 블록체인 사진 거래 플랫폼을 열고 자체 암호화폐를 발행을 추진하였다. 사진에 저작권 정보가 입력된 데이터를 생성하고 소비자가 사진을 다운로드할 때 스마트 계약에 따라 저작권료를 지불하는 방식을 구상하였다. 월마트 Walmart 는 IBM과 협력하여 돼지고기 생산 과정에 사물인터넷을 결합하여 유통 정보를 실시간으로 확인하며 투명하게 이력 관리하는 시스템을 구축하였다. 세계 최대의 블록체인 컨소시엄인 R3 CEV는 주요 금융회사와 아마존, IBM, MS 등 IT 기업과 함께 클라우드 인프라에서의 분산 장부 구축을 연구하며 재무 서비스용 분산 원장을 개발하였다. 나스닥은 마켓에 블록체인 기술을 적용하고 비상장 주식 거래를 위한 플랫폼 개발을 위해 블록체인 기업과 파트너십을 유지하고 있다. AIG와 IBM은 Standard Charted 은행의 리스크 관리를 위해 스마트 보험계약을 개발하였다. 이 외에도 보험사의 대위변제 프로세스에서 보험사 간 컨소시엄 블록체인을 결성하여 보험금 청구 후 실제 금액 회수까지 일주일 이상 걸리는 시간을 획기적으로 단축하는 방안을 모색 중이다. 시카고 선물거래 개시 등 제도권에서 활성화가 진행되고 있다. 월가의 경우, 비트코인의 가치가 없다던 모건 스탠리도 그 전후에도 투자하였음이 밝혀졌고, 현재는 전문적인 트레이딩 부서까지 설립 중이다. 실리콘밸리에는 수많은 블록체인 벤처들이 생겨나고 있다.

미국에서의 블록체인 전망

의료, 공공, 물류유통, 콘텐츠, 금융 등 전 산업 분야에 걸쳐서 블록체인 기술 개발 및 적용이 활발히 일어나고 있다. 미국 블록체인 시장은 향후 지속적 성장이 예상된다. IT 기업들의 기술 개발과 더불어 기업들과 벤처캐피탈VC 들이 블록체인 기술을 평가하고 투자할 수 있는 생태계가 조성되어 있고, ICO를 통해 블록체인 스타트업이 자금을 조달받아 시장이 활성화되어 있다.

정책적으로는 정부가 블록체인 기술에 관한 국가 정책을 수립하도록 미 하원이 결의안을 제출하였으며, 여기에는 비트코인과 블록체인 기술의 활용을 막고 있던 규제를 완화하고 소비자에게 권한을 주는 것이 포함되어 있다. 적절한 보호 대책만 마련된다면 블록체인 기술이 금융 서비스, 결제 산업, 보건, 에너지, 재산 관리, 지식재산권 관리 등 사회의 다양한 분야에서 빛을 발할 수 있는 신기술이 될 것이라며 블록체인 기술 정책을 수립 지원하고 있다.

유럽에서는 어떤 일이 일어나고 있나요?

Q 유럽에서는 어떤 일이 일어나고 있나요?

A 유럽 각국은 경쟁적으로 자국 블록체인 산업 육성을 위해 노력 중이며, 민간 기업도 적극적으로 제품과 서비스 개발에 나서고 있습니다.

유럽연합(EU)

2013년부터 Horizon 2020 프로그램을 통하여 다양한 블록체인 기술 개발 프로젝트를 지원하였으며, 2020년까지 3억 4,000만 유로 4,400억 원 가 투입될 예정이다. 유럽 각국의 블록체인 기술 개발 촉진 및 생태계 조성을 목표로 블록체인 포럼 EU Blockchain observatory and forum 을 설립하여, 각국의 블록체인 기술 개발 현황 모니터링, 서비스 제공, 국가 간 의견 및 정보 교환, 이슈 공동 대응을 하고 있다. 한편, 디지털 통화 TF Task Force 구성 결의안을 제출하여 디지털 통화와 관련된 거래를 모니터링할 TF 구성 결의안을 EU 집행위원회에 제출하였고, 디지털 통화 거래를 기존 EU 반자금세탁조치를 반영해 관리하는 EU 집행위원회의 디지털 통화 관리안을 검토 하였다. 최근에는 독일, 프랑스, 스페인, 네덜란드 등 23개국이 공공 영역에서 활용하기 위해 유럽연합 블록체인 파트너

십을 발족하였고, 이를 통해 표준 개발과 함께 기술 개발과 전문성을 공유하기로 하였다. 유럽 내 블록체인 스타트업은 지속적으로 증가 중이며, 전 세계 스타트업의 25%가 유럽에서 설립되었다. 대기업들도 블록체인 기술 도입에 긍정적이며, 새로운 비즈니스 모델 개발과 기존 업무과정의 개선에 블록체인 기술을 활용 중이다.

유럽 각국의 블록체인 적용 현황

영국은 'Beyond Blockchain' 전략을 발표하여 공공 서비스 전반에 블록체인을 도입하여 스마트 계약 기능을 활용하고자 하였다. Beyond Blockchain 보고서에서 영국은 블록체인과 분산장부 기술에 대한 연구와 시험 추진 중임을 밝혔고, 기술 사용에 대한 표준 개발, PoC Proof of Concept 단계 시험을 위한 정부의 지원 역할, 연구와 사용화를 위한 로드맵을 수립하였다. 특히 기술 연구에만 집중할 것이 아니라, 실제 생활에서의 활용을 요구하는 점이 특징이다. 고용노동부는 연금 지급에 블록체인 시스템을 도입하는 시험을 진행 중이며, 영국 금융회사 Barclays, 독일 에너지 회사 RWE, 핀테크 스타트업 Govcoin, 런던대학교와 협력 중이다. 영국의 대외 원조 프로그램에 블록체인 기술을 활용하여 140억 파운드의 자금을 지원하고 있다.

네덜란드의 중앙은행은 자국 은행들의 블록체인 기술의 응용에 관한 정보 공유 및 개발을 위해 블록체인 캠퍼스 설립을 발표하였다. 또한, 스마트시티 구성에 있어서 차량등록청은 자전거를 블록체인 플랫폼으로 관리할 수 있게 하였는데, 자전거의 모든 이력을 블록체인 원장에 기록함으로써 사용자는 안전하게 자전거 이력을 관리할 수 있다.

독일은 110개 이상의 블록체인 스타트업이 있으며 절반 이상은 블록체인 성지로 급부상 중인 베를린에 위치하고 있다. 정부는 블록체인 통합 전략을 개발하고 법적 기준을 마련하였으며, 연방 금융감독 기관은 감독 시 블록체인이 새로운 표준이 될 수 있다는 의견을 발표하였다.

스웨덴은 스타트업인 크로마웨이Chromaway와 협력하여 기존 토지등기부등본 시스템에 블록체인 기반 스마트 계약 시스템을 도입하여 시범 운영하고 있다.

에스토니아는 2015년 블록체인과 기반의 전자시민권 제도를 도입하는 등 각종 공공 서비스에서 신원 확인 및 정부 서비스에 접근을 인증하는 용도로 'e-Residency' 시스템을 적용하고 있다. 2016년부터 '키' 없는 전자서명 인프라스트럭처KSI를 공공 서비스 분야에 도입하여 현장 업무에 활용하고 있고, 국가 주도 블록체인 기술 개발 및 민간 분야 활용 확산을 가장 활발히 적용하고 있는 국가이다. 전자시민권과 화폐를 블록체인망을 통해 제공하는 서비스를 제공 중이고, 블록체인 벤처 육성에 힘을 쏟으며 블록체인 강소국으로서의 면모를 가장 잘 발휘하고 있다.

스위스의 경우 전 세계 스타트업들이 ICO를 하기 위해 모여드는 곳이며, 블록체인 밸리가 생겨나 다양한 블록체인 사업과 서비스가 개발되고 있다. 러시아와 미국 스타트업들이 자국 내 ICO 규제를 피해 스위스에 법인 또는 재단을 설립하여 운용하고 있다. 우리나라의 경우도 ICO를 할 때 주로 이용하는 국가가 스위스이다.

조지아공화국에서는 부동산 등기부등본을 블록체인에 기록하는 프로젝트를 추진 중이다. 블록체인 기반으로 부동산 등기를 관리하고 블록체인 기술의 보안을 활용해 부동산 소유권의 투명성을 증가시키고 토지 관련 사기를 방지하게 된다.

블록체인의 나라 에스토니아

에스토니아는 북유럽 발트 3국 중 최북단에 위치해 있으며 남쪽으로는 라트비아, 동쪽으로는 러시아, 북쪽에는 핀란드가 위치해 있다. 수도는 탈린 Tallinn 이다. 우리나라의 45% 정도의 면적이며, 인구는 약 130만 명이다.

[그림 4-1] 에스토니아 위치

1991년 소련으로부터 독립했을 때만 하더라도 산업적 기반이 매우 취약하였다. 그러나 현재는 스카이프 skype 를 탄생시킨 것을 비롯하여 정보통신 강국이 되었다. 이것은 정부 정책에 힘입은 결과가 큰데, 법인세율을 낮추고 법인 설립 과정을 단순화하여 기업이 활동하기 쉽게 만들었다. 1998년에는 모든 학교에 컴퓨터를 도입하고 온라인 수업을 제공했다. 인터넷 접속을 인권으로 정하고 공공장소에서 누구나 와이파이를 이용할 수 있도록 하였다. 2012년부터는 입법 · 사법 · 행정 등 정부 영역 전체에 블록체인을 활용하기 시작했다. 암호화폐 공개 ICO 를 위한 환경을 비롯하여 블록체인 생태계가 구축되어 있다. 0%의 법인세율을 도입하였고, 에스토니아 전자시민권 e-Residency 은 온라인으로 신청한 후 100유로만 내면 누구나 발급받을 수 있게 하였다. 시민권이 있으면 온라인으로 창업할 수도 있고 행정 서비스도 받을 수 있어 스타트업 창업에 최적의 환경을 제공한다.

에스토니아 국민은 출생 시 디지털 ID코드를 부여받고 여기에 모든 정보들이 기록된다. 아이를 출산했을 경우에 별다른 조치 없이도 자동적으로 디지털 ID를 통해 정부 출산 지원금을 받고, 병원을 이용할 때로 간편하게 보험금 청구가 이루어진다. 이렇게 교환되는 정보는 블록체인 시스템하에서 안전하게 이루어진다. 이러한 블록체인 기반의 시스템은 미래가 아니라 에스토니아에서는 이미 현실이다.

041 중국에서는 어떤 일이 일어나고 있나요?

Q 중국에서는 어떤 일이 일어나고 있나요?

A 중국은 표면적으로는 규제 강화에만 힘쓰는 것처럼 보이지만, 자국 블록체인 산업 육성을 위해 전폭적으로 지원하고 있습니다.

정부 주도의 계획

중국 정부는 5개년 계획으로 블록체인 개발을 지원하고 있다. 비트코인 거래 및 마이닝 분야에서의 영향력으로 인해 암호화폐에 중요한 역할을 하며 국가 주도의 블록체인 기술 개발이 이루어지고 있다. 13번째 5개년 국가 정보 계획 문건에 따르면, 초기 개발 단계에서 획기적인 발전을 위한 정보통신기술을 통해 번영하는 사회를 이룩하는 수단으로 활용하는 것을 천명하고 있어 그 중심의 하나로 블록체인을 주목하고 있다. 투명성 제고와 금융 부문 사기 근절을 위하여 블록체인 기술을 사용하도록 적극 권장하고 있다. 중국 은행들이 해외 블록체인 전문가들을 고용하도록 하고 있으며, 중국 대학으로 인재를 초빙하고 기술 스타트업 경영진과 실무진들을 스카웃하여 50%의 임금 인상과 최소 120만 위안 약 2억 원 의 급여를 지급하고 있다. 공업신식화부 CMIIT 는 블록체인을 사기방지 기술로 규정하고, 대기업들에게 더 많은 기술 투자를 할 수 있도록 정부 전 부서 및 계층에 요청하고 있으며, 백서를 발간해 블록체인 기술 발전과 표준화 로드맵을 제시하였다. 백서 발간에는 완샹그룹, 텐센트, 위뱅크, 알리바바의 앤트파이낸셜 등 글로벌 기업들이 참여하였다. 또한, 정부 지원으로 국제적인 블록체인 표준을 수립 중이다. '중국 블록체인 기술 및 산업 개발포럼'은 MIIT 및 국가 표준위원회와의 협력을 통하여 블록체인 기술 및 응용 프로그램 개발 관련 연구를 진행하고 있다. 금융뿐 아니라, 블록체인 기술이 적용 가능한 모든 분야를 연구하며, 교육 및 사회복지, 공급망 및 제조, 엔터테인먼트 같은 비금융 부문이 포함되어 있다.

활발한 기술 개발 투자

비트코인 및 블록체인 테스트 등 연구를 위한 연구소 설립이 활발히 진행되고 있다. 인민은행 PBoC 은 디지털 화폐 연구소를 출범하고 블록체인 기술을 적극적으로 검토하고 연구할 계획을 발표하였다. 블록체인 기술이 기존 인프라에 구현되기 전에 규제 및 보안 문제를 모두 표준화하고 문제점을 해결하는 것이 목표이다. 인민은행은 ChinaLedger 및 금융 업계의 다른 주요 업체와 협력하여 디지털 통화 연구소에서 연구 및 개발을 지속하고 있다. 중국 정부 주도로 Chinaledger Alliance를 출범하여 중국에서 블록체인 R&D의 새로운 기회 모색이 지속되고 있다. 중국 인민은행 디지털 통화 연구소 Digital Currency Research Lab 는 출범 이후 1년 동안 총 41개의 특허 신청서를 제출하였으며, 암호화폐의 핵심적인 특징을 살리면서 디지털 화폐를 현존 통화 체계와 결합하기 위한 연구에 집중하고 있다. 2018년 블록체인 투자 융자 보고서에 의하면 4월 말까지 중국에 블록체인 기업 320곳이 활동하고 있다. 베이징, 상하이, 광저우에 기업의 73%가 몰려 있으며 98억 위안의 투자를 받았다. 투자는 빠른 속도로 늘고 있으며 연평균 증가율은 30%에 달한다.

중국에서의 블록체인 전망

중국 투자 컨설팅망은 블록체인 응용 시장 규모는 2018년 6억 2,000만 달러 7,000억 원 에서 2022년에는 33억 5,000만 달러 3조 8,000억 원 에 달할 것으로 전망하고 있다. 세계지적재산권기구 WIPO 에 등록된 2017년 블록체인 특허는 406건 중 중국이 225건으로 압도적인 1위를 기록하였다. 중국은 IT 대기업과 스타트업들이 블록체인 기술 선점을 가속화하고 있으며, 지속적인 투자로 블록체인 산업을 이끌어 나갈 것으로 전망된다. 중국은 공산주의 국가로, 위안화를 사용한 코인 거래를 금지한다고 하지만, 홍콩 바이낸스 거래소 등 거래소는 잘 운영되고 있다. 위안화 거래만 차단한 것이며, 중국의 막대한 채굴장에서 채굴되는 코인들을 해외에 판매하며 엄청난 외화 수입을 올리고 있는 중이다. 한편으로 네오, 퀀텀, 트론 등 중국 개발자들이 신규 코인들을 끊임없이 개발하여 출시하고 있다. 중국은 암호화폐 시대에서 기술도 앞서가고 실속도 다 챙기는 것으로 보이며, 블록체인 기술 개발과 산업 생태 환경 조성을 통해 블록체인 선도 국가로서 지위를 확고히 할 것으로 보인다.

042 일본에서는 어떤 일이 일어나고 있나요?

Q 일본에서는 어떤 일이 일어나고 있나요?

A 일본은 소비자 보호를 위한 건전한 규제를 시행하는 한편, 암호화폐와 블록체인 산업 활성화를 위해 적극 지원하고 있습니다.

공공 및 민간 부문 활용 시도

일본 FSA Financial Service Agency에서 2016년부터 정부 및 공공 부문의 블록체인 활용 서비스 개발 및 관련 사업 지원을 검토하고 있다. 2017년에는 비트코인을 공식통화로 인정하는 등 관련 법제도 및 체계를 정비하였다. 일본 최대의 시중 은행인 미쓰비시UFJ은행은 미쓰비시UFJ 파이낸션 그룹이 독자적으로 개발 중인 암호화폐 'MUFG코인'에 대해 벤처기업 등에 일부 사양을 공개하며 새로운 비즈니스 모델과 기술적인 아이디어를 모집하고 있다. 히타치 Hitachi와 통신사 KDDI는 블록체인과 생체 인식 기술을 결합한 결제 시스템을 개발하고 시험 중이다.

암호화폐 과세 추진

일본 국세청은 2017년 9월 비트코인 거래로 얻는 차익을 '잡소득' 雜所得 으로 간주하여, 세금 부과가 가능하다는 공식 의견을 표명하였다. 잡소득이라는 것은 우리나라의 경우에 '기타 소득'에 해당하는 것인데, 소득액에 따라 5~45%의 누진세율을 부과하며, 거래차익 4000만 엔 약 4억 초과 시 가장 높은 45% 세율이 부과된다. 비트코인 투자자들이 납세 기한 2018년 3월 까지 엔화로 세금을 내기 위해 보유한 비트코인을 매각할 것으로 전망되었으며, 비트코인을 엔화로 환금하려는 일본인의 매각 현상이 비트코인의 가치하락에 어느 정도 기여한 것으로 분석된다. '암호화폐 간 거래'로 인해 발생하는 이익에 대해서는 과세 대상으로 삼을 것인지에 대한 기준은 불명확하다. 예를 들어 비트코인을 법정화폐인 엔화로 환전하는 것이 아닌 다른 암호화폐인 이더리움으로 교환하는 경우가 논란이 될 수 있는데, 거래 손익을 엔화로 환산할 수 있으면 과세 대상에 포함될 것으로는 예상되고 있다.

금융/거래소 측면

금융/거래소 측면에서 보면, 거래소를 허가제로 전환하여 등록, 규제하고 암호화폐를 기업 자산으로 인정하는 회계 규칙 개정을 하여, 차세대 금융시장에서의 주도권을 노리고 있다. 미국과 일본의 경우 암호화폐를 허용하는 이유 중 하나는 지나치게 풀린 엔과 달러이다. 금융위기 이후 제로금리로 풀려온 지나친 현금 유동성에 기본적으로 금리 인상으로 대응을 하려 하나, 금리 인상의 경우 경기 둔화와 금융 취약 계층의 부담 등 여러 가지 부작용을 가져오기 때문이다. 정부로서는 통제할 수 없는 암호화폐라 우려는 하지만, 현재로서는 나쁘지 않은 결과를 가져오고 있다. 추후 암호화폐 거래에 세금을 부과함으로써 유동성을 회수하고 아울러 재정 확충을 기하지 않을까 예상된다. 이 때문에 암호화폐를 제도권화 하는 것으로 분석된다.

043 그 외 국가에서는 어떤 일이 일어나고 있나요?

Q 그 외 국가에서는 어떤 일이 일어나고 있나요?

A 세계 각국은 블록체인 산업 활성화를 위해 노력하고 있습니다.

캐나다

캐나다는 2016년부터 토론토 증권거래소에 블록체인 기술 적용을 검토 추진 중이며, 정부 내 블록체인 전문가들로 구성된 TF 및 자문그룹을 운영하고 있다. 또한, 캐나다 중앙은행은 블록체인 기반의 암호화폐 시스템 개발에 착수하였다.

러시아

러시아에서는 연방 독점방지위원회(FAS)가 블록체인 기반의 공문서 관리 시스템인 '디지털 에코 시스템' 프로젝트를 진행 중이다. 또한, 부정투표 방지를 위해 지역 투표 시스템에 블록체인 기술을 도입하는 프로젝트 계획을 발표하였으며 2016년 12월부터 1차 액티브 시티즌을 통해 2017년 12월부터는 2차 투표 시스템을 적용하였다. 또한, 2016년에 러시아 중앙은행은 블록체인 기반의 메시지 시스템을 개발하였다.

호주

호주에서는 블록체인 기반 정치 플랫폼 정당을 표방하는 '플럭스(FLUX)'가 창당하였고, 블록체인 기반의 정책 투표 플랫폼을 개발하는 등 공공/정치 영역에 적용이 이루어지고 있다. 블록체인을 활용한 전자투표 도입이 2016년부터 논의 중이며, 우정청과 신원관리청은 블록체인 기반의 신원관리 구현 방안을 모색 중이다. 또한, 정부 차원에서 블록체인 전용 연구센터(CSIRO's Data61)를 설립하고 다양한 사례를 연구 중이다.

두바이

두바이에서는 모든 서류를 블록체인에 저장하여 2020년까지 종이 없는 사회 실현을 계획하는 등 공공 분야에의 우선 도입을 시도 중이다. 두바이 미래재단은 기업, 정부, 스타트업 사이에서 블록체인 기술의 잠재력을 연구하기 위해 '글로벌 블록체인 위원회'를 설립하였다. 건강 기록, 다이아몬드 거래 보안, 명의 변경 기록, 사업자 등록 기록, 유언장 기록, 관광업 촉진, 선적 등 7개 주제에 블록체인을 적용하는 파일럿 프로젝트를 진행 중이다.

우리나라에서는 어떤 일이 일어나고 있나요?

Q 우리나라에서는 어떤 일이 일어나고 있나요?

A 블록체인 산업 활성화를 위한 다양한 연구와 시범사업이 진행 중입니다.

다양한 개념 검증 단계 진행

블록체인 적용 분야 확대를 위해 다양한 분야에서 개념 검증 단계가 진행 중이다. 구체적으로 코스콤에서는 블록체인 기반의 장외 시장 채권 거래를 연구 중이며, 2016년 개념 검증 단계를 완료하였다. 신한생명에서는 인터넷 보험 청약 시 블록체인 기반 비대면 개인 인증 서비스를 2017년부터 제공하고 있다. KT에서는 블록체인 기술을 적용하여 전자서명 BC카드 이미지 파일에 처리되는 시간을 줄이고 서버 용량을 개선하기 위하여 블록체인 기술을 활용하고 있다. 신용카드 결제 시 하루에 수백만 건씩 생성되는 전자서명 이미지를 블록체인 기반으로 관리함으로써 효율성과 보안성을 동시에 충족시키고 있다. 한국전력에서는 블록체인 기술을 기반으로 전기자동차 충전 인프라 및 플랫폼 구축 사업을 진행 중이다. 한국조폐공사에서는 공공 분야에 활용할 수 있는 정보 진위 증명 플랫폼 및 API 개발을 2017년 착수하였다. 2017년에는 정부 중심으로 6개의 시범사업이 진행되었다.

① 보험금 청구 자동화

청구서 작성, 의무 기록 전달 등 각종 보험금 청구 절차를 블록체인 인증으로 원스톱 처리

② U-Coin

대학 캠퍼스 및 주변 가맹점에서 현금 대신 사용 가능한 암호화폐

③ P2P 전력 거래

블록체인 기반 빌딩, 세대 간의 P2P 전력 거래 및 전기차 충전 인프라 구축

④ 개인 건강 데이터 관리

수면 시간, 도보 수, 칼로리 소모량 등을 블록체인에 수집하여 보험요율 할인이나 스마트 계약 체결을 지원

⑤ 전기 접촉 불량 데이터 수집

전기 접촉 불량아크 데이터를 블록체인에 수집하여 전기 화재 발생 시 디지털 포렌식 지원

⑥ 자동차 정기검사 안내

모바일 메신저 기반의 공인 전자문서 유통 서비스를 적용하여 자동차 관련 각종 고지를 실시간으로 수신하고 보관

공공 및 민간 부문의 적용 시도

온라인에서 무기명으로 찬반 투표 가능한 플랫폼이 개발 진행 중이다. 국내에서 적용이 이루어지고 있는 블록체인 주요 사례를 보면 인증 분야를 중심으로 하여 다양한 신규 서비스가 등장 또는 개발 중이다. 공공 분야에서는 경기도에서 블록체인 전담팀을 구성하고 본격적으로 대응하고 있으며, 국민은행이 비대면 실명 확인 시 증빙 자료를 블록체인에 보관하고 위변조 여부를 확인하는 서비스를, 롯데카드가 블록체인 기반 지문 인증 서비스를 오픈하였으며 향후 문서 위변조 방지 체계에도 적용을 준비하고 있다. 신한은행은 골드바 구매 시 블록체인 기반의 모바일 인증서를 발급하고 진위 확인 서비스를 제공한다. 문서 관리 분야에서는 블로코가 공적 증명이 필요한 문서 또는 파일들을 블록체인에 등기 및 관리할 수 있게 해주는 클라우드 스탬프 서비스를 운영하고 있다. 의료 분야에서는 메디블록이 탈중앙화 개인 건강 정보 플랫폼 생태계를 구축하고 있다.

국내 블록체인/암호화폐의 미래

암호화폐의 지위 등 정책에 대해서는 국회에서 전자금융거래법 개정안(박용진 의원 발의)에 가상통화 취급업자의 기준을 강화하고 거래소 인가제 도입을 추진 중이다. 다만 과세 여부에 관한 규정은 마련되어 있지 않다. 기획재정부에서는 가상통화의 법적 성격, 규율 체계 정비 상황 등을 고려하여 가상통화 거래 시 부가가치세 과세 여부 등 과세 문제를 검토 중이다. 이에 대해 국세청은 암호화폐의 법적 지위에 관한 규정이 확정되지 않은 상황에서, 재화로 결정될 경우 과세 방안에 대해 준비하는 등 다양한 시나리오에 대비하고 있다.

우리나라는 정책적 측면에서 암호화폐와 거래소 규제에 집중하고, 관련 기술 육성이나 기반 조성에 관심이 주요 선도국보다 부족한 점이 있었다. 암호화폐 붐을 이용하여 스타트업을 육성하고 안전하게 ICO를 할 수 있는 환경을 구축해야 할 정부가, 암호화폐와 관련된 일련의 사업들을 투기적으로 바라본 측면이 없지 않았다. 과거 2000년 초반 닷컴 버블이 있었다. 그러나 그 버블 속에서 살아남은 기업들은 지금 전 세계 ICT 경제를 움직이는 주요기업이 되었다. 우리나라의 경우 네이버, 다음 카카오, 엔씨소프트, 넥슨 등이 이에 해당한다. 블록체인과 암호화폐도 현재가 버블일 수도 있지만 기반 기술과 전문 인력들은 지속적으로 발전하고 육성될 것이다. 제도권 내에서 블록체인 기술은 육성하며 인력 양성과 산업 육성정책을 실시함과 동시에 암호화폐에 대한 투자자 · 소비자 피해방지 등 합리적인 규제를 한다면 국내 블록체인과 암호화폐 산업의 미래는 밝을 것이다.

PART
05

암호화폐 투자 개론

045 암호화폐에 투자하면 누구나 돈을 벌 수 있나요?

Q 암호화폐에 투자하면 누구나 돈을 벌 수 있나요?

A 단기적으로 가격변동성이 심하여 위험성이 높은 고위험 자산에 속하므로 투자에 유의해야 합니다.

암호화폐 투자 현황

암호화폐는 누구나 평등하게 투자할 수 있다는 점에서 부동산이나 주식투자와 비교된다. 부동산이나 주식투자의 경우 자금력, 투자자의 지위 등 시작부터 불평등을 초래하는 다양한 요소들이 있지만 암호화폐의 경우 모든 투자자가 동일한 투자 환경을 가지고 있다. 암호화폐는 오랜 경력을 가지고 있다고 성공할 수 있는 것도 아니다. 부동산이나 주식 등 다른 투자에 경력이 많은 사람이라도 암호화폐에서는 투자 수익이 높지 않은 경우가 많다. 투자 경력이 수십년인 사람이든, 수십억을 투자하는 큰손도 암호화폐 투자에서는 무경력에 소액을 투자하는 대학생보다 수익률이 낮을 수 있다. 누가 더 높은 수익을 거둘지 아무도 모르는 곳이 암호화폐 투자 영역이다. 진정으로 만인에게 평등한 투자 영역이라고 할 수 있다.

하지만 투자의 평등성과 투자의 적합성은 비례하지 않는다. 암호화폐는 일반적으로 어떤 원칙이나 소신 없이 남들이 하는대로 투자하는 경우가 많아, 작전 세력이 부추기는 코인이 급등할때 비싼 값에 구매를 하고, 세력이 빠지면서 발생하는 급락기에 매도하는 악순환에 빠지기 쉽다. 암호화폐가 가진 높은 변동성이라는 속성을 제대로 이해하고 투자해야 위험성을 줄일 수 있을 것이다.

암호화폐에 대한 접근

암호화폐의 시세는 단기적으로 대내외 호재와 악재에 따라 급등락을 지속할 가능성이 높다. 현재 상장되어 있는 코인들 상당수는 사라질 수 있다. 하지만 경쟁력 있는 암호화폐는 살아남고 발전을 지속할 것이다. 향후 암호화폐의 꿈을 실현하는 비전을 꿈꾼다면 투자하여 충분한 기간을 기다릴 수 있다. 결국 미래에는 그 상황의 효용성에 따른 내재 가치에 수렴할 것이고, 그 가치는 현재로서 어느정도 커질지 또는 줄어들지 예측이 힘들다. 사회 · 경제적으로 주요한 역할을 할 암호화폐를 매수하여 장기간 보유한다면 좋은 결과를 얻을 것으로 생각된다.

암호화폐 투자를 쉽게 생각하면 안 된다. 암호화폐로 큰돈을 번 다수는 암호화폐가 상승하기 전 또는 횡보기에 원칙과 소신을 가지고 매수해 놓고 기다리다가 상승기에 매도하는 등 남들과는 다른 패턴으로 투자하는 경우가 많다. 암호화폐 투자에 성공하는 사람은 소수이다. 투자하기 전에 많은 연구와 공부가 필요할 것이다.

046 암호화폐 투자는 어떤 장점이 있나요?

Q 암호화폐 투자는 어떤 장점이 있나요?

A 암호화폐 투자는 높은 위험성과 성장성이 공존하며, 간편한 매매절차 및 현금화, 세제와 수수료 등에서 장점이 있습니다.

Q 암호화폐 투자금은 쉽게 현금화할 수 있나요?

A 주식보다도 환금성이 뛰어난 투자 자산입니다.

암호화폐 투자의 장점

암호화폐의 장점은 첫째 높은 성장성과 수익률을 기대할 수 있다는 것이다. 단 암호화폐는 투자자산중 가장 위험성이 높으며 주식보다도 변동 폭이 크므로 손해를 볼 경우 막대한 규모가 될 것이라는 점을 항상 염두에 두고 있어야 한다. 투자 자산의 경우 일반적으로 고위험 고수익의 공식을 벗어나기 힘들기 때문에 감내해야 할 부분이다. 하지만 암호화폐 시장이 비교적 초기라는 생각을 가지고 원칙에 맞게 장기 투자를 한다면 위험성을 최소화할 수 있을 것이다.

둘째, 매매 절차가 매우 간편하고 현금화가 쉽다. 부동산과 비교해 볼 때 환금성이 뛰어나며 주식과 비교해 봐도 더 높다. 주식의 경우 매도하고 대금이 들어오기까지 2일 정도 소요되지만 암호화폐는 즉각적으로 인출이 가능하다. 게다가 실생활에서 결제 수단으로 사용할 수도 있고, 송금하여 가치교환의 수단으로 사용할 수 있다. 사용 가치가 현금과 유사하다.

셋째, 세제와 수수료 면에서 매우 유리한 투자이다. 부동산 투자를 할 경우 각종 세금과 수수료를 지급해야 한다. 주식의 경우 매도 시 일괄적으로 거래세 0.3%가 붙게 되며 사고팔 때 증권거래소에 수수료를 지급해야 한다. 암호화폐는 거래소에 지급하는 수수료 외 세금을 내지 않는다. 하지만 일본의 경우 암호화폐 거래 차익을 잡소득으로 간주하여 세금을 부과하는 방안을 고려 중이고, 우리나라의 경우도 조만간 과세 제도가 도입될 것으로 예상된다.

넷째, 암호화폐 투자 공부를 통해 경제 흐름을 파악할 수 있는 기회에 좀 더 가까워질 수 있다. 암호화폐 시세는 단기적으로는 매수 · 매도 주체 간 단순한 수요 공급 원리에 따라 결정된다. 하지만 중장기적으로는 대내외 사회, 경제 변수와 국제 정세에 영향을 받는다. 암호화폐는 이미 글로벌 투자 자산의 주요 대상으로 자리 잡아서, 뉴욕 등 전 세계 증시, 달러 환율, 국제 유가, 금, 원자재 등과 같은 자산들과 영향을 주고 받는 관계이다. 암호화폐에 제대로 투자하기 위해서는 이러한 부분들에 대한 공부가 필요하므로 경제 흐름을 파악하는 데 도움이 된다.

047 투자하려면 어느 정도 지식이 필요한가요?

Q 투자하려면 어느 정도 지식이 필요한가요?

A 단순히 암호화폐를 투자한다면 아무런 지식이 없어도 할 수 있지만, 제대로 투자하려면 이 책에 있는 기초 지식을 충분히 습득한 후에 하시는 것을 추천합니다.

암호화폐 지식의 활용

앞서 암호화폐와 블록체인에 대한 전반적인 기술과 정책에 대해 살펴보았다. 그렇다면 앞으로 도래할 암호화폐와 블록체인 시대에 어떻게 하면 흐름에 편성하여 투자할 수 있을지가 궁금할 것이다. 암호화폐 투자를 고려하고 계신 분들이 반드시 알고 있어야 할 사항들을 서술해 보기로 한다. 암호화폐는 기존의 투자 대상인 부동산, 주식 등이 자금력이 막대한 소수가 돈을 벌어들이고 있는 빈익빈 부익부가 점점 심해지고 있는 상황에서 일반인들도 지식을 쌓게 된 후 공평하고 투명하게 투자하여 투자 수익을 얻을 수 있는 분야라고 생각한다.

암호화폐 투자를 위한 기본 지식

암호화폐 투자자들의 상당수는 특별한 지식 없이 다른 사람들의 추천을 받아서 투자하는 것이 일반적이다. 기초 지식 없이 투자할 경우 상승장에서는 다 같이 수익을 거두므로 문제가 없겠지만, 하락장이나 횡보장에서는 적절한 대응을 하지 못하는 위험에 노출되게 된다. 세력들의 작전에 넘어가서 급등 시 고가에 물량을 넘겨받게 되는 등 피해를 입는 경우도 많이 발생한다. 따라서 최소한의 지식과 기본적인 원칙을 가지고 투자에 임해야 한다.

첫째, 암호화폐 거래에 대한 기본 정보를 알고 있어야 한다. 암호화폐는 24시간 365일 쉬지 않고 거래된다는 점, 매매의 절차, 매매의 우선순위, 주문 방법, 거래소별 수수료, 송금 절차, 암호화폐 지갑간 이동 등 암호화폐 거래에 관련된 기본 지식을 숙지하고 있어야 한다.

둘째, 암호화폐의 기술적인 스펙을 볼 줄 알아야 한다. 암호화폐는 설계 당시부터 특화된 기술적 특징이 있다. 발행량, 발행 및 채굴 방식, 의사 결정 방식, 스마트 계약 등에 대해서 알고 있어야 한다. 암호화폐 투자라는 것은 그 암호화폐가 구성할 플랫폼과 생태계의 가치를 사는 것이므로 기본적인 기술 스펙을 볼 줄 알아야 한다.

셋째, 과거의 주가와 거래량의 흐름을 차트로 표현하여 분석하는 기술적 분석과 암호화폐의 가치에 비중을 둔 기본적 분석을 적절하게 조합하여 활용해야 한다. 기본적으로 거래량, 이동 평균선, 캔들 차트, 볼린저밴드, 이격도 등의 개념을 알고 있으면 좋다.

048 투자 방법은 무엇이 있으며, 어떤 방법이 좋을까요?

Q 투자 방법은 무엇이 있나요?

A 암호화폐에 투자하는 방법은 트레이딩, 채굴, ICO 세 가지로 분류할 수 있습니다.

Q 어떤 투자 방법이 좋을까요?

A 장단점이 있으므로 무엇이 좋다고 말하기는 어렵지만, 입문자는 트레이딩부터 시작하면 됩니다.

암호화폐 투자의 3가지 방법

암호화폐에 투자하는 방법은 크게 3가지로 나누어진다. 트레이딩, 채굴, 암호화폐 공개 ICO, Initial Coin Offering 로 나누어 볼 수 있다. 트레이딩은 암호화폐 거래소를 통해 채굴 또는 발행되어 있는 코인을 구매하여 시세 차익을 얻고 판매하는 것이다. 채굴은 ASIC, GPU 등으로 구성된 채굴기로 연산을 통해 암호화폐를 얻는 방식이다. ICO는 증권시장의 IPO Initial Public Offering, 기업공개 와 유사한 것으로 암호화폐가 처음 발행되며 신규 투자자를 모집하는 곳에 참여하는 것이다.

트레이딩과 채굴

세 가지 방법 중에 가장 쉬운 접근이 가능한 것이 트레이딩이다. 주식 거래하듯이 거래 은행에서 계좌를 개설하고 암호화폐 거래소에 가입한 뒤, 계좌를 연동하여 투자금을 입금하면 바로 투자가 가능하다. 투자 금액의 하한 제한 없이 몇백 원부터 투자를 시작할 수 있다. 백만 원이 넘는 코인들도 분할해서 0.001 단위의 소규모로도 구매할 수 있기 때문에 진입 장벽이 없는 투자 방법이라고 볼 수 있다.

트레이딩 다음으로 채굴을 알아보자. 채굴의 경우 채굴하는 코인의 양과 가격에 있어서 변동성이 있기 때문에 수익 예상이 쉽지 않다. 채굴은 채굴기를 통한 POW 채굴과 코인 보유량에 비례하여 채굴되는 POS 채굴이 있다. POW 채굴은 비트코인으로부터 시작된 전통적인 채굴 방법으로써 고가의 채굴기를 높은 전력을 사용하며 코인을 얻는 것이고, POS 채굴은 일반적인 컴퓨터에서 인터넷에만 연결되어 있으면 자기가 가진 코인량에 비례하여 코인을 받는 것이다. 채굴은 안정성 면에 있어서 트레이딩보다 좋은 장점이 있지만, 채굴 시스템을 구축하는 데 드는 노력과 비용이 있고, 대세 상승장에서 트레이딩에 비해 소외될 수 있다. 전반적으로 채굴이 트레이딩보다 접근이 어렵고 쉽게 권하기 어려운 투자 방법이다.

암호화폐 공개 (ICO, Initial Coin Offering)

가장 조심해야 할 투자 방법이 ICO이다. ICO의 경우 코인 개발자가 개발에 필요한 자금 지원을 받기 위해 일반인들에게 코인을 나누어 줄 것이니 투자 자금을 기부 형식으로 받는 것이다. 기부 형식으로 받는 것이기 때문에 코인 개발자가 투자 자금을 가지고 잠적하거나 제대로 코인을 개발하지 않은 채 시간만 보내는 사기, 즉 스캠에 당할 수도 있고 피해에 대한 법적인 보상을 받지 못한다. 투자한 전 금액을 잃을 수도 있다. 물론 ICO에 성공적으로 투자할 경우 단기간에 수십 배의 투자 수익을 얻을 수 있는 고위험 고수익의 투자 방법이다. 위험성 때문에 트레이딩과 채굴보다는 접근이 어려운 분야라고 판단된다.

049 암호화폐 투자 방법론과 투자 원칙은 무엇이 있나요?

Q 암호화폐 투자 방법론은 무엇이 있나요?

A 보유·트레이딩으로 시작하여 채굴과 ICO를 병행하고, 수익은 다시 보유·트레이딩에 투자하는 선순환의 프로세스가 있습니다.

Q 암호화폐의 투자 원칙은 무엇이 있나요?

A 현실에서 활용도가 높아질 것으로 예상되는 암호화폐에 투자하는 것이 가장 기본적인 원칙입니다.

암호화폐의 투자 방법론

이전 장에서 설명한 내용을 바탕으로 암호화폐에 대한 투자 방법론에 대해서 정리하면, 트레이딩으로 시작하여 충분한 거래 기간과 시장 상황에 대한 파악을 거친 후에 채굴 또는 ICO를 하는 방법을 이상적으로 보고 있다. 채굴과 ICO를 통해 얻게 되는 코인은 다시 트레이딩을 하는 선순환의 투자 프로세스 고리를 아래 그림과 같이 표현하였다.

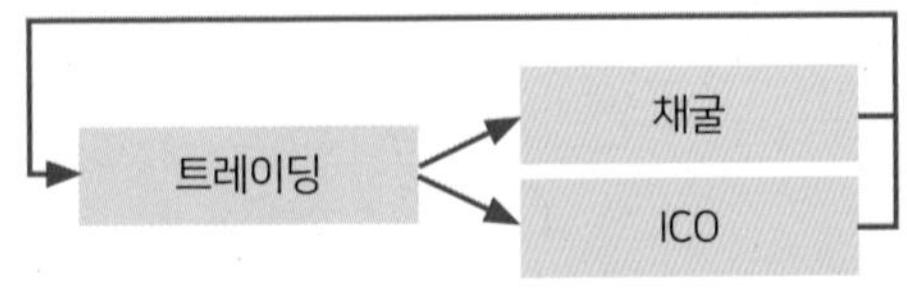

투자 원칙 설정 기준

암호화폐의 대부분은 채굴을 기반으로 하며, 채굴된 코인의 가치는 제각각이며 변동성도 서로 다르다. 현재 코인마켓캡 coinmarketcap.com 기준으로 코인과 토큰을 합쳐 2,000여 종의 암호화폐가 존재한다. 국내 거래소에서는 100여 개가 넘는 코인이 거래되고 있다. 암호화폐의 가치는 주식이나 금, 다이아몬드와 같이 수요와 공급에 의해 가치가 정해진다. 암호화폐의 첫 주자인 비트코인은 기축통화인 미국 달러와 같은 존재로 암호화폐 시가총액의 상당 부분을 차지하고 있다. 지난 몇 년 동안 차세대 비트코인을 꿈꾸며 등장한 암호화폐들로 인하여 비트코인이 전체 시장에서 차지하는 비중은 줄어들었지만 여전히 그 상징적 의미나 시가총액은 다른 암호화폐와 비교할 수 없을 만큼 막강하다.

암호화폐의 가치는 수요에 의해서 결정이 되는데 수요는 통용범위와 시장에서의 선호도, 발행량 등이 복합적으로 작용한다. 기술력도 암호화폐의 가치에 영향을 미치지만, 절대적인 변수는 아니며 이는 기술력이 뛰어난 새로 등장한 이더리움과 같은 암호화폐가 비트코인에 비해 낮은 가격으로 거래되는 것을 보면 이런 것들이 절대적인 영향을 미치지는 않는다는 것을 알 수 있다. 다만 신생 암호화폐의 경우 기술력이 중요한 요소는 될 것이다. 일반적으로 비트코인을 제외한 코인들은 기술력과 미래 가치로 평가가 이루어져서 거래소에서 수요와 공급의 원리에 의해 가격이 상승 하락을 반복하며 성장하고 있다. 그런데 문제는 기술력과 미래 가치가 없는 코인들도 '사용자만 모으면 된다'라는 생각으로 무분별한 ICO로 투자자들을 끌어모으는 영업 방식을 택하는 경우가 있어

주의가 요구된다.

가치 예측을 위한 한 가지 예로 신기술의 등장이 판도를 어떻게 바꿀지 살펴보겠다. 이더리움의 경우를 보면 '스마트 컨트랙트'라는 기능이 있어서 교환 가치로서의 암호화폐에 머무르지 않고, 사용자 간의 계약과 지급 기능을 가지고 있다. 이더리움뿐만 아니라 신규로 등장하는 암호화폐의 경우 이더리움의 오픈소스를 활용하여 스마트 컨트랙트 기능을 탑재하고 있어 현실 세계에서 다양한 활용 방안이 생길 것이고, 그에 맞게 합당한 가치를 받게 될 것이다. 따라서 현실에서 활용도가 높아질 것으로 예상되는 암호화폐에 투자하는 가장 기본적인 원칙을 숙지하고 투자를 하면 좋을 것이다.

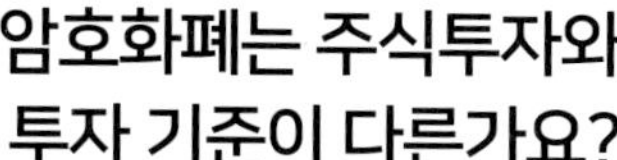

050 암호화폐는 주식투자와 투자 기준이 다른가요?

Q 암호화폐는 주식투자와 투자 기준이 다른가요?

A 투자 기준이 다르며, 암호화폐의 경우 아직 명확히 체계화된 투자 기준이 없습니다.

투자 기준 설정

주식투자를 할 때 고려하는 다양한 지표들이 있다. 기업의 시가총액과 매출액, 영업이익, 당기순이익, 영업이익률, 순이익률, EPS, BPS, 배당금 등 다양한 지표들이 고려되어 투자가 이루어진다. 반면에 암호화폐의 경우 아직까지는 체계화된 투자 지표가 존재하지 않는다. 단순한 수급과 호재에 따라 변화하는데 등락의 예측이 힘들다. 사실 주식의 경우도 단기 시세는 매수세와 매도세의 타협점에서 랜덤하게 움직이는 경향을 띤다. 워런 버핏도 내일의 주식가격과 시장을 예측할 수는 없다고 했다. 다만 그는 언젠가는 주식가격이 내재가치에 수렴할 것으로 확신하고 장기간 가치 투자를 한다. 워런 버핏은 장기투자를 위한 투자 가치 분석을 위해 사업의 위험 요인 등을 파악하는 수단으로써 재무제표 및 재무비율을 매우 적극적으로 활용한다. 워런 버핏이 기업을 분석하는 주요 요소를 3가지로 정리하면 다음과 같다.

① 사업 위험(Business Risk)

가능한 위험이 적은 사업에 투자하며, 투자 대상 비즈니스의 세부적인 면을 모두 이해하고 강력한 비즈니스를 보유한 기업을 투자 대상으로 한다. 사업 위험을 파악하기 위해 사용하는 재무 지표는 ROE 순이익/순자산 , ROA 순이익/총자산 등 상당 기간 동안 이러한 지표들이 높은 수준을 유지하는 것에 초점을 맞춘다. ROE, ROA가 높은 비율로 지속적 유지한다는 것은 사업 위험이 낮은 채 수익과 성장을 꾸준히 달성하는 것으로 해석할 수 있다.

② 재무 위험(Financial Risk)

재무 위험은 영업 실적이 악화된 경우 의무적 상환이 필요한 부채로 인하여 기업이 파산되는 경우, 유상증자 등으로 기존 주주의 지분이 희석되는 경우 등이 재무 위험에 해당한다. 재무 위험에 대한 지표는 유동비율 유동자산/유동부채 , 부채비율 총부채/자기자본 등이 이에 해당한다.

③ 수익 예측 가능성(Earnings Predictability)

워런 버핏은 지속적으로 예측 가능한 이익을 창출하는 기업을 선호하였다. 예측 가능성이란 이익 또는 이익의 성장성 그 자체도 중요하지만 지속적인 이익이 창출되어 왔는지를 더 중요시하였다. 매출 총이익률, 순이익률, 순이익, 영업활동 현금흐름 등이 이에 해당한다. 과거의 성과가 미래를 보장해 주는 것은 아니지만, 이러한 지표들을 검토할 경우 미래에도 안정적인 실적을 기록할 가능성이 높기 때문에 이러한 지표들을 중요시하였다.

제시한 3가지 관점인 사업 위험, 재무 위험, 수익 예측 가능성에서 높은 점수를 받은 기업은 분명히 투자자에게 매력적인 투자 대상이다. 이러한 워런 버핏이 주식에 가치투자하는 경우에서 힌트를 얻어 암호화폐의 투자 기준 설정에도 체계적인 지표를 설정해 볼 수 있을 것이다. 암호화폐의 투자 가치를 판단하는 몇 가지 기준을 다음과 같이 설정해 보았으니, 투자하기 전에 아래 요소들을 확인한 뒤에 하는 것을 추천한다.

대분류	중분류
기능 및 개요	발행량, 채굴 방식 등 기본 스펙
	암호화폐가 추구하는 목적 및 비전
	암호화폐를 통해 송금 등 이용할 수 있는 서비스 대상
	다른 암호화폐들에 비해 차별화된 기능
커뮤니티 및 시장에 대한 영향력	암호화폐가 타겟으로 하는 시장 규모
	암호화폐 사용자들의 규모
	암호화폐 사용처의 규모와 다양성
	암호화폐 기업 또는 전문가들로부터의 지원
	암호화폐의 발매부터 현재까지 연혁
	합리적인 의사 결정 시스템의 존재
기술	기존 암호화폐의 문제점들을 보완한 신기술의 존재 여부
	암호화폐 신기술에 대한 진입 장벽
	백서에 기술된 로드맵과 실현 현황
	투자자들에 대한 보상
	초기 투자자(ICO)에 대한 보상
	일반 투자자에 대한 보상
	암호화폐 발행 방식 등 채굴자에 대한 보상
개발진	재단 또는 기관의 규모, 연혁
	주요 개발자의 경력 및 명성

[표 5-1] 암호화폐 투자 가치 판단 기준

051 처음 투자하는데 얼마 정도로 시작할까요?

Q 처음 투자하는데 얼마 정도로 시작할까요?

A 암호화폐 투자는 여유 자금으로 소액부터 시작해야 합니다.

Q 여유 자금이란 얼마 정도의 금액을 의미하나요?

A 여유 자금이란 손해를 보아도 일상생활에는 영향을 주지 않는 금액입니다.

적정 투자 금액 규모

아무것도 모르는 초보 투자자가 보유한 여유 자산이 1,000만 원인 경우에 전액인 1,000만 원을 투자하는 것은 위험성이 큰 투자방법이다. 이런 경우 우선 1/10인 100만 원 이내를 거래소에 이체시켜 놓고 암호화폐별로 10만 원 한도 내에서 사고 팔면서 전체적인 시장 흐름을 익히는 시간이 필요하다. 전 자산인 1,000만 원을 투자할 경우에 상승장에 잘 올라타면 다른 투자 자산과는 비교도 안 되는 수익을 거두게 되지만 반대로 자만감도 얻게 되어 추후에 투자 대상 판별에 어려움을 겪거나 매도 시점을 놓치는 등 악영향을 가져올 수 있다. 반대로 하락장에서 투자했을 경우 전 자산을 잃을 수도 있다. 그러므로 자신의 가용 가능한 여유 자금의 10% 이내에서 투자해 보며 적응 기간을 갖도록 한다.

추가적으로 암호화폐는 변동성이 매우 높은 위험 자산이기 때문에 대출을 받아 투자하는 것은 절대 하지 말아야 한다. 대출을 받아 투자할 경우에는 합리적인 판단을 하는 것이 어렵고 수익을 내야 한다는 부담감에 쫓기기 된다. 따라서 암호화폐 투자는 여유 자금으로 해야 한다. 여유 자금이란 투자금을 모두 잃게 되는 최악의 상황에도 일상생활에 아무런 지장을 주지 않는 자금이다. 또한, 현재의 생활에 영향을 주지 않는다고 하더라도 가까운 미래에 지급 예정인 금액이 있는 경우도 고려하여 판단해야 한다.

비록 가지고 있는 여유 자금이 얼마 안 되더라도 원칙을 가지고 장기적으로 투자한다면 자신의 투자 실력과 함께 암호화폐를 보는 안목도 늘어날 것이다. 트레이딩으로 수익을 올리게 되면 채굴이나 ICO에도 참가하는 등 암호화폐 투자의 선순환의 투자 프로세스를 확립하도록 해야 한다.

다른 자산과의 비중은 어떻게 조절해야 하나요?

Q 다른 자산과의 비중은 어떻게 조절해야 하나요?

A 암호화폐는 여유 자산 범위 내 투자하며, 항상 현금을 보유하여 추가 매수에 대비하고 하락 시에는 손절매하여 현금화해야 합니다.

다른 자산과의 비중 조절

다른 자산과 비중을 어느 정도로 조절할 것인지에 앞서 암호화폐 투자에 대한 위험 등급을 파악하는 것이 중요하다. 일반적으로 투자 자산 중 주식은 가장 높은 변동성을 가지고 있어서 위험도가 높다고 한다. 암호화폐는 주식보다도 급등락이 심하여 위험성이 더 크다는 것을 염두에 두고 자산을 분배해야 한다. 당연히 자신의 전 자산을 암호화폐에 투자하는 것은 위험한 방법이며, 다른 안전 자산과의 적절한 배분이 필요하다. 자신의 부동산과 예·적금, 주식, 채권 등의 주요 자산을 제외하고 남은 여유 자산으로 투자하는 것이 바람직하다.

암호화폐와 현금의 비율 조정

현금을 보유하는 것과 암호화폐를 보유하고 있는 것의 차이를 알고 있어야 하는데, 현금을 충분히 보유하고 있으면 주가 하락으로 인한 손실 위험에서 벗어날 수 있고, 추가 매수의 기회가 있을 때 바로 대응할 수 있다. 암호화폐를 보유한다는 것은 수익 창출을 위해 손실을 감수하고 투자하는 것을 의미한다. 상승장에서는 현금보다 암호화폐의 비중을 늘려야 한다. 이때 현금 비중은 최대한 줄이고 암호화폐의 비중을 늘려 수익을 극대화하도록 해야 한다. 대세 상승장에는 비트코인 등 시가총액 상위권 암호화폐보다 시가총액이 낮은 암호화폐들의 상승 폭이 높기 때문에 암호화폐 종류별 비중을 적당히 조절하도록 한다.

대세 하락장에서는 대부분의 암호화폐가 동시에 하락장을 연출한다. 다만 비트코인 등 상위권 암호화폐의 하락 폭이 좀 더 완만한 편이다. 손실 위험을 줄이기 위해서는 현금의 비중을 최대한 높이는 것이 중요하다. 현금의 비중은 최대로 늘린 채 기회가 올 때까지 기다려야 한다. 이때의 기회는 급락장에서 암호화폐의 가격이 최근 몇 달간 기준으로 전저점을 기록했을 경우를 의미한다. 상승장과 하락장이 언제인지 또 기간이 어느 정도 될지를 판단하는 것은 쉽지 않지만 장세의 특성에 따라 현금과 암호화폐의 비중을 조절하여 투자한다면 위험성은 최대한 줄이고 수익은 최대한으로 유지할 수 있을 것이다.

053

암호화폐 백서란 무엇인가요?

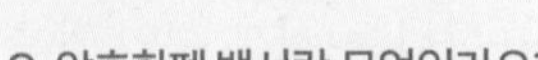

Q 암호화폐 백서란 무엇인가요?

A 암호화폐를 새로 발행할 때 개발자가 암호화폐에 대한 전반적인 정보와 계획에 대해 서술한 문서입니다.

Q 백서는 어디서 얻을 수 있나요?

A 해당 암호화폐 공식 홈페이지에서 다운 가능합니다.

백서(White paper)

암호화폐를 새로 발행할 때 개발자는 백서 White paper 라는 문서를 같이 공개하는데 여기에는 암호화폐에 대한 전반적인 정보와 적용된 기술, 향후 계획 등에 대한 내용을 담고 있다. ICO 할 때 대부분 백서를 같이 공개하는데, 정해진 형식이 없고 홍보를 위한 과장적인 내용이 들어 있어서 투자자들의 현명한 판단이 요구된다. 또한, 백서의 내용을 100% 신뢰할 수는 없으므로, 백서에 기술된 내용이 모두 실현되리라는 생각은 버리고 암호화폐에 대한 아이디어 논문 정도로 참고 사항으로 보는 것이 좋다.

백서에서 확인해야 할 점

① 프로젝트의 실질성

암호화폐의 백서에는 어떠한 프로젝트를 진행할 것인지 명확하게 기술되어야 한다. 어떤 백서의 경우 진행하려는 프로젝트에 대한 내용이 모호하게 적혀 있기도 하고, 프로젝트의 목표에 대한 명확한 비전 제시 없이 기존의 자료들을 편집하여 기술해 놓은 경우가 있다. 백서가 현재 기술 수준과는 동떨어져 너무 어렵게 적혀 있는 경우나 프로젝트에 대한 실질적인 내용을 찾을 수 없는 경우에는 투자를 삼가야 한다.

② 기술의 작동 원리

프로젝트가 실질적으로 진행되고 있다면 다음으로 확인해 보아야 할 것은 기술적인 부분에 대한 작동 원리이다. 암호화폐인 만큼 기본적으로 블록체인 기술이 적용되나 세부 사항에 대하여는 차이가 날 수 있다. 대표적인 것으로써 합의 방식인데, 비트코인에서부터 적용된 작업 증명 PoW 방식의 문제점을 어떠한 방법으로 해결 및 보완하려 했는지 확인하는 것도 하나의 포인트이다. 이 부분은 기술적인 배경지식을 많이 필요로 하므로 일반인들이 접근하기 쉽지 않은 영역이다.

③ 프로젝트의 당위성

프로젝트가 현실의 어떤 문제를 해결할 수 있으며, 다른 이전 암호화폐에서는 찾을 수 없었던 비전과 기술을 가지고 있는지 살펴보아야 한다. 또한, 반드시 블록체인을 사용해야 하는지도 살펴보아야 한다. 블록체인이 제공하는 강력한 보안성, 신뢰성, 투명성을 이용해야 하는 프로젝트인지 살펴보아야 한다. 블록체인 기술을 사용하지 않고도 가능한 프로젝트라든지, 단순히 쉬운 자본 조달을 위해 암호화폐라는 외형만을 입힌 것인지 의심해 보아야 한다.

백서를 처음 접할 경우, 암호화폐의 원조인 비트코인에 대한 백서를 시작으로 하여, 스마트 계약을 최초로 도입한 이더리움 백서는 몇 번 읽어 보는 것이 좋다. 또한, 국산 암호화폐인 메디블록의 경우 백서가 매우 자세하고 친절하게 작성되었기 때문에 읽어 보길 추천한다.

054

주식과 암호화폐는 어떤 점이 다른가요?

Q 주식과 암호화폐는 어떤 점이 다른가요?

A 암호화폐는 24시간 거래 가능, 등락 폭 무제한, 코인 1개에 대한 분할 매수 가능이라는 특징이 있습니다.

Q 암호화폐 거래 시 수수료와 세금은 얼마인가요?

A 매수 매도 시 각각 약 0.1~0.15%의 거래 수수료를 거래소에 지급하며, 매도 대금이나 매매 차익에 대한 세금은 별도로 없습니다.

주식과 암호화폐 거래 차이

일반인들의 경우 주식투자를 안 해본 사람은 거의 없으므로 주식과 암호화폐를 비교해 보면 암호화폐를 이해하는 데 도움이 될 것이다.

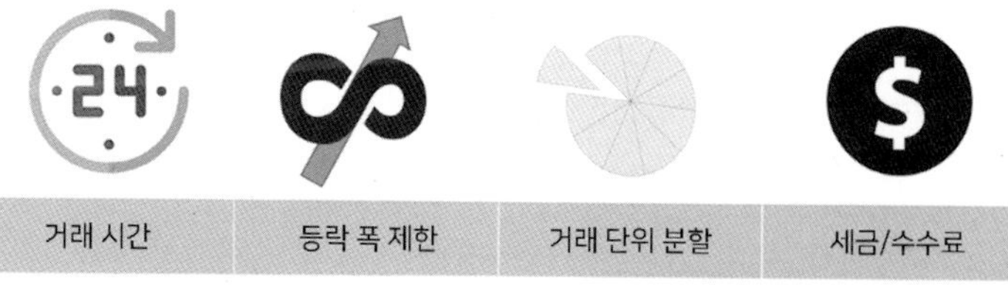

[그림 5-1] 주식과 암호화폐 거래 시 다른 점

첫째, 거래 시간의 차이가 있다. 주식은 오전 9시에 개장하여 오후 3시 30분까지 거래 시간이 정해져 있다. 휴일과 주말은 거래를 하지 않는다. 반면에 암호화폐의 경우 365일 24시간 쉬지 않고 거래가 진행된다. 휴일에도 쉬지 않고, 새벽 시간에도 거래는 진행된다. 주식시장처럼 쉬는 시간이 없기 때문에 항상 관심을 가지고 지켜봐야 한다.

두 번째로 등락 폭의 제한이 없다. 주식의 경우 상한가, 하한가 제도가 있어서 하루의 최대 변동 폭을 30%까지 허용한다. 1만 원짜리 주식의 경우 하루에 1만 3,000원을 넘어 상승할 수 없고, 7,000원을 넘어 하락할 수 없다. 반면에 암호화폐의 경우 상 · 하한가 제한이 없다. 따라서 순식간에 몇 배가 될 수도 반토막이 날 수도 있다. 이러한 높은 변동 폭이 암호화폐 투자의 매력이 되기도 하고 단점이 되기도 한다. 급격한 가격 변동은 암호화폐의 상장 시에 주로 발생된다.

셋째, 코인 한 개를 분할해서 소수점 단위로 거래할 수 있다. 주식의 경우 삼성전자에 액면분할 전 투자하기 위해서는 한 주의 가격인 200만 원 단위로 거래할 수 있었다. 주식의 한 주당 가격이 오를 경우 일반 투자자들의 입장에서 투자하기가 어려워져 거래량이 줄어들고 이로 인하여 저평가를 받을 가능성도 커진다. 주식시장에서는 이러한 문제점을 해결하기 위해 액면분할이라는 것을 도입하여 시가총액을 유지한 채 가격을 1/10 정도로 줄이고 주식수는 10배로 늘리는 일이 많이 발생한다. 액면분할로 인하여 거래 활성화와 유동성 공급 증가로 주식 가치의 재평가를 받는 경우가 많다. 반면 암호화폐에서는 이러한 일을 걱정할 필요가 없다.

비트코인이 1,000만 원인 경우 투자자는 비트코인을 거래하기 위해 1,000만 원을 가지고 있을 필요가 없다. 소수점 단위로 거래가 가능하기 때문이다. 비트코인 0.001인 1만 원을 투자할 수도 있고 0.0001에 해당하는 1,000원 단위로 거래할 수도 있다.

넷째, 세금과 수수료 제도에 차이가 있다. 주식의 경우 금융 제도권하에서 관리되며 거래 시에 세금을 지급하고 있다. 주식의 매매 시 손익의 실현 여부와는 관계없이 일괄적으로 매도 시에 전체 금액의 0.3%의 증권거래세를 낸다. 암호화폐의 경우 아직 이와 같은 세금 제도는 없지만 앞으로 도입될 가능성이 있다. 수수료 체계의 경우는 비슷하면서도 다른 점이 있다. 주식의 경우 사고팔 때 각각 증권사에 거래 수수료로 0.015% 정도를 지급하며 수수료 무료 혜택도 이벤트로 많이 제공되고 있다. 암호화폐의 경우도 사고팔 때 각각의 수수료를 내는 것은 동일하다. 다만 수수료가 0.1~0.15% 정도로 주식거래 수수료에 비해 높은 편이다.

주식과 암호화폐의 급등락 비교

주식을 매우 위험성이 높은 투자 자산이라고 한다. 다른 자산과 비교해 볼 때 등락의 폭이 매우 크기 때문이다. 이제는 상한가 하한가의 폭이 30%로 확대되어 더욱더 위험성이 높아졌다. 그렇지만 주식은 암호화폐와 비교해 보면 상대적으로 등락의 폭이 제한적이고 안전 자산이라고 볼 수 있다. 등락 차트를 보면서 비교해 보기로 한다.

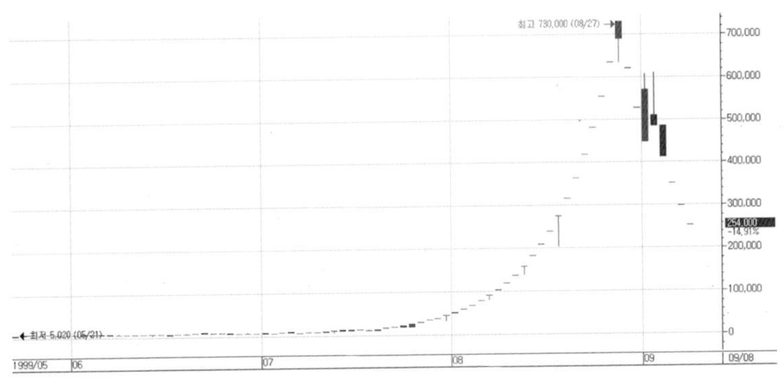

[그림 5-2] 대구백화우 차트

주식시장에서 매우 극단적인 차트를 하나 가져왔다. 대구백화점 우선주의 1999년도의 6~9월 차트이다. 대구백화점 본주의 경우는 이 기간 동안 변화가 없었는데, 우선주는 5,000원부터 73만 원까지 100배 이상 상승하는 그래프를 보여 주었다. 이러한 우선주는 현재 존재하지 않지만 그 당시만 하더라도 시총과 거래량이 적은 우선주도 상장이 가능하여, 소수의 세력이 차트를 만들 수 있는 특수한 환경이었다. 이런 소규모 우선주는 이제는 모두 상장 폐지가 되어 다시는 보기 힘든 광경이 되었다. 하지만 인기 주식의 경우 급등락 현상은 여전하다. 일반적인 기업 중 상승 폭이 큰 기업으로 셀트리온이 있다. 2008년 2,700원, 2013년 23,000원, 2017년 87,400원에서 392,000원에 도달하였다. 10년 동안 약 150배의 상승을 보여주었다.

다음은 2017년 엄청난 상승률을 보여 주었던 아인스타이늄의 차트이다. 11월 50원이었던 것이 한 달 만에 4,000원을 기록하여 80배의 상승을 보여 주었다. 일봉으로 볼 때 실질적으로 상승이 있었던 것은 단 6일에 불과했다.

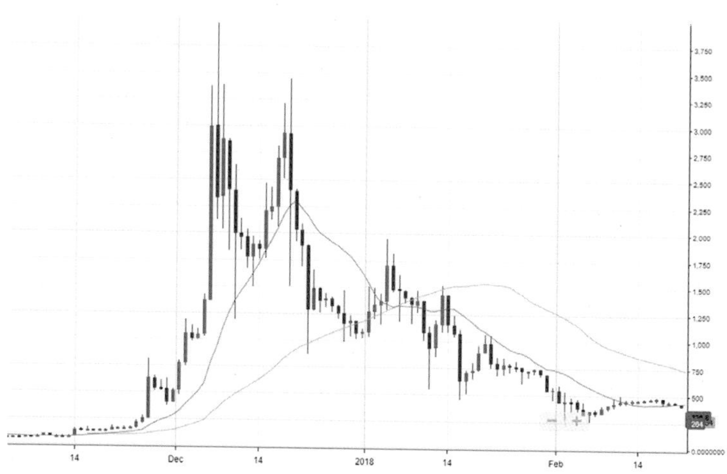

[그림 5-3] 아인스타이늄 차트

055 네덜란드 튤립 파동과 암호화폐는 어떤 점에서 차이가 있나요?

Q 네덜란드 튤립 파동과 암호화폐는 어떤 점에서 차이가 있나요?

A 암호화폐는 우리 생활 어디에나 존재할 수 있으며, 우리 모두가 가치를 부여하고 있다는 점에서 튤립 파동과 차이가 있습니다.

튤립 파동과 암호화폐의 유사점

암호화폐가 거품이 끼었다는 말이 나올 때마다 비교되는 것이 17세기 네덜란드의 튤립 파동이다. 정말로 암호화폐에 거품이 끼인 것인지, 현재가 튤립 파동과 비슷한 거품 붕괴 직전의 상황인지 알아보기 위해서 두 개를 비교해 보고자 한다. 튤립은 이제는 쉽게 구할 수 있는 꽃이 되었지만, 16세기에 유럽에 처음 전파된 꽃이다. 특히 네덜란드에서의 인기는 폭발적이었다. 그런데 꽃을 피우는 주기는 긴 반면, 꽃을 갖고자 하는 사람은 점점 늘어나서 폭증하는 수요를 점점 공급이 감당할 수 없는 상태가 되었고, 튤립의 가격 상승을 불러왔다. 이렇게 튤립이 점점 비싸져 신문에 튤립 가격 폭등에 대한 자극적인 기사들이 나오게 되고, 네덜란드에서는 계층을 가리지 않고 너나 할 것 없이 튤립의 가치가 아닌 가격을 보고 투기를 시작했다. 튤립 구근 하나의 가격은 천정부지로 치

솟아 1구근이 집 한 채 값에 이르게 되었다. 하지만 엄청난 가격에 이르자 어느 순간 매수세가 실종된다. 바로 폭락이 시작되었다.

매번 비트코인에 대해 튤립이 언급되는 이유는 둘이 많은 점에서 닮아 있기 때문이다. 시대적으로 새롭게 등장한 것이었고, 가격에 대한 실체의 판단은 뒤로한 채 투기로 이어졌다는 것이다. 실체에 대한 판단에 대해서는 튤립은 현물로 판매되기도 힘들 정도로 물량이 없어서 존재하지도 않는 튤립에 대해 사전 예약 판매가 이루어졌다는 점에서 실체가 분명하지 않다고 말할 수 있다. 실체 없이 계약서만으로 권리에 대한 거래가 이루어지다가 나중에 전부 휴짓조각이 되어 버렸다. 암호화폐도 실체에 대한 관심 대신 가격만을 보고 투기에 나섰다가 어느 순간 매수세가 실종되어 폭락되는 현상을 지속적으로 반복해 오고 있다.

튤립 파동과 암호화폐의 차이점

유사점이 있는 반면 차이점도 있다. 튤립 파동과 비트코인의 가장 큰 차이점은 튤립 파동은 한 번의 커다란 거품과 거품 붕괴가 있었고, 비트코인은 폭등과 폭락을 매번 겪어 오면서 장기적 관점에서 우상향해 왔다는 것이다. 매번 이렇게 상승과 하락을 반복하지만 장기적 관점에서 우상향해 오고 있다는 것은 튤립과 비트코인이 만들어 내는 가치에 대한 척도가 전혀 다르기 때문이다. 튤립이 집 한 채 값의 가치가 있는지를 판별하는 것은 어렵지 않으며, 그 가격에서는 당연히 본연의 가치로 돌아갈 것이라 생각할 수 있다. 반면 비트코인의 경우 현재 가치가 적정한지 판별하기란 쉽지 않다. 지속적으로 발전하는 블록체인 기술에 대한 신뢰와 사업에 참가하는 기업들, 그리고 인터넷이 존재하는 한 사라지지 않는 생명력, 누구나 쉽게 참가할 수 있는 접근성 등이 있다. 암호화폐와 비트코인은 우리 생활 바로 옆 어디에나 존재하며, 우리 모두가 가치를 부여하고 있다. 튤립 파동과는 본질적으로 다른 이유다.

PART

06

암호화폐 거래하기

056 암호화폐 거래 시 알아야 할 점에는 무엇이 있나요?

Q 암호화폐 거래 시 알아야 할 점에는 무엇이 있나요?

A 암호화폐 거래 방법과 절차에 대한 기본 지식을 알고 있어야 합니다.

Q 암호화폐는 어디서 거래할 수 있나요?

A 국내에는 업비트, 빗썸, 코인원, 코빗, 코인네스트 등의 거래소가 있습니다.

암호화폐 트레이딩(거래)

암호화폐 트레이딩거래 이란 이미 채굴 또는 발행되어 거래되고 있는 암호화폐를 구매하는 투자 방식이다. 기본적으로 하나의 거래소를 이용하여 그 안에서 사고팔아 시세 차익을 거두는 방식이 있고 암호화폐들 간의 환차, 국가 간의 가격 차, 시간적인 가격 차 등을 이용하여 여러 개의 거래소를 통해 트레이딩하여 수익을 낼 수도 있다. 투자 성향에 따라 단기적인 시세 차익으로 수익을 얻을 수도 있고, 장기적 관점에서 투자하여 수익을 얻을 수도 있다. 암호화폐 거래는 주식을 거래하는 것과 비슷하여 암호화폐 투자 방법 중에서 가장 접근하기 쉽다. 다만 주식의 경우 이미 제도권 내의 완벽한 틀 안에서 장이 열리고 닫히는 시간이 정해져 있고, 상한가 하한가 등의 규제가 있으며, 수많은 전문 투자자들, 애널리스트들이 존재한다. 반면 암호화폐 거래소는 24시간 365일 아무런 규제 없이 장이 열리며 주식시장처럼 상·하한가 등의 규제도 없어서 변동성과 위험성이 주식시장보다도 더 크다.

거래소를 통한 암호화폐 투자

국내에서는 업비트, 빗썸, 코인원, 코빗, 코인네스트 등의 거래소가 있으며, 이곳에서 비트코인, 이더리움, 이더리움클래식, 리플, 대시, 라이트코인, 모네로, 제트케시 등의 10~100여 종의 코인이 거래되어 지고 있다. 국외에서는 폴로닉스, 비트랙스 등의 대형 거래소에서 약 1,000여 종의 코인이 거래되고 있으며, 국내 거래소와 비교해 볼 때 시세가 높거나 낮은 경우가 발생해서, 한쪽에서는 이러한 국내외 거래소 간의 차액 거래를 통해서 수익을 올리는 사람들도 있다.

057 어떤 거래소를 이용하는 것이 좋을까요?

Q 어떤 거래소를 이용하는 것이 좋을까요?

A 각각의 거래소별로 장단점이 있으므로, 자기 거래 성향에 맞는 거래소를 선택하는 것이 좋습니다.

빗썸

가입자만 약 400만 명을 보유한 국내 최대 암호화폐 거래소로 현재 전 세계 기준으론 10위권 내에 들며, 국내에서는 업비트와 1위를 다투고 있다. 1위 업체인 만큼 거래량이 많아 많은 물량을 빠르게 처리할 수 있다는 강점이 있다. 하루 거래량이 많았을 때는 4조 원에 달하는 만큼 거래가 활발해서 호가가 꽉 차 있다. 코스닥 상장사에서 빗썸에 투자를 하였으며 거래소가 없어지거나 문제가 생길 가능성은 타 거래소에 비하면 매우 적은 편이다. 타 거래소들과 수수료는 비슷한 수준이다. 약 70개의 코인이 거래 가능하다. 기본 수수료는 0.15%로 매수, 매도할 때 각각 0.15%씩 부과된다.

다만 빗썸은 시세창이나 변동률 확인, 매수매도 방식, 인터페이스 등 전반적인 서비스가 불편하다는 평이 많다. 빗썸프로 출시를 통해 어느 정도 만회하려 시도해 본 적이 있다. 악명 높은 부분이 보안 취약, 서버 불안정으로 비난을 받곤 한다. 지난 2017년 6월에는 3만여 건의 회원 개인정보를 유출시켰고, 11월에는 서버 접속이 일시적으로 멈추면서 거래가 정지되기도 했다. 본사는 서울 강남구에 위치하고 있는데, 서버 장애에 의한 대란으로 문제가 생길 때마다 본사 방문기가 올라오곤 한다. 암호화폐의 송금은 수동 컨펌으로 새벽에 이용할 경우 몇 시간 이상 처리가 안 되는 경우도 있었다. 리플을 해외 거래소에서 보냈을 때 3일이 걸렸다는 전례도 있다. 거래소의 규모를 생각한다면 고객센터의 직원 수는 증원이 필요한 것으로 생각된다. 이더리움과 이더리움 클래식 주소를 착각해서 잘못 보내신 경우 처리를 안 해준다는 얘기가 있는데 이건 사용자의 과실이라고 볼 수 있어 당연하다고 보는 관점도 있으나, 처리해 주는 거래소도 있기 때문에 이점에 있어서 비난받을 수 있다.

업비트

업비트는 2017년 10월 오픈베타를 시작으로 비교적 최근에 오픈한 거래소이다. 세계 순위 10위 정도이며, 국내는 빗썸과 1위를 다투고 있다. 거래량이 가장 많았을 때에는 일평균 거래액이 무려 5조 원에 달하였다. 업비트의 운영회사가 증권정보 서비스 제공앱인 카카오스탁을 운영하고 있어 오픈 당시 카카오가 암호화폐 사업에 진출한 게 아니냐는 말이 있었는데, 카카오는 운영 스타트업에 투자를 진행했을 뿐 직접적인 경영권을 행사하지는 않는다. 약 180여 개의 암호화폐를 거래할 수 있으며 이것은 국내에서 1위를 다투는 빗썸보다 2배 이상 많은 수치이다. 전 세계 탑 5 암호화폐 거래소인 비트렉스와 제휴를 맺어 국내에서 가장 많은 암호화폐를 거래할 수 있다는 강점으로 인해 사업 시작 두 달 만에 회원 수 100만 명을 돌파했다. 업비트는 자체 앱을 사용자 편의성이 돋보이는 직관적인 인터페이스로 구성하여 제공하는 점이 큰 강점이다. 깔끔한 UI 디자인 덕분에 실시간 차트, 체결 내역, 호가, 수익률 등의 내용을 쉽게 확인할 수 있다.

가장 많은 종류의 암호화폐를 거래할 수 있는 게 장점이지만, 많은 화폐를 지원하는 만큼 서버의 장애도 가끔 발생한다. 서버 장애 시 이더리움이 평소보다 2/3 가격에 거래되었다고 한다. 거래량이 많은 거래소를 이용하면서 감수할 부분으로 보인다. 코인의 가격 변동이 빗썸이나 코빗, 코인원에 비해 좀 더 심한 편이다. 즉 가격의 등락이 있을 경우 다른 거래소보다 조금 더 시세 변화 폭이 큰 현상이 발생한다. 단기 투자자들이나 단타족에게는 장점이라고 할 수 있다.

코인원

전 세계 순위 50위권, 국내 순위 5위 내에 들고 있다. 포항공대 출신 개발자가 대표로 있으며 SNS상에서 소통을 하려고 노력하는 모습이 인상적이다. 화이트 해커 출신 개발자가 설립한 거래소라 그런지 시스템 보안이 상대적으로 다른 거래소보다 좋다. 국내 거래소 최초로 사이버 배상책임보험을 체결해 암호화폐 거래 중 발생하는 문제들에 대한 관리를 지원하고 있다. 빗썸과 업비트에 비해 규모는 작아 20개가 안 되는 코인이 거래되고 있는 것이 단점이지만, 안정적인 이미지를 갖고 있는 것이 장점이다. 비트코인 거래

시 필요한 암호화 키를 분산해 보안성을 높이는 '멀티시그 월렛' 시스템을 도입했다. 또 빗썸에 비해 직관적이고 깔끔한 UI도 강점이다. 차트 이미지가 깔끔해 쉽게 볼 수 있고, 트롤박스라는 채팅창이 있어 매매 시 다른 사람의 의견을 참고할 수 있다. 단 다른 사람의 의견에 휘둘릴 수도 있어 단점으로 볼 수도 있다. 수수료 체계가 특이한데 매매를 많이 할수록 수수료가 싸지는 구조이다. 이더리움과 이더리움 클래식 주소를 착각해서 보낸 경우, 빠르게 정상적으로 처리를 해준 사례가 있다.

다만 고객센터의 상담원 부족은 개선해야 할 점이며, 새벽에는 고객센터를 운영하지 않아서 긴급할 때 대응이 어려울 수 있다. 또한, 타 거래소에 비해 상장된 화폐 종류가 적다. 코인원에서는 비트코인, 비트코인캐시, 비트코인골드, 이더리움, 이더리움클래식, 리플코인, 라이트코인, 아이오타코인, 퀀텀, EOS, OMG, KNC 등 총 16가지의 화폐를 매매할 수 있는데, 업비트에 비하면 매우 적다. 단점으로 가끔식 새벽 시간에 거래량이 줄어들면 호가창이 얇아지며 조그마한 거래에도 시세 변동 폭이 커지며 괴리율이 벌어질 때가 있다.

코빗

코빗은 지난 2013년 7월 설립된 국내 최초 암호화폐 거래소이다. 세계 60위권이며 국내 순위 5위권으로, 2017년 9월 국내 1위 게임업체 넥슨에게 인수되었다. 동종 업계 중 국내에서 가장 오랜 운영 경험을 바탕으로 최고 수준의 보안 시스템을 제공하고 있다. 거래소 보안 안정성을 위해 24시간 보안 체계를 구축, 지속적인 모니터링을 진행하고 있으며 보안 인력 확충에 힘을 쓰고 있다. 코인 80%를 오프라인에 보관하고 있어 온라인 거래소가 해커의 피해를 입어도 최대 20% 정도만 피해를 입는다. 출금 액수 제한 제도가 있어 피해를 입는다 해도 거액이 한꺼번에 사라지지 않는다. 국내 1위 게임업체 넥슨에게 인수되었고 소프트뱅크와 SK플래닛에게도 투자를 받았기 때문에 해킹으로 손실이 난다고 해도 배상을 받지 못할 위험이 타 거래소에 비해 적다.

다만 상장된 화폐량이 타 거래소에 비해 적다. 비트코인, 비트코인캐쉬, 비트코인골드, 이더리움, 이더리움클래식, 리플, 라이트코인, ZIL 총 20종류로 적고 타 거래소와의 차별성도 없다.

코인네스트

2017년 7월 말 서비스 런칭을 시작하여 거래액 기준으로 세계 40위권까지 갔었으나 대표의 횡령 의혹 등 연이은 악재로 현재는 200위권을 기록하고 있다. 약 40개의 암호화폐 거래가 가능하며, 다른 국내 거래소에서 볼 수 없는 퀀텀 Dapp 등 다양한 종류의 코인들이 상장되어 있다. 비트코인캐시, 퀀텀, 네오, 카이버, 에너고, 비트코인골드, 비트코인다이아, 잉크, 트론 등 다수 화폐를 국내 최초 상장시킨 이력이 있다. 국내 최초로 거래소 POS를 진행하여 코인네스트에 퀀텀, 네오를 보유만 하고 있어도 보유분에 대한 배당이 주기적으로 지급된다.

단점은 거래량이 적어 대량으로 거래가 힘들며, 금액 간 매물대가 얇아 적은 금액으로 소수에 의해 가격 폭이 심하게 변할 수 있다. 원화 입금을 막아 놓아서 코인들 가격이 타 거래소에 비해

20~30% 정도 낮게 유지되고 있다. 코인네스트 대표가 사기·횡령 혐의로 체포되어 조사 중인 점이 거래소에 많은 악영향을 끼쳐 이용자들이 떠나갔다.

코인빗

2018년 7월 오픈한 코인빗은 개장 2주 만에 동시 접속자 60만 명을 기록하는 무서운 속도로 후발주자임에도 불구하고 단숨에 국내 암호화폐 거래소 순위 상위권에 진입했다. 20여 개의 암호화폐가 거래하며, 거래량 기준 세계 20위권 순위를 기록하고 있다. 신생 거래소답게 사용자 모객을 위해 해킹 위험에서 보다 안전하고 잠재력이 큰 암호화폐를 소개하고 있다는 점을 내세우고 있으며, 자산을 안전하게 보관하고자 99%의 코인을 콜드월렛에 보관하고 있다. 거래량 급증으로 인하여 트래픽 과부하가 발생하였고 이를 방지하기 위해 서버 증설에 나서는 등 사용자 의견을 적극 반영하면서 상위 거래소로 단숨에 올라왔다. '가두리 거래소'라는 별명이 있는데, 암호화폐의 입출금을 막아 놓고 거래소 내에서만 거래를 허용하였기 때문이다. 일반적인 거래소에서는 암호화폐 입출금을 허용하기 때문에, 어느 한 거래소에서 가격이 다른 곳과 차이가 난다면 거래소 간 암호화폐를 옮겨서 시세차익을 얻을 수 있다. '가두리 거래소'는 암호화폐의 입출금이 불가능하므로 거래소 내에서 특정 세력에 의해 시세 조종이 가능하다.

캐셔레스트

2018년 3월 오픈한 암호화폐 거래소이다. 40여 개의 코인이 거래가능하며, 거래량 기준 세계 50위권을 기록하고 있다. 2017년 5월에 설립된 ㈜뉴링크에서 만들었으며, 직원 대부분들이 10년 이상 IT와 보안업계에 종사해 왔다고 한다. 공동 대표이사인 박원준 대표는 IT 개발자 출신으로 소셜 게임 개발사 '미투온'에서 주요 직책을 맡았다. 설립 초기에 신규 암호화폐를 발굴하고 상장을 주도함으로써 거래소가 유명해졌다. 펀디엑스 NPXS, 카이버 KNC, 오미세고 OMG 같은 코인을 상장하면서 주목을 받았고, 상장 비용을 받지 않는 것으로 차별화하였다. 2018년 4월 펀디엑스를 상장하여 1원에서 10원까지 10배 상승률을 기록하였다. 상장 투표를 통해 상장 프로세스의 투명성과 공정성을 강화하고 건전한 암호화폐 생태계를 조성하기 위해 노력하고 있다.

058 김치 프리미엄이란 무엇인가요?

Q 김치 프리미엄이란 무엇인가요?

A 국내에서 거래되는 암호화폐의 시세가 외국 시세와 비교해 볼 때 고평가를 받아 얼마나 높은지 나타내는 지표입니다.

김치 프리미엄

국내에서 거래되는 암호화폐의 시세가 외국 시세와 비교해 볼 때 고평가를 받아 얼마나 높은지 나타내는 지표이다. 공식적인 용어로는 '한국 프리미엄'이라는 용어를 사용한다. 2017년 전반에 걸쳐 국내 암호화폐 시세는 일반적으로 외국보다 5% 이상 높은 경향이 있었는데, 이런 상황을 두고 '김프 김치 프리미엄 가 5% 끼어 있다'라고 표현한다. 국내 시세가 해외 시세와 비슷할 정도로 하락할 경우에는 '김프 김치 프리미엄 가 빠졌다'라고 말한다. 김치 프리미엄은 평소에는 5% 선에서 형성되다가 폭등장이나 폭락장에는 다양한 모습으로 나타난다. 폭등장이나 대세 상승장에서는 김치 프리미엄이 증가하는데, 기본적으로 10~20%를 형성하고, 상승 폭이 유난히 높았던 2017년 6월과 12월에는 40%를 기록하기도 했다. 반면 폭락장에서는 김치 프리미엄이 0%보다 낮은 역프리미엄 현상이 나타나기도 한다. 역프리미엄이란 국내 시세가 외국 시세보다

싼 상황으로 줄여서 '역프'라고도 한다. 폭락장이 펼쳐졌던 2017년 7월, 2018년 2월 전후에는 역프리미엄이 10% 이상인 적도 있었다. '마이너스 김프'라고도 한다.

김치 프리미엄의 원인

김치 프리미엄의 원인은 국내의 높은 암호화폐 인기와 매수 수요가 가장 크며, 거래소의 입출금 제한으로 인하여 재정거래 arbitrage가 힘든 것도 이를 부추긴다. 국내의 암호화폐 공급과 수요를 살펴보면 공급에 해당하는 채굴산업은 활성화되지 못하여 암호화폐의 채굴량이 많지 않아 공급량이 적은데 암호화폐의 인기와 매수세로 인하여 수요는 높은 상황하에서 수요와 공급의 불균형이 발생한다. 따라서 다른 국가에 비하여 암호화폐의 가격이 높게 형성되는 측면이 있었다. 또한, 국내 매수 세력의 일부는 중국에서 넘어와 투자를 하고 있다. 중국 자국 내에서 암호화폐에 대한 단속과 규제로 한국거래소에 투자 자금이 몰리는 경향이 있었다. 2018년에는 우리나라도 계좌 실명제 등 규제를 강화하는 추세로 이러한 매수 자금이 줄어들게 되어 김치 프리미엄도 하락하였다.

암호화폐는 전 세계적으로 동시에 거래가 이루어지므로, 국내 가격이 높다면 외국 거래소에서 코인을 구매하여 국내로 전송한 다음에 매도하면 차익 거래로 이득을 얻을 수 있는 것이 이론상 가능하다. 이러한 차익 거래가 가능한 정상적인 시장이라면 가격 차이가 발생할 경우 차익을 노리고 싼 곳에서 매수하여 비싼 곳에서 파는 재정 거래가 가능하므로 가격 차이가 해소된다. 그러나 현재 이러한 거래가 쉽게 이루어질 수 있는 시장 환경이 조성되지 않았다. 한국인이 국외 거래소에서 암호화폐를 매수하여 국내 거래소에서 판매하는 것이 국외 계좌 개설의 어려움과 송금 액수 제한 등으로 인하여 이루어지기 힘든 것이 현실이다. 이러한 과정을 뚫고 송금에 성공하더라도 시간이 어느 정도 소요되고 그 사이에 암호화폐의 가치 변동으로 인하여 손해를 보는 경우도 발생한다. 여기에 환전 수수료와 기타 다수 소모되는 수수료도 적지 않다. 따라서 차익거래가 힘든 환경이 김치 프리미엄의 원인이었는데, 현재 이러한 점은 많이 해소가 되어 국외 시세와 거의 차이가 발생하지 않는다.

059 거래소별 가격 차이는 왜 발생하나요?

Q 거래소별 가격 차이는 왜 발생하나요?

A 주식처럼 통합 시스템을 사용하는 것이 아니라, 거래소별 자체 매매 시스템을 사용하기 때문입니다.

거래소별 가격 차이

암호화폐를 처음 접하는 사람들은 암호화폐의 국가별 시세와 거래소별 시세가 모두 다른 점에 대해 의아하게 생각할 수 있다. 주식의 경우 중앙 시스템과 연동되어 국내 어느 증권사를 사용하던 실시간으로 동일한 가격에 매수매도가 가능하다. 암호화폐는 거래소별 자체 매매 시스템을 따로 사용하기 때문에 암호화폐의 가격은 거래소마다 천차만별이다. 거래가 단일 거래소 단위로 이루어지는 것이다. 이러한 점을 이용해 일부 투자자들은 거래소의 시세 차이로 인한 차익 거래에 나서는 경우도 있지만, 일반적인 상황에서 가격 차이는 1~2% 내로 유지되기 때문에 이러한 투자 방식이 쉽지는 않다. 다만 이러한 상황을 이용하여 투자 수익을 조금이나마 높이는 전략이 있다. 특정 암호화폐 거래소에서의 시세는 다른 곳보다 높은 수도 낮을 수도 있는데, 이러한 점을 이용하여 매수시에는 조금이라도 가격이 저렴한 거래소에서 구매하고, 매도시에는 시세가 높은 거래소에서 매도하는 것도 방법이 될 수 있다. 거래소 중 업비트가 특정 암호화폐의 시세가 올라갈 경우에 상승 폭이 다른 거래소들에 비해 유의미하게 높은 경우가 있으면 이런 상황에서는 업비트로 옮겨서 매도하면 된다.

2배 비싼 코인원의 비트코인 골드

일반적으로 국내 거래소 시세 차이는 1% 범위 내에서 발생하며, 가끔씩 특정 코인에 대해 5~10% 수치까지 차이가 발생하기도 하지만, 곧 해소된다. 다만 코인원에 상장되어 있는 비트코인골드는 다른 곳보다 2배 정도 비싼 현상이 계속 유지되고 있다. 그렇다면 코인원의 비트코인골드는 왜 다른 거래소보다 비싼지 의문이 들 것이다. 결론적으로 코인원의 비트코인 골드의 타 거래소와의 입출금이 막혀 있기 때문이다. 코인원에 있는 비트코인 골드는 하드포크 당시 비트코인 보유자들에게 무료로 지급된 수량이 전부이다. 이것이 외부 시세와 연동되지 않고 독자적으로 거래가 이루어진 탓에 타 거래소와 가격 차이가 발생하게 된 것이다. 결론적으로 코인원의 비트코인 골드는 입출금이 허용되기 전까지 비트코인 골드라고 볼 수 없다.

그렇다면 왜 비트코인 골드에 대해서만 입출금을 막아 놓았을까? 이것은 비트코인 자체의 문제를 해결하려는 코인원의 판단 때문이다. 비트코인 골드는 비트코인 캐시에 이어 비트코인에서 두 번째로 하드포크된 암호화폐이다. 비트코인 골드는 기술적인 안정성 문제가 출시부터 제기되어 거래소 상장이 늦어지는 등 어려움을 겪었다. 코인원에서는 비트코인 골드 월렛에서 악성 코드가 발견되는 등 보안 이슈가 있다고 생각하였다. 문제가 있는 월렛을 사용하면 발생할 보안 이슈를 사전에 원천 차단하기 위해 비트코인골드 상장 시부터 입출금을 지원하지 않은 것이다.

060 주식처럼 암호화폐도 상장 폐지가 있나요?

Q 주식처럼 암호화폐도 상장 폐지가 있나요?

A 거래소별 내부 기준인 일정 요건에 해당할 경우 상장 폐지가 됩니다.

Q 암호화폐 상장은 어떻게 되는 건가요?

A 암호화폐 개발자가 거래소에 상장을 신청하면, 거래소는 내부 상장 기준에 부합하는지 검토하여 상장을 결정합니다.

상장 폐지 요건

암호화폐의 상장 폐지에 대한 이해를 위해 주식의 상장 폐지와 비교해 보기로 한다. 주식의 경우 상장 폐지란 투자자의 보호를 위해서 상장 증권이 매매 거래 대상으로서의 적격성 상실로 상장 자격을 취소시키는 것이다. 상장 폐지가 되면 어느 증권사에도 거래할 수가 없고, 장외시장에서 개인 간의 거래만 가능해진다. 상장 폐지 요건에 해당하는 경우 일반적으로 기업의 부실일 가능성이 큰 데다 장외시장 이동으로 인한 낮은 환금성으로 주가는 폭락하게 된다. 상장 폐지는 기업에 사형선고를 내리는 것이나 마찬가지이기 때문에 한국거래소 KRX 에서는 엄격한 요건을 정하여 상장 폐지를 결정하고 있다. 자본 잠식, 거래량 미달, 지배 구조 미달, 공시 의무 위반, 매출액 미달, 파산 신청 등 사유는 다양하다.

반면, 암호화폐의 경우는 상장 폐지에 관한 통일된 기준이 없다. 주식의 경우 한국거래소가 기준에 맞게 판단하여 상장 폐지 결정을 내리면 국내 모든 증권사에서 그 주식은 거래를 할 수 없게 된다. 암호화폐는 각 거래소 재량으로 상장 여부를 결정하며 상폐 여부도 자체적으로 결정한다. 암호화폐 상폐 기준은 거래소마다 다른데, 업비트에서 기준을 살펴보기로 하자.

업비트의 암호화폐 상장 폐지 기준

- 법령에 위반되거나 정부 기관 또는 유관 기관의 지시 또는 정책에 의해 거래 지원이 지속되기 어려울 경우
- 해당 암호화폐의 실제 사용 사례가 부적절하거나 암호화폐에 대한 사용자들의 반응이 부정적인 경우
- 해당 암호화폐의 기반 기술에 취약성이 발견되는 경우
- 해당 암호화폐가 더 이상 원래의 개발팀이나 다른 이들로부터 기술 지원을 받지 못할 경우
- 해당 암호화폐의 거래량이 현저히 떨어지거나, 해당 암호화폐에 대해 시세 조종 등 부당 거래 행위가 의심되거나 발견된 경우
- 두나무의 정보 요청에 대해 해당 암호화폐 발행팀/관계자들의 대응이 현저히 지연될 경우
- 해당 암호화폐가 업비트에 거래 지원이 개시되었을 당시 맺었던 서비스 조건 및 협약서를 암호화폐 개발팀 또는 관계자들이 위반한 경우
- 해당 암호화폐에 대해 사용자들의 불만이 계속적으로 접수되는 경우
- 또는 상기 각호의 사유와 유사하거나 업비트 사용자들을 보호하기 위한 경우

암호화폐 상장 요건

반면에 암호화폐를 거래소에 상장시키기 위한 요건도 있다. 일반적으로 암호화폐 개발사 측에서 상장을 위한 신청서를 거래소

에 보내 협의하는 과정을 거치게 된다. 코인을 상장시키려면 거래소 측에 일정 비용을 내야 한다는 말도 있는데, 명시적으로는 거래소는 거래 지원을 개시하면서 제3자에게 지급해야 하는 실비 이외에 별도의 신청료나 비용을 요구하지 않는다. 다만 비공개적으로 상장하려는 암호화폐의 상당수나 다른 비용으로 수수료를 지급하는 것으로 알려져 있다.

암호화폐 개발자는 상장을 위해 해당 암호화폐가 상법과 증권거래법상 주식에 해당되지 않는다는 점과 거래 행위가 적용 가능한 법률에 저촉되지 않는다는 점에 대한 의견을 제시해야 한다. 그 외 업비트 기준으로 다음과 같은 요소들이 포함되는데 거래소마다 상장을 위한 요건은 다를 수 있다. 이러한 요건과 정보는 투자자로서 추후 어떤 암호화폐가 상장될지 예측에 보는 기준으로 삼을 수 있기 때문에 중요하다.

업비트의 암호화폐 상장 기준

- 암호화폐가 혁신적인가?
- 암호화폐에 새로운 블록체인 기술이 적용되었는가?
- 암호화폐의 용도가 혁신적이거나 새로운 것인가?
- 해당 암호화폐의 블록체인에 새로운 기능이 있는가?
- 기존 블록체인 기술을 크게 향상시키는 점이 있는가?
- 해당 암호화폐를 사용할 수 있는 분야가 의미 있거나, 혁신적이거나, 독특한가?
- 해당 암호화폐가 실제로 유용한 사용처가 있는가?
- 암호화폐 발행자의 기술적 배경 및 평판은 양호한가?
- 해당 암호화폐에 대한 시장의 관심도는 높은가?

암호화폐 상장을 위해 거래소에 제공해야 하는 정보는 다음과 같은 것들이 있다.

업비트의 암호화폐 상장을 위한 필요 정보

- 암호화폐의 이름
- 업비트 내 회원 정보
- 암호화폐의 심볼
- 암호화폐에 대한 설명
- 런칭 일자
- Github 등 소스코드 링크
- 귀하의 암호화폐를 런칭하기 위해 금전이나 다른 암호화폐를 모금하였나요? 만약 그랬다면, 그러한 fund-raising의 상세를 설명해 주십시오.
- Premine을 실시하였나요? 만약 그랬다면, 그 규모는 얼마나 되나요? Premine된 분량 중에 에스크로된 것이 있나요?
- 귀 암호화폐의 최대 공급량은 얼마나 되나요?
- 귀 암호화폐가 다른 거래소에 거래 지원이 되어 있다면, 해당 거래소 정보를 알려 주세요.
- 공식적인 블록체인 탐색기는 어디에 있나요?
- 귀 암호화폐의 거래 수수료는 얼마인가요?
- 백서의 링크를 제공해 주십시오.
- 공식 웹페이지, 트위터 계정, 페북 페이지를 포함한 귀사의 소셜 미디어 정보를 알려 주세요.
- 귀 암호화폐의 사용례에는 어떠한 것이 있나요?
- 만약 귀 암호화폐가 ETH 암호화폐이라면,
  * 귀하의 스마트 컨트렉트에 대한 코드 검토가 이루어 졌나요? 만약 그렇다면 누구에 의해 이루어 졌나요? 이와 관련한 문서들을 제공해 주시기 바랍니다.
  * 귀하의 스마트 컨트렉트 주소는 어떻게 되나요?

061

암호화폐 시세는 다 같이 상승하거나 하락하나요?

Q 암호화폐 시세는 다 같이 상승하거나 하락하나요?

A 각 암호화폐의 시세는 일반적으로 높은 상관관계를 가지고 있어, 비슷하게 움직입니다.

암호화폐의 가격 변동

암호화폐도 주식처럼 상승장이나 하락장이라는 것이 있어서 상승장인 경우 대부분의 암호화폐가 같이 오르고, 하락장인 경우 다 같이 내리는 경향이 있다. 전체 시장 시세와는 다르게 움직이는 종목들이 있지만 대부분의 경우는 시세 변화가 연동된다. 이것은 근본적으로 암호화폐 시세에 영향을 미치는 요소들이 국제적인 경제 현황과 각국의 정책에 큰 영향을 받기 때문이다. 암호화폐 영향력이 큰 국가에서 암호화폐를 규제하려는 정책을 발표하면 전체적으로 하락하는 경향이 있는 반면, 긍정적인 정책을 발표하면 다 같이 상승하게 된다.

2017년 9월 중국의 암호화폐 규제 정책 발표 후 거래소에서 거래 중지 뉴스가 나왔을 때 하락장이 연출되었고, 2018년 1월 우리나라의 암호화폐 규제 뉴스가 발표되고 나서 하락장세를 유지하고 있다. 두 번째로 기축통화인 비트코인으로 거래되는 비트코인 마켓이 있어서 비트코인의 시세에 다른 알트코인들도 영향을 받게 된다. 우리나라의 경우 거래소에서 원화로 다른 암호화폐를 사고팔지만, 해외 거래소의 경우 비트코인이나 이더리움을 기축통화로 하여 다른 암호화폐와 거래하는 각각의 마켓이 활성화되어 있다. 따라서 비트코인이나 이더리움의 변동은 다른 암호화폐의 가치에 영향을 미친다.

암호화폐 간 상관관계

주식의 경우에도 상승장과 하락장의 시장 장세를 좇아가는 주식들이 대부분인데, 일부 다른 형태도 존재한다. 경기방어주의 경우 하락장에 오히려 상승하는 모습을 보여 주기도 하고 상승장에는 정체된 모습을 보여 다른 주식들과 가격이 다르게 움직이는 경향을 보여 준다. 상관관계가 이때 쓰이는 지표인데, 두 지표 사이에 한쪽이 증가하면 다른 쪽도 증가 또는 감소하는 경향이 있을 때, 이 두 지표 사이에는 상관관계가 있다고 한다. 증가할 때를 양의 상관관계, 감소할 때를 음의 상관관계가 있다고 한다. 낮은 상관관계나 마이너스 상관관계를 가지는 주식이 주식시장에서는 자주 발생하는 반면에, 암호화폐 시장에서는 이러한 상황이 거의 발생하지 않는다.

아래의 표는 각 암호화폐 간 상관관계를 나타내고 있다. 중단기적으로 90일 상관관계는 평균 0.74 정도의 수치를 보여 주며, 장기적으로 1년 상관관계는 0.64을 보여 준다. 마이너스 상관관계가 한 종목도 없고 상관관계가 높다는 점을 주목할 필요가 있다. 표 상에서 짙어질수록 상관관계가 높고 옅을수록 상관관계가 낮은 것을 의미한다.

(sifrdata.com, 2018.09)

	BTC	ETH	XRP	BCH	XLM	LTC	XMR	DASH	ETC	XEM	ZEC
BTC	1	0.77	0.57	0.81	0.69	0.83	0.8	0.66	0.65	0.78	0.76
ETH	0.77	1	0.67	0.82	0.59	0.89	0.8	0.71	0.72	0.79	0.79
XRP	0.57	0.67	1	0.71	0.63	0.67	0.6	0.53	0.52	0.66	0.55
BCH	0.81	0.82	0.71	1	0.68	0.87	0.79	0.74	0.68	0.79	0.79
XLM	0.69	0.59	0.63	0.68	1	0.67	0.64	0.59	0.5	0.71	0.69
LTC	0.83	0.89	0.67	0.87	0.67	1	0.84	0.77	0.7	0.84	0.81
XMR	0.8	0.8	0.6	0.79	0.64	0.84	1	0.74	0.69	0.79	0.77
DASH	0.66	0.71	0.53	0.74	0.59	0.77	0.74	1	0.63	0.72	0.74
ETC	0.65	0.72	0.52	0.68	0.5	0.7	0.69	0.63	1	0.62	0.66
XEM	0.78	0.79	0.66	0.79	0.71	0.84	0.79	0.72	0.62	1	0.77
ZEC	0.76	0.79	0.55	0.79	0.69	0.81	0.77	0.74	0.66	0.77	1

[그림 6-1] 90일간 암호화폐의 상관관계

(sifrdata.com, 2018.09)

	BTC	ETH	XRP	BCH	XLM	LTC	XMR	DASH	ETC	XEM	ZEC
BTC	1	0.67	0.46	0.43	0.53	0.69	0.71	0.62	0.57	0.57	0.6
ETH	0.67	1	0.63	0.61	0.55	0.79	0.76	0.76	0.74	0.7	0.76
XRP	0.46	0.63	1	0.37	0.58	0.54	0.51	0.51	0.49	0.61	0.56
BCH	0.43	0.61	0.37	1	0.33	0.52	0.63	0.68	0.61	0.45	0.58
XLM	0.53	0.55	0.58	0.33	1	0.48	0.56	0.51	0.49	0.58	0.53
LTC	0.69	0.79	0.54	0.52	0.48	1	0.7	0.71	0.65	0.66	0.66
XMR	0.71	0.76	0.51	0.63	0.56	0.7	1	0.78	0.65	0.63	0.76
DASH	0.62	0.76	0.51	0.68	0.51	0.71	0.78	1	0.63	0.64	0.75
ETC	0.57	0.74	0.49	0.61	0.49	0.65	0.65	0.63	1	0.56	0.65
XEM	0.57	0.7	0.61	0.45	0.58	0.66	0.63	0.64	0.56	1	0.61
ZEC	0.6	0.76	0.56	0.58	0.53	0.66	0.76	0.75	0.65	0.61	1

[그림 6-2] 1년간 암호화폐의 상관관계

1년간 암호화폐의 상관관계 표를 보면, 이더리움이 다른 암호화폐와 상관관계가 높은 것을 볼 수 있다. 그리고 중단기적으로나 장기적인 관점에서나 오르고 내릴 때 다 같이 따라서 움직이는 것을 볼 수 있다. 특별한 점은 비트코인 캐시 BCH , 리플 XRP , 스텔라루멘 XLM 경우는 상대적으로 다른 코인들과 낮은 상관관계를 보인다. 모네로 XMR 와 제트캐시 ZEC , 대시 DASH 의 경우 코인의 콘셉트와 활용도가 유사한 만큼 이 셋 사이에는 0.75 이상의 높은 상관관계를 보인다. 이러한 상관관계를 이용하여 투자에 활용할 수 있다.

062 단기 투자와 장기 투자 중 어떤 것을 할까요?

Q 단기 투자와 장기 투자 중 어떤 것을 할까요?

A 장단점이 있으니 자신에게 맞는 투자 방법을 찾는 것이 좋으며, 단기와 장기 투자를 병행하는 것도 좋습니다.

단기 투자와 장기 투자의 정의

코인판에서의 시간의 흐름은 주식시장보다 더 역동적이고 빠르다. 하루만에 2배 이상의 등락 폭이 빈번히 일어난다. 따라서 주식시장에서의 단기와 장기 투자의 기간 개념은 암호화폐 투자에서는 달리 적용되어야 한다. 며칠 정도의 투자 기간으로도 높은 수익률을 거둘 수도 있으므로, 단기 투자의 기간은 일주일에서 한 달 이내라고 볼 수 있다. 반면 장기 투자는 주식의 경우 최소 1~2년 동안 주식을 보유하는 것을 가리키지만, 변화가 빠른 암호화폐 투자에서는 2달~6달 정도의 기간도 장기 투자라 할 수 있을 것이다. 가격 변동 사이클을 보면 3개월 주기로 폭등장과 폭락장이 반복되어 왔으니 3개월 전후 정도면 장기 투자로 볼 수 있다.

단기 투자와 장기 투자 비교

단기 투자는 암호화폐의 특성에 가장 잘 맞는 투자 방식이다. 투자 자산 중 가장 급격한 변동성을 가진 암호화폐에 투자하는 대부분의 이유는 단기간에 고수익을 거두기 위한 것이다. 단기 투자의 경우 투자자가 시장을 분석하고 연구한 만큼 수익률도 보답할 가능성이 크다. 하지만 초보 투자자가 시장 상황에 대한 파악과 암호화폐에 대한 기술적 이해 없이 무작정 단기 투자를 한다면 막대한 손실을 가져올 수도 있다.

암호화폐는 급등락이 매우 심한 자산으로써 장기 투자는 특성상 적합하지 않다는 의견도 있다. 하지만 비트코인 등의 암호화폐는 장기간의 추세를 놓고 보았을 때 꾸준히 우상향해 온 것을 확인할 수 있다. 암호화폐의 미래 비전을 믿고, 꾸준히 상승할 것이라고 믿는 가치 투자자들에게 장기 투자는 최적의 투자 방식이다. 또한, 암호화폐 급등락에 자신의 본업에 악영향을 받는 투자자들도 있는데, 단기적인 급등락에 일희일비하지 않을 수 있는 비교적 스트레스가 덜하다. 전업 투자자가 아닌 직장인에게 적합하기도 하다.

063 가치 투자와 차트 투자 중 어떤 것을 할까요?

Q 가치 투자와 차트 투자 중 어떤 것을 할까요?

A 장단점이 있으니 각자에게 맞는 방법을 찾는 것이 좋으며, 암호화폐의 미래를 믿는다면 장기적으로 가치 투자를 하는 것을 추천합니다.

가치 투자

가치 투자는 어떤 투자 자산의 가치가 저평가되어 있을 경우 매수하여 적정 가치에 도달할 때까지 보유하는 투자 방법이다. 그 대상이 가치를 정당하게 평가받기까지 시간이 얼마나 걸릴지 모르지만 일반적으로 가치 투자는 장기 투자가 될 가능성이 크다. 암호화폐에 대한 가치 투자는 암호화폐의 펀더멘탈을 믿고 장기적으로 투자하는 방식이다. 비트코인 등 암호화폐의 급등락과 상관없이 본인이 가지고 있는 암호화폐에 대한 가치를 굳건히 믿기 때문에 장기적으로 투자하는 것이다. 물론 큰 하락장에서는 코인 개수를 늘리기 위해 단기 트레이딩을 하는 경우가 있지만, 일반적인 가치 투자는 비교적 트레이딩을 하지 않은 채 거래 수수료를 아끼며 지속적으로 보유하는 전략이다. 가치 투자에서 성공하려면 암호화폐 시장 전반의 흐름에 대한 정확한 판단과 암호화폐의 기술적 특성, 내재가치와 향후 미래상에 대한 통찰력을 가져야 한다. 그러나 어떠한 암호화폐의 내재가치가 얼마인지 계산하는 것에 대해서는 아직 체계가 확립되어 있지 않다.

차트 투자

차트 투자는 암호화폐의 펀더멘탈보다는 차트 그래프의 움직임을 분석하여 투자하는 방식이다. 그래프 등을 중심으로 하여 암호화폐 종목 선정을 하고 매매 타이밍을 결정하는 것으로 기술적 분석이라고 한다. 과거의 추세 또는 패턴 등 움직임에 대한 통계 기록을 바탕으로 향후 암호화폐의 가격을 예측하여 투자를 결정하게 된다. 차트 투자는 직관력과 통찰력의 영역이며 끊임없이 실시간으로 대응해야 하므로 가치 투자에 비하여 어렵다. 그러나 그만큼 수익을 거둘 수 있기도 하다. 차트 투자는, 단타 위주 또는 추세 위주로 나누게 되는데, 단타의 경우 정말 짧은 시간 동안 반등을 노려서 시세 차익을 가져오는 것을 말하며, 추세는 차트의 추세인 상승 또는 하락에 따라서 투자하는 방식이다. 다만 과거의 자료를 가지고 미래를 예측하는 것이므로 언제나 예상에서 벗어날 가능성이 있다. 자신의 기술적 분석 결과를 맹신하는 착각에 빠질 경우 큰 위험에 노출될 수 있다. 또한, 암호화폐 시장에는 수많은 작전 세력들이 존재하는데, 이런 세력들이 차트를 조작하는 등 다양한 방법으로 개입하게 되면 기술적 분석의 의미가 없어질 수도 있다.

064 호가란 무엇인가요?

Q 호가란 무엇인가요?

A 암호화폐 매매를 하기 위해 투자자가 가격과 수량을 제시하는 것입니다.

Q 매도호가, 매수호가는 무엇인가요?

A 암호화폐를 얼마에 어느 수량을 팔겠다고 내놓은 가격이 매도호가이며, 사겠다고 내놓은 가격은 매수호가입니다.

호가

암호화폐는 주식과 같은 투자 자산으로써 일반 상품처럼 일정한 가격이 매겨져 있는 것이 아니다. 이더리움을 100만 원에 매도하겠다는 사람과 90만 원에 매수하겠다는 사람만 있다면 거래는 성립될 수 없다. 여기에서 매도하겠다는 사람이 내놓은 100만 원을 매도호가라고 하며, 매수하겠다는 사람이 내놓은 90만 원이 매수호가이다. 이렇게 매도하려는 측과 매수하려는 측이 대립하고 있을 때, 100만 원에 사겠다는 사람이 나타나면 100만 원에 거래가 체결된다. 반대로 90만 원에 팔겠다는 사람이 나타나면 90만 원에 거래가 체결된다. 암호화폐는 불특정 다수가 참여하므로 매도호가와 매수호가는 실시간으로 끊임없이 변화한다. 100만 원에 매도

하겠다는 물량이 매수자에 의해 모두 판매되게 되면, 그다음 높은 가격인 100만 500원이 새로운 매도호가가 되며 100만 원에 사겠다는 사람이 올려놓은 주문이 새로운 매수호가가 되는 것이다.

암호화폐에 호재가 생기면 매수세가 유입되므로 매도호가와 매수호가가 높아지면서 가격이 상승하게 된다. 매도호가에 해당하는 물량이 매수세에 의해 체결되면서 가격이 점점 높아지게 된다. 반면 악재가 생기면 매도세가 늘어나면서 매도호과와 매수호가를 낮추게 된다. 매수호가에 올려놓은 물량이 체결되면서 가격이 낮아지게 된다.

호가 보는 법

아래에 있는 실제 이더리움의 거래호가를 보면서 설명하기로 한다. 257,850원부터 아래에 있는 가격은 매수호가이며, 258,000원부터 위로 있는 가격은 매도호가이다. 257,850원에 사려고 주문을 넣은 총량이 10.05개이며 그다음 257,800원에는 29.237개가 매수대기 중인 매물이다. 반대로 258,000원에 0.808개가, 258,500원에 24.696개가 매도 신청을 한 매물이다. 누군가가 이더리움을 30개를 사기 위해 26만 원에 매수 주문을 넣으면 258,000원에 0.808개, 258,500원에 24.696개, 258,600원에 4.039개, 258.650원에 0.457개가 매수되는 것이다. 그 결과 매도호가는 258,650원으로 올라가며 시세가 올라가게 된다.

매도호가

잔량	가격	등락률
2.382	**258,950**	+0.37%
34.039	**258,900**	+0.35%
52.926	**258,650**	+0.25%
4.039	**258,600**	+0.23%
24.696	**258,500**	+0.19%
0.808	**258,000**	0.00%

항목	값
거래량	128,018 ETH
거래대금	32,874 백만원 (최근24시간)
52주 최고	2,437,000 (2018.01.10)
52주 최저	193,850 (2018.09.12)
전일종가	258,000
당일고가	258,550 +0.21%
당일저가	255,250 -1.07%

매수호가

가격	등락률	잔량
257,850	-0.06%	10.050
257,800	-0.08%	29.237
257,750	-0.10%	0.251
257,700	-0.12%	21.529
257,500	-0.19%	0.100
257,450	-0.21%	0.139

체결강도 +109.23%

체결가	체결량
257,850	0.144
257,850	1.556
257,900	2.120
257,900	1.160
257,900	1.720
257,900	2.000
258,000	0.617
258,000	3.000
258,000	1.157
258,000	0.074

[그림] 이더리움의 거래호가 예시

065 거래 체결은 어떻게 되나요?

Q 거래 체결은 어떻게 되나요?

A 암호화폐는 경쟁 매매 체제로 가격을 매수 시 매도호가에, 매도 시 매수호가에 지정한 경우 우선적으로 체결되며, 주문 가격이 같을 경우 먼저 한 주문부터 체결됩니다.

거래 체결 방식

암호화폐 매수나 매도 주문을 낸다고 해도 원하는 가격에 주문한 만큼의 수량이 체결되는 것은 아니다. 주식과 유사한 가격 체결 방식을 따르고 있으며, 가격 우선의 원칙과 시간 우선의 원칙이 거래 체결 시에 적용된다. 거래 체결 방식을 아는 것은 특히 장세 급등락 시 유용하므로 투자할 때 기본적으로 알고 있어야 한다.

가격 우선의 원칙과 시간 우선의 원칙

가격 우선의 원칙이란 매도 시에는 저가에 매도하는 주문이, 매수 시에는 고가에 매수하는 주문이 먼저 체결되는 것이다. 매도호가보다 높은 가격으로 매도 주문을 넣으면 바로 체결되지 않고 매수세가 붙어서 가격이 상승하여 지정한 가격에 도달되었을 때 거래가 체결된다. 반대로 매수호가보다 낮은 가격으로 매수 주문을 넣게 되면, 가격이 하락하여 주문한 가격에 도달할 경우에 주문이 체결된다. 가격에 상관하지 않고 원하는 물량을 거래하길 원하는 경우 매도 시에는 시가보다 현저히 낮은 가격을, 매수 시에는 시가보다 현저히 높은 가격에 매수 주문을 넣으면 된다. 예를 들어 매도 시에는 시가보다 한참 낮은 가격 또는 1원으로 매도 주문을 넣으면 된다. 이렇게 주문을 넣으면 매수호가에 해당하는 높은 가격에 내놓은 물량부터 단계적으로 매수 주문이 체결된다.

암호화폐의 거래에는 1차적으로 가격 우선의 원칙이 적용되는데, 같은 가격에 주문이 들어올 경우 2차적으로 적용되는 것이 시간 우선의 원칙이다. 같은 가격에 들어온 주문이 경합할 경우 먼저 주문을 낸 사람에게 체결의 우선권이 있다. 똑같은 가격에 매수하고자 동시에 여러 사람이 매수 주문을 낸 경우 1초라도 먼저 주문을 낸 투자자에게 우선권이 있으며 먼저 주문을 한 투자자의 물량이 모두 체결된 이후에야 1초 늦게 주문을 올린 사람의 물량이 체결된다.

원칙의 적용

이전 장의 이더리움 호가를 보면서 가격 우선의 원칙을 적용해보기로 하자. 매도하려는 주문은 258,000원부터 258,950원까지 다양하게 접수되어 있다. 누군가가 이더리움을 매수할 때는 매도호가를 가장 낮게 내놓은 물량부터 가격이 체결되게 된다. 258,000원에 0.808개가 체결된 이후 258,500원의 가격에 체결된다. 따라서 빨리 물량을 정리하고 싶은 경우 매도호가를 낮추어서 주문을 올려야 한다. 물량을 바로 팔고 싶으면 시가보다 한참 낮은 가격으로 매도 주문을 넣어야 한다. 보유하고 있는 모든 물량을 1원으로 매도한다는 주문을 넣게 되면 257,850원에 10.050개, 257,800원에 29.237개 이런식으로 높은 가격의 매수호가부터 차례대로 거래가 체결되게 된다.

같은 가격에 여러 사람이 주문을 넣은 경우는 시간 우선의 원칙이 적용된다. 257,850원에 A가 13:00에 5개 매수 주문을 넣었고, B가 13:05에 5.05개 매수 주문을 넣어서 총 10.050개의 매수 물량이 대기하고 있는 상황이다. 이때 누군가 257,850원에 10개 매도 주문을 넣게 되면 먼저 주문을 넣은 A의 물량이 먼저 체결된다. A의 5개가 먼저 체결되고, 이후에 B의 5개가 체결되어, B는 0.05개를 팔지 못한 상태로 갖고 있게 된다.

 066

지정가 주문과 시장가 주문은 무엇인가요?

Q 지정가 주문은 무엇인가요?

A 자신이 원하는 가격에 도달될 때 매수 또는 매도하기 위하여 미리 지정하여 주문을 내놓는 것입니다.

Q 시장가 주문은 무엇인가요?

A 가격에 상관하지 않고 즉각적으로 암호화폐를 매수 또는 매도하는 주문을 하여 바로 거래를 체결하는 것입니다.

지정가 주문 

지정가 주문이란 현재 시가와는 관계없이 자신이 원하는 가격에 도달될 때 매수 또는 매도하기 위하여 미리 지정하여 주문을 내놓는 것이다. 매수할 때는 시가보다 낮은 가격에 지정가 주문을 하고, 매도 시에는 시가보다 높은 가격에 지정가 주문을 하게 된다. 예를 들어 현재 시세가 10,000원일 경우 9,000원에 도달 시 매수하겠다는 것은 지정가 매수 주문이 되며, 11,000원에 도달 시 매도하겠다는 것은 지정가 매도 주문이 된다. 자신이 지정된 가격에 도달하더라도 시간 우선의 원칙에 따라 먼저 그 가격에서 다른 사람이 주문한 물량이 먼저 체결되는 점을 유의해야 한다.

지정가 주문을 다른 용어로 'maker 주문'이라고 하는데 바로 체결되지 않고 시세창에 물량을 제공하여 유동성을 만들기 때문이다. 시세인 매수호가와 매도호가에 못 미치는 가격으로 주문하는 것이기 때문에 바로 체결되지 않으며 주문을 취소하기 전까지 거래가 체결되지 않는다면 영원히 거래 대기 상태로 존재한다. 주식의 경우 지정가 주문이 당일에만 유효한 것과는 비교된다. 지정가 주문의 경우 거래소에 유동성을 만드는 등 좋은 영향을 주기 때문에 지정가 주문의 수수료를 시장가 주문의 수수료에 비해 낮게 책정하는 곳도 있다.

시장가 주문

시장가 주문이란 가격에 상관하지 않고 즉각적으로 암호화폐를 매수 또는 매도하는 주문 형태이다. 거래 체결을 우선으로 생각하는 주문으로 수량이나 액수를 지정하면 현재 상황에서 가장 유리한 가격의 물량부터 매매가 체결되는 방식이다. 투자자 입장에서 꼭 그 시점에서 암호화폐를 사거나 팔고 싶을 때 이용한다. 가격이 급등할 때 물량을 확보해야겠다는 생각이 들면 시장가 매수 주문을 넣어야 하며, 가격이 급락할 때 보유 암호화폐를 빨리 팔아야 할 필요가 있을 때 시장가 매도 주문을 넣어야 한다.

시장가 주문 시 조심해야 할 점이 있다. 거래량이 적은 거래소를 이용할 때 호가별로 물량이 많지 않은 경우가 있는데, 매수 시 예상한 것보다 높은 평균 가격에 체결될 수 있으며 매도 시에는 예상 가격보다 낮은 평균 가격에 처분되는 경우가 발생할 수 있다. 따라서 시장가 주문을 할 경우는 매수호가 매도호가에 어느 정도 물량이 쌓여 있는지 확인하고 주문하도록 하는 것이 좋다.

067 세력, 작전이란 무엇인가요?

Q 세력, 작전이란 무엇인가요?

A 단기간에 특정 암호화폐를 매집하여 가격을 끌어올리고 호재를 조작하는 등 다양한 방법으로 개인 투자자들을 유인한 뒤 높은 가격에 매도하여 차익을 노리는 사람들을 세력이라 부르며, 이러한 행위를 작전이라고 부릅니다.

Q 호재 정보가 나오면 매수해도 될까요?

A 세력이 퍼트린 작전이 아닌지 확인이 필요하며, 추격 매수는 위험성이 높습니다.

세력과 작전 그리고 추격 매수의 위험성

암호화폐 시장은 많은 돈이 움직이는 곳이며, 다양한 부류의 투자자들이 있다. 이들 중에는 단기간에 특정 암호화폐를 매집하여 가격을 끌어올리고 호재를 조작하는 등 다양한 방법으로 개인 투자자들을 유인한 뒤 높은 가격에 매도하여 차익을 노리는 사람들이 있는데, 이들을 세력이라 부르며 이러한 행위를 작전이라고 부른다. 일반 투자자들의 관심을 끌기 위해서 매수호가에 많은 물량이 대기하고 있는 것처럼 가짜 매수 주문을 내기도 한다. 세력은 가격을 상승시킬 수도 하락시킬 수도 있다. 하락시키는 경우는 악재를 퍼트리고 매도호가가 많이 쌓여 있는 것처럼 조작한 뒤 가격이 하락함에 따라 자신들이 물량을 확보한다. 세력은 일반적으로는 1명이 아닌 다수가 모인 그룹 형태를 띠고 있다. 메이저 암호화폐가 아닌 상대적으로 시가총액이 낮은 암호화폐가 세력이 활동하기 좋은 대상이다.

세력의 작전이 걸린 암호화폐는 가급적 거래를 피하는 것이 좋다. 일시적으로 급등한다고 해도 작전이 끝나는 시기에 폭락하여 가격이 제자리로 돌아올 가능성이 높기 때문이다. 작전이 걸린 암호화폐의 추격 매수는 매우 위험하므로 혹시라도 투자한다면 욕심 부리지 말고 적정의 수익만 확보한 뒤 빠져나오는 것이 현명하다.

068 몇 종목 정도 투자하는 것이 좋을까요?

Q 몇 종목 정도 투자하는 것이 좋을까요?

A 암호화폐 입문자의 경우 5개 정도의 종목 내에서 투자하는 것을 추천합니다.

투자 종목 개수

암호화폐 투자자들의 투자 대상 개수는 투자 성향에 따라 다양하다. 한 종목에만 집중해서 투자하는 사람이 있는 반면, 여러 개 분산하여 투자하는 사람도 있다. 투자 종목 개수에 정답이라는 것은 없다. 한 종목에 투자하는 경우 상승 시 수익률을 극대화할 수 있고, 여러 종목에 분산하여 투자하는 경우는 높은 수익률보다는 상대적으로 안정적인 투자 환경을 구축할 수 있다. 투자 종목 개수 선정에 정답은 없지만, 자신의 관리 원칙을 세워 놓고 투자하는 것이 좋다.

암호화폐 입문자의 경우 5개 정도의 종목 내에서 투자하는 것이 좋다. 각 암호화폐의 기술적 특성을 이해하고, 가격 변동 추세와 시장 환경을 분석하는데 걸리는 시간과 노력을 고려하면 5개 정도가 적당하다. 5개 이상이 넘어갈 경우 매수 매도 시점을 잡기도 어려워지고, 집중력도 분산되니 투자 입문자 입장으로서는 바람직하지 않다.

투자 종목 분배

암호화폐에 몇 개의 종목에 나누어서 투자하는 것은 위험성을 낮추고 수익은 극대화하기 위한 전략이다. 따라서 각 종목을 선택할 때 서로 간 가격 변화 상관관계가 낮은 것들로 구성해야 한다.

예를 들어 암호화폐 중 익명성에 특화된 제트캐시, 모네로, 대시의 경우 1년 기준으로 가격의 상관관계가 0.75에 달하며 가격이 유사하게 움직인다. 따라서 분산 투자를 한다고 제트캐시, 모네로, 대시를 분할하여 매수하는 것은 분산 투자로서 큰 의미가 없다. 이들은 비슷하게 상승하고 비슷하게 하락하기 때문이다. 따라서 종목을 선정할 때는 암호화폐의 기술적 특성을 분석하고, 가격 변동 추이를 보아서 비슷한 성향의 암호화폐에서는 하나씩만을 선택하도록 한다.

반대로 비트코인 캐시, 뉴이코노미 무브먼트, 스텔라루멘, 리플의 경우 타 암호화폐와의 가격 상관관계가 낮다. 이들은 주요 암호화폐와의 가격 상관관계가 1년 기준 0.3~0.6을 기록하고 있다. 따라서 이들을 선택하여 분산 차원에서 투자하는 것은 다양성의 관점에서 매우 좋은 선택이며 진정한 분산 투자라 할 수 있다.

069 언제 사고 언제 팔아야 할까요?

Q 언제 사고 언제 팔아야 할까요?

A 암호화폐 시장에도 효율적 시장 가설 이론이 적용됨을 깨닫고, 자신이 얻는 투자 정보에 대해 신중하게 받아들여 매매하는 것을 추천합니다.

효율적 시장 가설 이론

금융시장과 관련한 이론 중에 효율적 시장 가설 이론이라는 것이 있다. 금융시장의 자산 가격에는 이미 모든 정보가 반영되어 있다는 것이다. 1970년 시카고대학의 유진 파마 교수가 주장한 이론으로 효율성을 크게 3가지로 구분하였다.

① 약한 형태의 효율성

어떤 투자자도 과거의 주가와 수익률 정보에 의해 거래해서는 초과 수익을 얻지 못한다.

② 중간 형태의 효율성

어떤 투자자도 공식적으로 이용할 수 있는 정보에 의해 거래해서는 초과 수익을 얻지 못한다.

③ 강한 형태의 효율성

어떤 투자자도 공식이든 아니든 어떤 정보로도 초과 수익을 얻지 못한다.

오늘날에는 3번의 강한 형태의 효율성은 존재하지 않고, 중간 형태의 효율성도 특정 조건에서만 적용된다는 의견이 일반적이다. 반면 일부 학자들은 여전히 효율적 시장 가설의 유효성을 주장하고 있는데, 효율적 시장 가설로 설명할 수 없는 비정상적인 일시적인 현상을 제외하고는 적용된다고 주장한다. 그렇다면 효율적 시장 가설 이론을 암호화폐 투자자 입장에서 어떻게 받아들여야 할까?

암호화폐 매수 매도 전략 짜기

이미 암호화폐의 가격에는 시장에 존재하는 모든 정보들이 반영되었다고 볼 수 있고, 자신에게 호재 또는 악재 정보가 들어왔다는 것은 시장에 있는 상당수 투자자들에게도 같은 정보가 이미 도달했을 확률이 높다. 자신이 호재나 악재를 누구보다도 빠르게 접할 수 있는 사람이 아니라면, 이러한 단기 정보에 의존하는 투자는 지양하는 것이 옳다. 다만 정보 취득 능력이 좋고 어느 시간에나 순간적으로 트레이딩이 가능한 소수에게는 호재와 악재 정보를 이용할 수 있다. 아직 가격이 오르지 않은 상태이거나 악재가 나왔는데, 아직 가격이 내리지 않은 상태이면 각 매수 또는 매도를 하여 호재, 악재 정보가 반영되기 전에 미리 거래하는 것도 고려해 볼 수 있다. 주의해야 할 점은 호재와 악재가 이미 반영되어 가격에 큰 변화가 온 후에 지속적으로 그 방향으로 움직일 것으로 예상하여 투자하는 것은 위험성이 클 수 있다.

장기 투자자들에게는 단기적 호재와 악재는 의미가 크지 않다. 장기 투자자들은 단기적 악재로 암호화폐 가격이 하락할 경우에 추가 매수하여 물량을 확보하거나 평균 단가를 낮출 수 있다. 반대로 단기 호재로 암호화폐가 급등할 경우에는 상승이 일시적 현상이라고 판단될 경우 일부 소량을 조금씩 매도하여 수익을 실현하고 가격이 제자리로 돌아올 때를 대비하여 매수 자금을 확보하는 것이 좋다.

안정적인 분할 거래 전략

매수 매도 시에는 분할해서 거래하는 것을 추천한다. 암호화폐는 가격 변동성이 매우 높다. 특정 가격에 모든 물량을 팔거나, 가지고 있는 모든 자산을 활용해 풀 매수를 하는 것은 자신의 예측이 맞을 경우 엄청난 수익을 기대할 수 있다. 그러나 시장은 대부분 자신의 예측과는 다르게 돌아간다. 자신이 매수한 가격에서 50% 하락할 수 있고, 매도 후에 가격이 2~3배 오를 수도 있다. 따라서 리스크를 줄이고 안정적인 투자를 하고 싶다면 분할 매수와 분할 매도 전략을 추천한다. 예를 들어 자신이 특정 암호화폐를 10,000원에 100개를 매수하려고 생각을 했다면, 대신에 6,000원에 20개, 7,000원에 20개, 8,000원에 20개, 9,000원에 20개, 10,000원에 20개 매수를 지정가로 걸어 놓아서 가격이 하락할 때마다 매수되게 하는 방식이다. 반대로 10,000원에 100개 매도하는 대신에 10,000원에 20개, 11,000원에 20개, 12,000원에 20개, 13,000원에 20개, 14,000원에 20개 매도를 걸어 놓는 방식이다. 분할 매수, 매도 방식은 자신이 가격을 예측하기 어려울 때 수익성보다는 안정성을 추구하는 것으로 자신의 투자 방향에 맞게 활용하도록 추천한다.

070 투자 포트폴리오를 구성하는 것이 좋을까요?

Q 투자 포트폴리오를 구성하는 것이 좋을까요?

A 자신의 유형에 맞는 투자 포트폴리오를 구성하길 추천합니다.

암호화폐 포트폴리오 구성

투자에 대한 유명한 격언이 있다. "달걀을 한 바구니에 담지 말라"라는 말은 포트폴리오 이론을 어렵게 생각하는 사람들에게 쉽게 설명하기 위해 남긴 제임스 토빈 예일대 교수의 말로, 분산 투자를 위험 관리의 정석으로 확립시켰다. 1981년 노벨 경제학상을 수상한 토빈은 당시 대부분의 학자기 합리적 투자에 관한 특정 규칙만을 제시하는 데 그치고 있는 상황에서 각 주체가 '위험'과 '기대 수익률'에 두는 가중치에 따라 서로 다른 형태의 포트폴리오를 구성하고 있음을 밝혔다. 주요 업적 중 하나인 포트폴리오 이론은 가계나 기업이 실물 자산과 금융 자산을 어떤 형태로 보유하며 그와 동시에 부채를 얼마만큼으로 조절하는 것인가에 대한 것이다. 포트폴리오는 서류가방이나 자료 수집철을 뜻하는 말로 금융에서는 보유한 금융 자산 목록을 의미한다. 나름의 자산 우선순위 목록을 정해 만들고 여러 곳에 분산해 보관한다는 것이다.

자산에 대한 포트폴리오는 일반적으로 기존의 전통적 자산들인 부동산, 주식, 채권, 금, 원자재 등의 자산을 안전성을 확보하며 최대한의 수익을 얻고자 하는 투자 방법으로써 고려되었다. 암호화폐의 경우도 유형과 성향에 맞는 포트폴리오를 구성함으로써 안전성을 유지한 채 수익을 극대화할 수 있다. 비트코인의 등락에 따라 다른 알트코인들의 가격에 영향을 주는 것이 사실이지만, 그러한 영향력은 조금씩 줄어가고 있고 암호화폐별 성향에 따라 등락이 결정되는 현상이 늘어나고 있기 때문이다. 이것은 암호화폐 시장이 초기 단계를 넘어 성숙화되면서 다른 투자 자산과 같이 펀더멘탈 중심의 투자가 요구되고, 다양한 암호화폐에 분산 투자하며 투자 리스크를 줄이는 것이 중요한 투자 방법이 되어 가고 있다. 이에 따라 포트폴리오를 구축하기 위한 투자의 프레임을 구성하는 것이 요구된다.

유형별 투자 포트폴리오 구성

① 시장 평균 수익 목표형

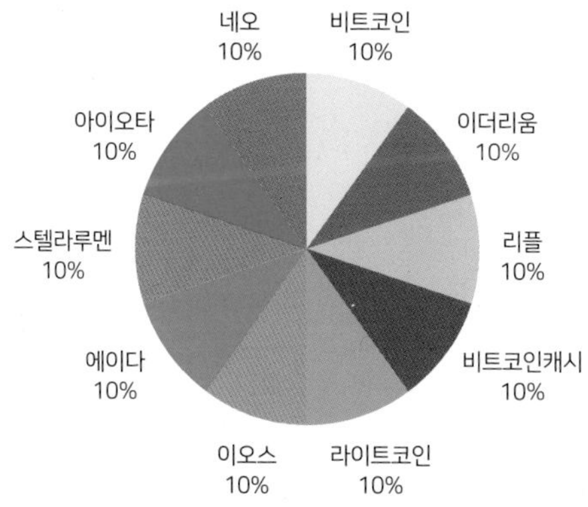

암호화폐의 시총 상위권 내 동일 비중으로 분산 투자하는 방식으로, 암호화폐 시장 평균 수익률을 따라갈 수 있다. 수익률과 안정성을 동시에 추구하는 표준이 되는 투자 방법이다. 주식시장에서의 KOSPI 200 지수를 추종하는 펀드 또는 ETF와 같은 포지션이라고 볼 수 있다.

② 뛰어난 지도자 추종형

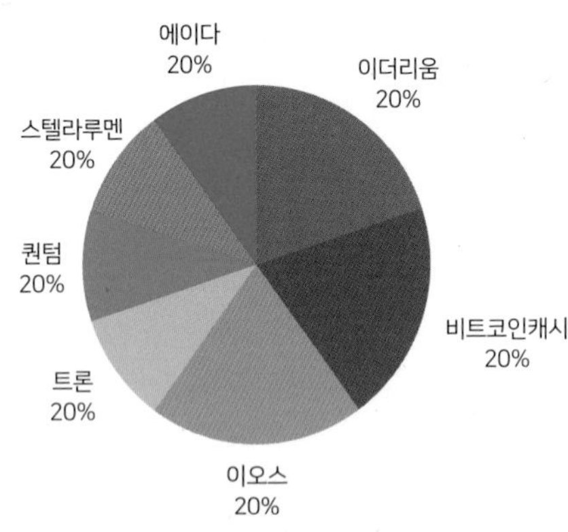

주식의 경우에 경영자의 능력을 보고 투자하는 방식이 있다. 암호화폐에서도 이같은 원리는 똑같이 적용된다. 뛰어난 개발자가 있을 경우 기술적 특성에 우위를 점할 수 있고, 뛰어난 마케터가 있을 경우 암호화폐 홍보로 인한 저변 확보를 기대할 수 있다. 암호화폐의 미래 가치에 투자하는 한 방법이다. 위 암호화폐들은 특출난 지도자가 미래를 이끌고 있다.

③ 3세대 기술 추구형

2세대, 3세대 암호화폐에 대한 구분 기준이 명확하지는 않지만 스마트 컨트랙트로 대표되는 2세대에 더해 혁신적인 기능을 추가한 것을 3세대 암호화폐라고 부른다. 이더리움이 2세대 암호화폐라고 하는 것은 2세대를 열었다는 의미에서 이렇게 부르는 것이지, 지속적으로 업데이트되는 기능으로 3세대 암호화폐라고 할 수 있다. 암호화폐에 새로운 도입되는 새로운 기술의 가치에 투자하는 방식이다. 위 암호화폐들은 단순환 송금 기능과 스마트 컨트랙트 기능을 넘어 새로운 영역을 개척하는 데 적극적으로 노력하는 것을 모아 놓은 것이다.

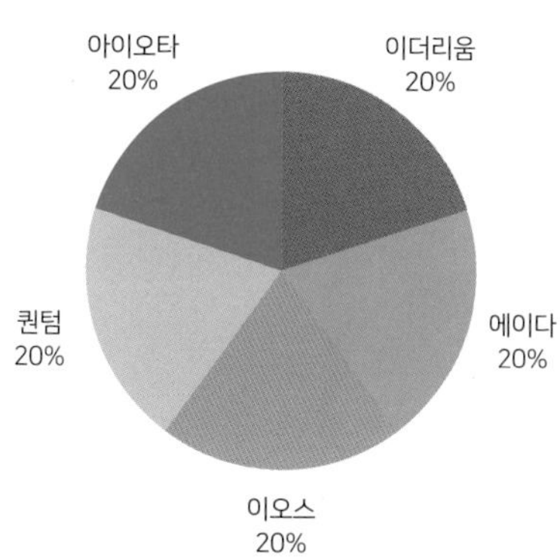

④ 배당 투자형

주식의 경우 일반적으로 1년 결산 시 이익금을 배당으로 투자자들에 일정 금액 지급한다. 삼성전자의 경우 약4만 원이 넘는 주식 한주를 가지고 있으면 1년에 1,500원의 배당금을 지급하여 배당수익률은 약 4%에 달한다.

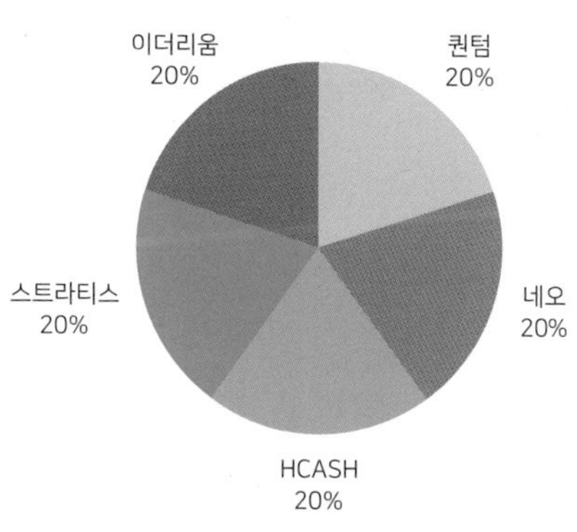

배당주에 속하는 두산 우선주의 경우 한 주당 7만 원하는 주식을 보유하고 있으면 매년 5,000원의 배당금을 지급하는데 이는 7%가 넘는 배당 수익률로 은행금리에 비하면 상당히 높은 수준이다.

암호화폐에서도 배당을 주는 것이 있다. POS 방식의 채굴 방식을 택하고 있는 암호화폐는 보유량에 따라 채굴이 되며 보상으로 암호화폐를 지급한다. 안정적인 배당 수익을 실현하려는 사람은 배당형 암호화폐로 포트폴리오를 편성하는 것이 좋다. 퀀텀의 경우 랜덤 지급 방식으로 보유 수량이 적다면 직접 POS를 돌려도 기대 수익률만큼 배당이 나오지 않을 수도 있다. 이더리움의 경우 POS로 전환을 예정하고 있다.

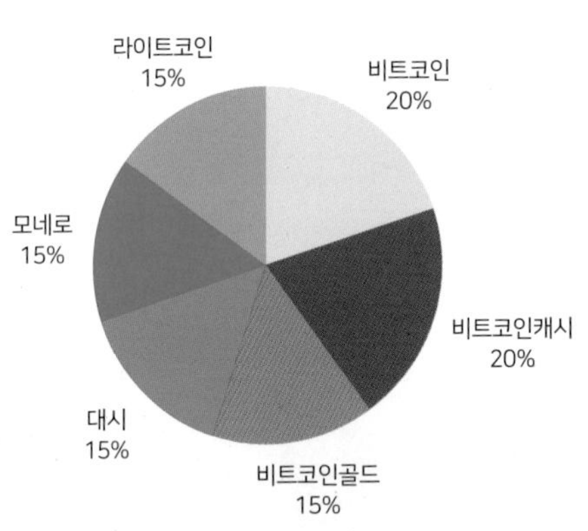

⑤ 채굴자 펌핑 기대형

암호화폐를 채굴하는 업자들은 세력을 형성하여 자기가 채굴하는 암호화폐에 대한 수익성을 확보하기 위해 펌핑으로 가격을 올리는 경우가 있으며, 일정 금액 이하로는 떨어지지 않도록 여러 가지 조치를 취한다. POW 방식의 채굴 방식을 가지고 있는 암호화폐에 대해 해당하며 채굴전문 기기인 ASIC 방식으로 채굴되는 암호화폐에서 이런 현상이 두드러지게 발생한다.

⑥ 제2의 셀트리온형

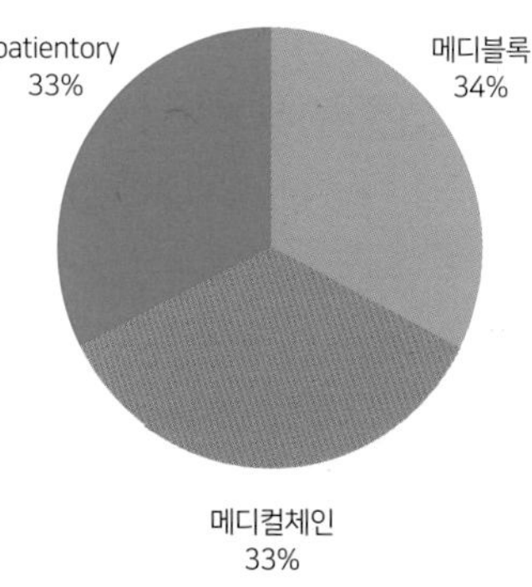

셀트리온은 무에서부터 시작하여 창업 16년 만에 현대차를 넘어 삼성전자, SK하이닉스에 이어 시가총액 3위를 기록하였다. 자동차 회사의 임원이었던 서정진 회장은 미래 산업의 대세는 헬스케어라는 생각하나로 셀트리온을 설립하였고, 성장 과정에서 각종 음해성 루머와 기술 개발의 어려움을 이겨내고 현재에 이른 것이다. 이와 같이 헬스케어 관련 산업은 성공했을 경우 막대한 부를 가져오기 때문에 초기에 꾸준한 투자와 연구를 통해서 시장을 선점하는 것이 중요하다. 암호화폐에서도 이와 같은 헬스케어 산업의 미래에 베팅할 수 있는 것이 있다. 국내에서 개발된 메디블록과 해외에서 개발된 메디컬체인이 있다.

⑦ 중국 파워 기대형

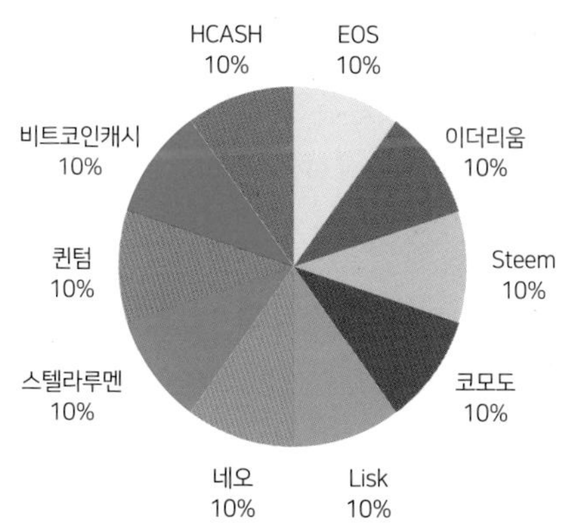

중국은 암호화폐 산업에서 차지하는 영향력이 다른 어떤 국가보다도 크다. 주요 암호화폐의 채굴 컴퓨팅 파워가 중국에 몰려 있으며, 블록체인과 암호화폐

기술 개발이 활발히 이루어지고 있다. 중국계 자금도 암호화폐에서 막대한 영향력을 차지하고 있다. 중국의 거대 자본과 막대한 인구를 생각한다면 미래에 암호화폐가 활성화될 때 중국 고유의 암호화폐가 큰 혜택을 입을 수 있으므로 미리 투자하는 것도 좋은 방법이다. 중국에서 개발된 코인들을 주요 투자 대상으로 고려하였다. 추가적으로 중국 전자정보산업발전연구원 CCID, China Center for Information Industry Development 에서 발표되는 암호화폐 순위표에서 받은 평가도 고려하여 10가지 정도 선정해 보았다.

⑧ 2020년 도쿄올림픽 수혜형

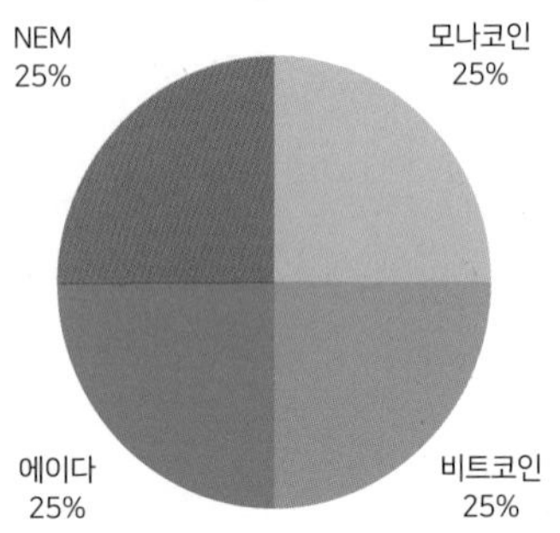

일본은 암호화폐를 적극적으로 받아들이고 있는 나라 중 하나이며 비트코인 거래량도 세계 1위인 암호화폐 선진국이다. 투자자들의 보호를 위한 건전한 규제 정책을 실시하고 있고, 민간에서도 비트코인, 모나코인 모나코 코인과 구분 유의 등 다양한 암호화폐가 실생활에서 쓰이고 있다. 대금 지급을 위해 사용하거나 법정통화와 상호 교환하거나 전자적 기록으로 이체할 수 있는 재산적 가치, 즉 '화폐의 기능'을 가지는 것을 인정하는 등 제도권에서도 받아들이려 하고 있다. 2020년 도쿄올림픽을 앞두고 대대적으로 상용화시키려는 움직임이 보인다. 이런 상황에서 미리 일본에서 인기를 얻고 있고, 앞으로도 활발히 쓰일 것으로 예상되는 암호화폐에 투자하는 것도 좋은 전략이다.

PART

07

암호화폐 채굴

071 암호화폐 채굴은 무엇인가요?

Q 암호화폐 채굴은 무엇인가요?

A 현재 유통되고 있는 비트코인 등 다양한 암호화폐를 컴퓨팅 파워를 소비하여 직접 만들어 내는 것입니다.

암호화폐 채굴

암호화폐 채굴이란 현재 유통되고 있는 비트코인 등 다양한 암호화폐를 직접 만들어 내는 것을 말한다. 일반 법정화폐와 다르게 누구나 암호화폐를 만들어 낼 수 있는 것은 암호화폐와 블록체인의 기술적, 시스템적 특성상 가능한 것이다. 정부의 통화 정책에 의해 찍어내는 법정화폐와 달리 암호화폐는 중앙정부 시스템이 없이 처음에 설계된 암호화폐의 소스에 기술된 정책에 의해 채굴을 하여 보상을 받을 수 있다. 비트코인은 2008년 개발 당시부터 2140년까지 2,100만 개가 채굴이 되면 채굴이 끝이 나도록 설계되어 있다. 채굴기를 통해 누구나 블록체인 암호화폐 시스템에 기여하면 코인을 얻을 수 있다. 쉽게 말하면 컴퓨팅 파워를 제공하여 수학 문제를 풀어가고 그에 비례하여 암호화폐를 받는 과정이다. 예전에는 일반 가정집에서 사용하는 CPU만 장착된 컴퓨터로도 채굴이 가능한 시절이 있었지만, 암호화폐의 인기가 올라가면서 고

성능의 그래픽 카드가 연산을 위해 필요해졌고, 비트코인의 경우 ASIC Application Specific Intergrated Circuit, 주문형 반도체 를 이용하지 않고서는 채굴하는 것이 불가능해졌다.

채굴기 채산성

2018년 말, 암호화폐 가격의 급격한 하락으로 채굴 채산성은 없는 상황이다. 채굴 채산성은 암호화폐 가격에 따라 등락을 거듭하였고, 채굴기의 가격에 직접적인 영향을 미치게 된다. 채굴 채산성이 일반적이었던 상황을 설명하고자 한다. 채굴기는 용산전자상가에서도 구매가 가능하고, 인터넷 쇼핑몰에서도 구매가 가능하다. 그러나 채굴기를 구매를 한다고 끝나는 것은 아니다. 가정집에서 채굴기를 돌릴 경우 누진세로 인하여 전기세를 감당할 수 없고, 채굴기에 문제가 생겼을 때의 유지보수도 만만한 작업이 아니기 때문이다. 그래서 채굴 대행 서비스가 있다. 본인의 채굴기를 직접 운용하는 경우도 있지만, 채굴 마이닝 자로부터 의뢰를 받아서 대량의 채굴기를 가동해 주는 업체가 있다. 이러한 마이닝 채굴 기업들은 다양한 형태를 띠고 있는데, 개인이 공간을 마련한 직접투자를 통한 채굴, 동호회 차원에서 뜻이 맞는 사람들이 모여서 하는 채굴, 다양한 곳으로부터 자금을 모아 채굴공장을 설립하는 등 다양한 방식이 있다. 2018년 말 현재, 대규모로 운영하는 채굴공장이 폐업하면서 대량으로 풀린 채굴기로 인하여 그래픽카드 가격은 고점에서 50~90% 폭락하였다. 최고의 가성비를 보여 주었던 RX570, RX580의 경우 40만 원에서 10만 원 아래로 거래되고 있다.

암호화폐 채굴기 종류

비트코인이 처음 등장한 2009년에는 인터넷에 연결되어 있기만 하면 저사양의 PC로도 쉽게 비트코인을 채굴할 수 있었다. 비트코인 개발자 사토시는 2009년 1월 3일 자신의 PC로 비트코인의 첫 채굴인 50개의 비트코인을 손쉽게 얻는다. 이후로 비트코인이 인기를 얻기 시작하면서 채굴 난이도는 높아지고 채굴하기 위해서는 점점 고사양의 컴퓨터가 요구되었다. 비트코인과 같은 암호화폐는 발행량이 정해져 있고, 채굴 난이도는 점점 높아진다. 게대가 채굴자가 많아질수록 컴퓨터가 풀어야 하는 수학적 연산 난이도도 높아져서 현재는 일반 PC로는 채굴이 힘들고 비트코인은 전용 ASIC 기기를 통해서만 채굴할 수 있다. 반면 ASIC 기기를 허용하지 않는 채굴 방식의 암호화폐의 경우는 고성능의 GPU를 6개씩 연결해 놓은 PC를 이용하여 채굴하는 것이 일반적이다. 비트코인의 경우 채굴 방식은 CPU → GPU → FPGA → ASIC으로 변화해 갔다.

FPGA(Field Programmable Gate Array) 채굴기

ASIC처럼 하드웨어로 채굴 알고리즘을 미리 설계해 놓은 것이 아니라, FPGA는 여러 알고리즘에 따라 적합하게 수정이 가능하였다. 2012년 전후로 대세로 자리 잡으며 비트코인의 GPU 채굴기를 모든 면에서 압도하였으나, 이후 등장한 ASIC 채굴기가 대세로 떠오르며 자취를 감추었다.

[그림 7-1] FPGA 채굴기 X6500

ASIC(Application Specific Intergrated Circuit) 채굴기

암호화폐 채굴은 처음에는 CPU만 있는 저사양의 PC로도 가능했었다. 그러던 것이 점차 난이도가 높아져가고 채굴자들의 경쟁이 심화되면서 GPU를 필요로 하였고, 이제는 ASIC으로만 채굴 가능한 암호화폐들이 상당수이다. ASIC은 반도체 생산 납품 방식을 의미하는 단어로, 주문자의 필요에 맞게 불필요한 기능은 최대한 제거하고, 꼭 필요한 기능한 설계해서 생산하는 방식이다.

ASIC으로 채굴하는 코인을 GPU를 이용하여 채굴할 수 없는 것은 아니다. 다만 전기료 등 비용을 따져 보면 손해가 난다. 대표적으로 비트코인과 비트코인 캐시 등이 있다. ASIC 채굴기는 고가이고 전력 소비가 매우 커서 일반인이 집에서 돌리기 힘들고 소수의 채굴자들이 대형으로 채굴장을 운영하도록 만들었다. 이렇게 채굴 컴퓨팅 파워가 집중되면 비트코인의 초기 철학인 분산화를 가로막는 요인이 된다. 또한, 채굴자들이 연합하여 네트워크를 장악해 거래 내역을 위변조할 수 있는 가능성도 갖게 된다. 2012년 전후로 소형의 USB ASIC 채굴기가 사용되었으나, 채산성의 문제로 현재는 사용되지 않는다.

ASIC USB 채굴기	Bitmain사의 Antminer S9
	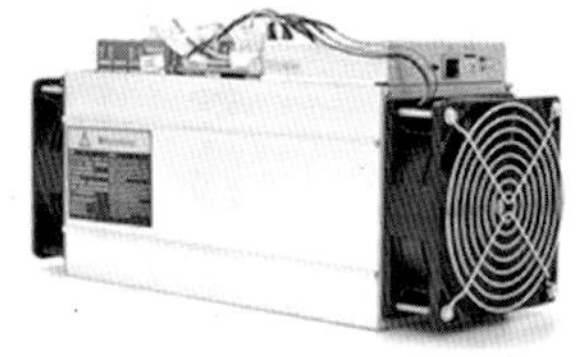

GPU(Graphics Processing Unit) 채굴기

컴퓨터의 그래픽 처리 장치인 GPU를 이용하여 채굴하는 방식이다. 일반 PC와는 다르게 발열 관리를 위해 개방형으로 되어 있고, 그래픽카드 6개 이상을 라이저 카드를 이용하여 메인보드 하나에 장착하는 것이 특징이다. 엔비디아사의 그래픽카드로는 GTX1060 또는 GTX1070이 가장 많이 쓰이며, AMD사의 그래픽카드는 RX570 또는 RX580이 가장 많이 쓰인다. GPU 채굴기의 그래픽카드 및 부품들은 중고로 팔기도 용이하여, 채굴을 그만둘 경우 현금화가 쉬운 장점이 있다. 반면 ASIC 채굴기는 1~2년 사용하고 나면 새로운 ASIC 기기에 밀려 채굴 생산성이 떨어지게 되며 다른 용도로 사용할 수 없다.

[그림 7-2] 8way GPU 채굴기

 072

채굴은 어떻게 하며 어떤 종류가 있나요?

Q 채굴은 어떻게 하며 어떤 종류가 있나요?

A 채굴은 고가의 장비(GPU, ASIC)로 전력 소비를 하여 채굴하는 작업 증명(PoW) 방식, 저사양의 PC로 자신이 가진 암호화폐량에 비례하여 채굴하는 지분 증명(PoS) 방식이 있습니다.

POW와 POS 채굴 방식

비트코인을 비롯한 POW Proof of Work 방식의 암호화폐의 경우 고가의 채굴 장비에서 나오는 컴퓨팅 파워로 거래 내역의 검증이 필요하다. 이것을 작업 증명 방식이라고도 하며, 일을 많이 할수록 보상도 많이 받는 시스템이다. 채굴 블록체인 네트워크상의 컴퓨터가 Hash 연산을 수행하고 블록을 생성하는 데에 기여한 대가로 보상을 받는 구조이다. 컴퓨터나 채굴기의 성능이 좋으면 좋을수록 보상도 많이 받을 수 있게 된다. 코인의 종류에 따라 연산에 사용되는 암호화 알고리즘이 다르고, 연산 수행에 맞는 컴퓨터의 성능도 제각기 다르다. POW 방식의 코인으로는 비트코인, 비트코인 캐시, 모네로, 이더리움, 라이트코인 등 전통적인 코인들이 이에 해당한다. POW 방식의 단점은 불필요한 자원의 낭비가 많이 발생한다는 점이다. 채굴기를 돌리는 데 유지비가 많이 드는 것은 물론 사용되는 전력도 많이 소모한다.

반면 채굴을 하는데 반드시 고가의 물리적인 장비를 갖추고 막대한 전기세를 소비해야 되는 것은 아니다. 고가의 채굴 장비가 필요 없는 거래 내역 검증 방식으로 POS Proof of Stake 가 있으며 자산 증명 방식이라고도 한다. 코인을 가진 양에 비례하여 보상도 많이 받을 수 있는 방식이다. 엄밀히 말하면 채굴이지만 은행 예금 시 이자를 받는 것이나, 주식 보유 시 배당을 받는 것과 유사하여 이자형 또는 배당형 코인이라고도 한다. 보유하고 있는 코인을 해당하는 지갑에 넣어 두면 그 자체로 네트워크 증명에 사용이 되고 보상을 받을 수 있다. 인터넷에 연결되어 있기만 하면 저사양의 컴퓨터도 가능하다는 장점을 가지고 있다. 반면 이 방식은 코인을 많이 가지고 있으면 좋기 때문에 노드들이 보상받은 코인들을 사용하지 않고 모아두기만 하면 유통량 감소가 일어날 수 있다.

대시의 마스터노드

일반적으로 POS 채굴을 하기 위한 코인의 최저 개수 조건에는 제한이 없지만, 일부 코인은 마스터 노드라고 하여 일정 수량이 있어야만 가능하다. 이런 경우 마스터 노드에게 특별한 혜택을 주는 경우가 있다. 대시 Dash 코인이 대표적으로 1,000개의 대시코인이 있어야 마스터 노드를 구성하여 연 8%의 이자 수익을 얻을 수 있다. 2015년에는 대시가 2달러였으므로 200만 원으로 마스터 노드를 구성할 수 있었는데, 현재 10만 원에 달하는 대시로 마스터 노드를 구성하려면 1억 원이 필요하여 일반인들의 접근이 쉽지 않다. 블록체인은 서로의 노드를 연결하여 연산을 하는 방식인데, 마스터 노드는 이것을 조금 정리하여 마스터 노드에 집중적으로 노드를 묶어 효율을 높인 것이다. 이 묶음 내에서 일어나는 일들을 처리하는 연산력이 필요하기 때문에 다른 막대한 컴퓨팅 파워를 필요로 하지 않는다. 마스터 노드는 자기 그룹 내에서 발생하는 코인의 일부를 받아가게 된다. 다만 이런 마스터 노드가 꺼지거나 갑자기 사라지게 되면 그 아래에 엮여 있는 노드들이 다 멈추어 버릴 수도 있다. 이러한 사태를 방지하기 위해 보통 일정 이상의 코인을 묶어 두도록 한다.

POS 방식의 채굴

POS 코인의 대표 주자로는 퀀텀, 네오, 대시, 스트라티스가 있으며, 현재 POW 방식을 사용하는 이더리움도 POS 방식으로 전환 예정이다. 하지만 이런 POS 방식은 POW 방식에 의한 컴퓨팅 자원의 낭비는 막았지만 그래도 코인을 채굴하기 위해서는 컴퓨터를 24시간 켜 놔야 한다는 점은 변함이 없다. 이런 단점을 보완하기 위해 새롭게 등장한 것이 DPoS라는 채굴 방식인데, 이런 코인들은 컴퓨터를 켜 놓지 않아도 되며 스팀, 리스크, 아크, 라이즈 등이 DPoS 방식을 채택하고 있다. 암호화폐 거래로 수익을 낼 수 있는 경우 계속해서 매매하면 되겠지만, 장기 투자를 한다면 이자도 받으니 흡사 주식의 배당주에 투자하는 것과 비슷하다. POS 채굴코인에 투자할 경우 배당을 받는 장기투자로 접근할 수 있으며, 암호화폐의 등락에 연연하지 않고 일상생활에 집중할 수 있다는 것이 가장 큰 장점이다.

 073

채굴기는 어떻게 제작하나요?

Q 채굴기는 어떻게 제작하나요?

A ASIC 방식의 채굴기는 전문 기업에서 제작하여 완성품으로 판매하며, GPU 방식의 채굴기는 일반 PC의 구성에 그래픽카드를 6개 장착하여 만듭니다.

채굴기의 종류

암호화폐 채굴기는 크게 ASIC 방식과 GPU 방식 두 종류로 나누어진다. ASIC Application Specific Integrated Circuit 방식의 채굴기는 채굴을 위해서 만들어진 특화된 기기이다. 비싼 모델의 경우 한 대당 500만 원이 넘기도 하다. GPU Graphics Processing Unit 방식의 채굴기는 일반 컴퓨터의 부품에 그래픽카드를 6~8개 정도를 장착하여 제작된다. 그래픽카드를 저렴한 것으로 구성하면 100만 원대에 제작할 수도 있지만, 고성능의 그래픽카드를 장착할 경우 500만 원이 넘게 된다.

ASIC 방식과 GPU 방식의 채굴기

대표적으로 비트코인, 비트코인 캐시, 대시, 라이트코인이 ASIC 방식의 채굴기를 통하여 채굴되고 있다. ASIC 채굴기는 특정 용도에 맞게 주문 제작한 시스템이므로 그 용도 이외 다른 곳에는 사용할 수 없다. 연산력이 뛰어나며 출시할 때마다 매진되어 구하기 힘든 단점이 있다. ASIC 채굴기는 투자 대비 수익성이 좋은 편이나, 후속 모델이 등장하고 블록 채굴 난이도가 높아지게 되면 수익성이 급격하게 떨어지게 되며 채굴기 가격도 하락 폭이 크다.

반면 이더리움, 모네로, 제트캐시, 비트코인 골드가 GPU 방식의 채굴기를 통하여 채굴되고 있다. GPU 방식의 채굴기는 ASIC 기기보다 연산력이 낮지만 ASIC 기기에 비해 상대적으로 구하기 쉬워 누구나 제작이 가능하다. 그래픽카드를 저렴하게 구성할 수도 있고 높은 가격의 고성능 그래픽을 장착할 수도 있기 때문에 개인별 커스터마이징이 가능하다. GPU로 채굴할 수 있는 코인은 다양하기 때문에 그때마다 채산성이 높은 코인으로 전환할 수 있다. 채굴기 부품의 가격 방어가 ASIC 채굴기보다 잘 된다는 것도 장점이라고 할 수 있다.

074 채굴의 수익성은 얼마나 되나요?

Q 채굴의 수익성은 얼마나 되나요?

A 채굴기를 운용하는 방식에 따라 수익이 달라집니다.

채굴 채산성 계산

채굴의 채산성은 암호화폐 가격에 직접적으로 연동된다. 300만 원의 채굴기로 한달에 100만 원이 수익이 났던 적도 있었고, 손실을 볼 수도 있다. 일반적인 채굴 환경에서의 채산성을 계산해 보기로 한다. 채굴공장에서 채굴기 한 대를 관리해 주는데 월 10~15만 원의 비용을 받는다 관리비 + 전기세 . 300만 원 하는 6WAY 그래픽카드 6개 채굴기를 한 달 동안 돌려 이더리움 0.6개를 채굴했다고 하자. 이더리움이 100만 원이라면 한 달에 60만 원어치의 코인을 채굴하는 것이고, 비용 15만 원을 제외한다면 순수익으로 45만 원을 벌 수 있는 것이다. 2018년 말 시점에서의 채산성을 계산해 보기로 한다. RX580 6WAY를 이용할 경우 월 채굴량이 약 0.4이며, 곧 있을 하드포크 콘스탄티노플 에 의하면 0.3개까지 내려갈 것으로 전망된다. 이더리움 가격이 20만 원 미만일 경우 전기세 등 비용을 감안하면 적자를 볼 가능성이 높다. 이더리움 가격이 최소 50만 원은 되어야 관리비와 전기세를 내며 유지를 할 수 있다. 현재 중고시장에 쏟아져 나오는 그래픽카드 매물은 채굴용으로 채산성이 없어져 버린 것을 헐값에 매각하는 것이다.

채굴기의 가격과 암호화폐의 시세는 실시간으로 변화하기 때문에, 수익의 예측이 힘들다. 코인의 가격이 급락하여 관리비보다도 낮아지면 수익이 마이너스를 기록할 수도 있기 때문에 위험성도 감안하여 투자해야 한다.

그렇다면 트레이딩과 채굴 중 어떤 투자 방식이 좋을지 판단해 보자. 암호화폐 가격 상승기에는 트레이딩을 통한 암호화폐 매수 후 보유 전략이 좋으며, 가격 하락기 또는 횡보기에는 상대적으로 채굴하는 것이 더 매력적이다. 가격 하락기나 횡보기에 채굴이 상대적으로 더 좋다는 것이지 암호화폐의 가치 하락에 따른 손해를 볼 수 있는 가능성은 있다. 아래에서 예를 들며 설명해 보겠다.

트레이딩과 채굴 수익의 비교 1

2017년 이더리움은 1만 원에서 100배 정도 상승하여 100만 원을 기록하였다. 200만 원을 투자하였다고 가정했을 경우 트레이딩을 통하여 이더리움 200개 200만 원어치 를 매수 후 보유하였을 경우 잔고는 2억 원으로 100배 10,000% 의 수익을 달성하게 된다.

반면 200만 원의 채굴기 한 대에 투자하였을 경우를 계산해 보자. 2017년 초반에는 채굴기 한 대로 매일 이더리움 1개씩을 캘 수 있었다. 이더리움의 가치 상승과 채굴 난이도의 지속적인 상승에 따라 2017년 후반에는 한 달에 채굴되는 양은 0.7개 이하로 하락하게 된다. 대략적인 계산으로 2017년 지속적으로 채굴을 했다면 120개의 이더리움을 채굴했을 것으로 예상되며, 120개는 1억

2,000만 원의 가치를 가진다. 1년 동안의 관리 및 유지 비용을 보수적으로 200만 원으로 잡고, 채굴기 재판매를 하여 총수익을 계산해 보면 1억 2,000만 원 1억 2천-200만+200만 의 순수익이 나오게 되며 60배 6000% 의 수익을 달성하게 된다. 결론적으로 코인의 대세 상승기에는 트레이딩을 통한 매수 후 보유 전략이 채굴보다 수익이 더 크게 나온다.

트레이딩과 채굴 수익의 비교 2

반면 2017년 이더리움의 가격이 1만 원에서 3만 원으로 3배 상승했다고 가정해 보자. 트레이딩을 통한 매수 후 보유 시 200만 원을 투자했을 경우 600만 원으로 3배 300% 의 수익을 기록하게 된다.

반면 200만 원의 채굴기를 구매하여 채굴했을 경우를 계산해 보자. 이 경우는 계산이 어려운데 채굴량은 암호화폐의 가치 상승에 따른 가격에 영향을 받기 때문에 이더리움이 100배 정도 뛰었을 때의 채굴량을 이러한 상황에 적용시킬 수는 없다. 일반적으로 가격이 상승하면 채굴량이 하락하기 때문이다. 대략적인 계산을 통하여 이더리움이 1만 원에서 지속적으로 상승하여 연말에 3만 원을 달성했을 경우에 예상되는 1년 총 채굴량은 300개의 이더리움을 채굴했을 것으로 예상한다. 이 경우 300개의 코인 가치는 900만 원이며 1년 동안의 관리 및 유지비용을 보수적으로 200만 원으로 잡고, 채굴기 재판매를 하여 총수익을 계산해보면 900만 원 900-200만+200만 의 순수익이 나오게 되며 4.5배 450% 의 수익을 달성하게 된다.

트레이딩과 채굴 중 어느 것이 더 수익이 높을지는 수많은 변수로 인하여 계산하기 어렵다. 다만 일반적으로는 대세 상승기에는 트레이딩 매수 후 보유가, 하락기 또는 횡보기에는 채굴이 상대적으로 매력 있다고 할 수 있겠다. 리스크를 줄이기 위해서는 트레이딩과 채굴의 비율을 적당히 혼합하는 투자 방식도 고려할 만하다.

PART
08

암호화폐 ICO

075 ICO란 무엇인가요?

Q ICO란 무엇인가요?

A 새로운 암호화폐를 만들기 위해 불특정 다수의 투자자들로부터 초기 개발 자금을 모집하는 것입니다.

ICO 개요

초기 코인 공개 initial coin offering, ICO 란 새로운 암호화폐를 만들기 위해 불특정 다수의 투자자들로부터 초기 개발 자금을 모집하는 것이다. 크라우드펀딩 Crowdfunding 과 비슷한 개념으로, 암호화폐 프리세일이라고도 한다. 주식 공개 모집을 의미하는 IPO에서 가운데 단어만 코인을 의미하는 C로 바뀌었다. 보통 새로운 암호화폐를 만들게 된 동기, 목적, 운영 방식, 전망 등의 내용을 담은 백서 White Paper 를 발행하고, 초기 투자자를 모집한다. ICO는 성공했을 경우 고수익을 안겨 주지만, ICO로 인해 투자금을 날리는 피해자도 있다. 잘 알아보지 않고 투자할 경우 ICO를 빙자한 다단계 금융 사기 사건에 넘어갈 수 있다. 비탈릭 부테린 Vitalik Buterin 은 ICO를 통해 암호화폐 개발 자금을 모아 2015년 이더리움 Ethereum 을 개발했다. 그 이후로도 수많은 코인은 ICO를 거쳐서 자금을 모아 개발되는 단계를 거치고 있다.

ICO의 종류에는 프라이빗 ICO와 퍼블릭 ICO가 있다. 일반적으로 ICO라 하면 퍼블릭 ICO로 불특정 다수를 상대로 공개적으로 ICO를 진행하는 것을 말한다. 프라이빗 ICO는 특정 기관이나 허락된 사람에게만 비공개적으로 ICO를 진행하는 것이다. 프라이빗 ICO를 먼저 진행한 후에 퍼블릭 ICO를 진행하는 경우도 있다.

ICO는 스타트업들이 암호화폐 개발 자금을 쉽게 모금할 수 있게 만들어 주는 통로로써 산업 육성에 큰 도움을 준다. 반면에 ICO 사기가 빈번히 발생할 수 있으므로 규제가 필요한 영역이기도 하다. 기존 암호화폐들이 오픈소스인 점을 이용하여 그대로 복제하여 이름만 바꾼 뒤 거창하게 백서를 만들고 마케팅하여 돈을 챙기는 경우도 종종 발생한다. 이런 암호화폐 상당수는 출시 후에 거래소에서도 잘 취급되지 않다가 개발진이 사라지고 암호화폐가 상장폐지를 겪는 등 사라지는 경우가 대부분이다. 2018년 2월에는 스타트업 루프X LoopX 가 50억 원가량의 자금을 모집한 뒤 사라지는 사건이 있었다. LoopX를 믿고 ICO에 참가한 투자자들은 전액을 잃게 되었다.

ICO 이후 1,500배 오른 코인

암호화폐 ICO는 그동안 엄청난 수익률을 가져다주었고, 실제로 이와 유사한 주식의 IPO에 비해서도 압도적인 수익률 차이를 보여 주었다. 투자자본 수익률 ROI, Return on Investment 을 보여 주는 사이트인 icostats.com에 따르면 1위인 NXT는 1,500배, 2위인 IOTA는 500배, 3위인 이더리움은 270배의 수익을 기록하고 있다. 암호화폐가 가격이 절정에 달했던 시기 NXT는 4만 배까지 기록하기도 했다.

(icostats.com)

순위	암호화폐	수익률	ICO 일시
1	NXT	1,500 배	2013-09-28
2	IOTA	500 배	2015-11-25
3	Ethereum	270 배	2014-07-22
4	Neo	180 배	2015-10-01
5	Spectrecoin	130 배	2016-11-20
6	Stratis	80 배	2016-06-20
7	Ark	30 배	2016-11-07
8	Binance	30 배	2017-07-14
9	Lisk	14 배	2016-02-22
10	Waves	12 배	2016-04-12

[표 8-1] 역대 ICO 수익률 순위

076 주식 IPO와 암호화폐 ICO는 어떤 점에서 다른가요?

Q 주식 IPO와 암호화폐 ICO는 어떤 점에서 다른가요?

A IPO 투자자는 주주로서 회사에 대한 권리를 갖는 반면, ICO 투자자는 암호화폐를 받게 됩니다.

IPO와 ICO의 공통점

ICO라는 것이 주식시장의 IPO와 유사한 단계이므로 IPO에 대한 이해는 ICO를 더 잘 아는데 도움을 줄 수 있다. 이들 두 가지 방식은 지분을 매도해 자금을 모으게 되며, 투자자들은 가능성을 보고 잠재적인 이익을 창출하기 위해 자본을 투자한다는 점에서 유사하다. 과거 주식시장이 처음 생기던 때로 돌아가서 IPO에 대해 살펴보기로 하겠다. 최초의 주식회사 public company 였던 네덜란드 동인도회사가 만들어졌을 때, '주식'이라는 개념은 존재하지 않았다. 관심 있는 여러 사람이 모여 회사를 설립하였고, 투자자들은 배당을 받았으며, 그 권리를 타인에게 양도할 수 있었을 뿐이다. 시간이 가고 거래가 되면서 이런 유형의 모임이 회사의 형태가 되었고, 주식이라는 개념이 생기며 주식회사라는 명칭이 부여된 것이다. 동인도 회사의 창립 당시엔 주주총회, 주주증서, 회계 장부 열람권 등 주주의 권리에 대해 명확히 규정해 놓은 것이 없었다. 그렇지만 이러한 형태의 자금 조달은 효과적이고 효율적인 경영 기법으로 인정받으며 현재 기업의 가장 확실한 자금 조달 수단으로 인정받았다.

ICO의 탄생

ICO는 새로운 형태의 IPO라고 볼 수 있다. ICO는 기부의 형태로 암호화폐를 받아 백서상의 설계대로 새로운 암호화폐를 만들게 된다. ICO 투자자들은 새로운 기업의 주인이 되는 것으로 볼 수 있으며, 코인이 성공적으로 개발되고 진행됨에 따라 수익을 가져갈 것이다. 여기서의 수익은 시세 차익이 될 수도 있고, POS 방식의 이자수입이 될 수도 있다. ICO는 정부나 기관에 의해 규제를 받거나 특정 조직에 등록되는 것이 아니기 때문에 특히 스타트업이 선호하는 투자 유치 방식으로 부상하고 있다. 초기 투자자들은 프로젝트가 시작되기 전에 매입한 암호화폐의 가치가 프로젝트의 성공적인 출범 이후 더 높은 가격에 책정되기를 기대하며 프리세일에 참여하게 된다. 현재 우리나라 내에서 ICO는 전면 금지되어 있다. 이러한 규제를 피해 스타트업의 경우 스위스 등 유럽에서 재단을 설립하여 ICO를 진행하는 것이 일반적이다.

IPO와 ICO의 차이점

ICO와 IPO 간의 현격한 차이점도 있다. ICO는 IPO와는 다르게 대부분 전문적인 투자자들이 아닌 초기 열성가들에 의해 지원을 받는다. 이는 ICO가 크라우드 펀딩 crowd funding 과 비슷한 점이기도 하다. 그러나 ICO에 투자하는 열성 지지자는 투자에 대한 미래의 보상에 의해 동기 부여가 되지만, 크라우드펀딩 캠페인에 조달된 자금은 기부금에 가깝다는 차이가 있다. 따라서 ICO는 크라우드 세일 crowd sale 이라고도 불린다.

ICO를 진행하는 곳에서는 투자금으로 비트코인, 이더리움 등 암호화폐를 받는다. 전 세계에서 투자금이 조달되기 때문에 자금 확보가 용이하다. 하지만 ICO는 IPO처럼 해당 기업의 주주로서 의결권, 경영 참여 등의 권리가 존재하지 않는다. IPO는 투자자들이 주식을 소유하며 투자자들은 주주로서 회사에 대한 권리를 갖는다.

성공적인 ICO 프로젝트로는 이더리움 Ethereum 이라 불리는 스마트 계약 플랫폼을 꼽을 수 있다. 2014년에 1,800만 달러어치의 비트코인을 모금받았고, 투자자들에게 큰 수익을 안겨주었다. 국내에서는 2017년 5월 암호화폐 플랫폼 보스코인을 개발한 블록체인OS가 17시간 만에 1,200만 달러 136억 원 을 조달하는 데 성공했다.

077 ICO는 어떻게 진행되나요?

Q ICO는 어떻게 진행되나요?

A ICO에 참여하는 투자자는 신원 인증을 마친뒤 암호화폐를 개발사의 주소로 송금하면, 그 비율에 해당하는 신규 암호화폐를 받게 됩니다.

ICO 진행

ICO는 대체적으로 3단계로 나누어진다. 우선 일반인이 참가할 수 없는 얼리백커 Early Backer 공개가 있다. 자본금 얼마 이상, 거래 규모 얼마 이상 등 커트라인을 넘어야 참여가 가능하다. 얼리백커 단계가 지나면 일반인도 참여할 수 있는 엔젤투자 angel investment 단계와 프리세일 Pre sale 구간으로 돌입한다. 엔젤투자란 개인들이 돈을 모아 창업하는 스타트업에 필요한 자금을 대고 토큰으로 그 대가를 받는 투자 형태를 말한다. 통상 여럿의 돈을 모아 투자하는 투자 클럽의 형태를 가진다. 투자한 코인이 성공적으로 성장하여 코인가치가 올라가면 수십 배 이상의 이득을 얻을 수 있는 반면 실패할 경우에는 투자액의 대부분이 손실로 확정된다. 기업을 창업하는 사람들 입장에서는 천사 같은 투자라고 해서 붙여진 이름이다. 프리세일이란 엔젤투자와 명확한 구분하기 어려울 정도이나 거래소에 상장되기 전 단계로 기술 개발 등의 이유로 자금이 필요할 때 일반인을 대상으로 일반 공모 형태의 판매 세일/펀딩를 하는 단계이다.

거래소에의 상장

모든 ICO가 메인 세일 후 거래소에 상장되는 것은 아니다. 기술력, 최고경영자 CEO 백그라운드 체크 등 거래소에서 판단하는 기준에 따라 상장 여부가 결정된다. 만약 거래소에 상장이 되지 않는다면 다단계 토큰으로 전락하는 경우가 대부분이며, 이러한 경우 개인 대 개인 P2P 거래만을 통해 매매를 할 수 있다.

모든 ICO는 투자 목표치 Cap를 정하게 돼 있다. 투자 목표치는 ① 제시한 금액이 달성되면 ICO가 종료되는 하드캡 hard cap ② 모금액이 제시된 금액을 넘어선 후 일정 시간 후에 ICO가 종료되는 소프트캡 soft cap ③ 투자금 목표치를 공개하지 않다가 ICO 중간 시점이나 마감 후에 공개하는 히든캡 hidden cap 등의 방식을 통해 기업이 정할 수 있다. 투자금은 암호화폐로만 받게 돼 있으며 주로 스마트 컨트랙트 smart contract 기능이 있는 이더리움과 암호화폐의 기축통화인 비트코인으로 받는다. 퀀텀 댑 Dapp 들의 경우 퀀텀을 기본으로 받으며 추가적으로 이더리움이나 비트코인도 받는다.

078 ICO 투자에 위험성은 없나요?

Q ICO 투자에 위험성은 없나요?

A ICO는 위험성이 매우 높으므로 신중하게 참여해야 합니다.

ICO 투자의 리스크

ICO는 특성상 높은 수익률을 자랑하지만, 그만큼 리스크도 큰 편이다. 잘만 투자하면 2~3배에서 많게는 20~30배의 투자 수익을 기록하기도 한다. ICO에 참여할 때는 여유 자금으로 참여해야 하는데, 리스크가 큰 이유도 있지만 6개월 이상 투자기간이 길어질 수도 있기 때문이다. 개발 초기 단계에 투자하는 것은 시드 펀드라고 한다. 이 단계의 펀드는 해당 코인이 거래소에 등록이 되는 것만으로도 수십 배 이상의 투자 수익을 거둘 수도 있지만, 상장 까지의 거리도 멀기 때문에 더 긴 시간과 리스크 또한 커진다. ICO 단계의 투자는 상장을 짧게는 1~2개월에서 5~6개월을 앞둔 시점에 이루어지는 것이 일반적이다. 거래소에 상장이 되고나서 바로 매도에 나서는 것도 좋은 방법인데, 상장지점에 잠시 높은 가격을 기록한뒤 매물이 쏟아져 나오면 단기적으로 가격 하락을 동반하게 되기 때문이다. 따라서 ICO에 참여할 때는 최소 6개월 이상을 묻어 두어도 될 자금으로 운용하는 것이 현명한 선택이다.

ICO와 백서

ICO는 블록체인 스타트업들의 자금 조달을 쉽게 해주기 때문에 '전 세계 투자자들에게 가장 빨리 돈을 조달 받을 수 있는 방법'이라고 볼 수 있다. 기업들이 투자금을 모으기 쉬워진 반면 투자자들은 위험 부담이 더 높아졌다. 실적도 없고, 존재 자체도 확인할 수 없는 시스템을 위해 돈을 지급함에도 ICO는 많은 투자자를 끌어들이고 있다. 아직 존재하지 않는 서비스의 청사진을 공개하고 그것만으로 투자금을 모으는 것이니 위험은 두말할 필요가 없다. ICO를 원하는 기업들은 투자자들의 이 같은 불안감을 해소하기 위해 백서 White Paper 를 필수적으로 발행해야 한다. 백서 White Paper 에는 ① 어떤 프로젝트를 진행할 것인지 ② 프로젝트를 충족시키기 위해서는 어떤 것이 필요한지 ③ 프로젝트를 완성하기 위해서는 얼마만큼의 기금이 필요한지 ④ 얼마만큼의 토큰을 기업이 소유할 것이고 얼마만큼을 투자자들에게 제공할 것인지 ⑤ 어떤 암호화폐로 투자가 가능한지 ⑥ ICO 기간 및 프로젝트 로드맵 등을 기록하게 된다.

 079

ICO 사기는 어떻게 구별하나요?

Q ICO 사기는 어떻게 구별하나요?

A 해당 암호화폐의 백서에서 프로젝트 개요, 기술적인 특성, 암호화폐의 독창성, 블록체인 기술 사용의 당위성 등을 종합적으로 검토하고, 암호화폐 커뮤니티에서 사기인지 여부에 대하여 논의해 보는 것이 필요합니다.

ICO 스캠 구별법

ICO 투자를 함에 있어서 스캠scam, 투자 사기을 피할 수 있다면 절반은 성공한 것이라 볼 수 있다. ICO는 IPO와 같이 벤처기업이나 일반 기업이 자금 조달을 위해 진행한다는 목적에 있어서는 동일하지만, 자세히 살펴보면 큰 차이가 있다. IPO는 증권회사가 상장을 위한 지도와 심사를 실시하며, 상장을 원하는 기업은 투자 설명서 작성 등 방대한 양의 사전 작업이 필요하다. 또한, IPO 투자자는 주식을 부여받아 경영에 참여하고 배당을 받을 수 있는 명확한 권리를 갖게 된다. 반면 ICO는 누구로부터의 심사를 받지 않고 진행하며, 코인에 대한 백서만 준비하면 된다. 투자자에 대한 명확한 권리 부여는 없으며 다만 코인을 받게 되며, ICO 자금은 투자 형식이 아닌 기부 형태로 받게 되기 때문에 투자자는 어떠한 보호도 받을 수 없다. 따라서 참여하려는 ICO가 스캠인지 아닌지 판단하는 것은 매우 중요하다. 스캠을 판단할 수 있는 몇 가지 기준을 제시하고자 한다.

① 백서(whitepaper)

암호화폐의 백서에는 어떠한 기능을 구현할 것인지, 개발팀에 대한 소개, 앞으로의 목표 등 암호화폐에 대한 소개를 집약적으로 담고 있다. 백서는 정해진 형식이 없고, 홍보를 위한 목적으로 작성되었기 때문에 투자자들의 조심스러운 판단이 필요하다. 암호화폐에 대한 아이디어 논문이나 보고서 수준에서 작성된 것도 있고, 한 권의 책으로 엮을 수 있을 만큼 자세히 기술된 것도 있다.

② 프로젝트 개요

백서에서 첫 번째로 봐야 할 부분은 어떤 프로젝트를 진행하는가이다. 가장 중요하고 간단한 질문이지만, 의외로 백서에서 이 부분에 대해 명확히 기술되어 있지 않은 경우가 있다. 만약 백서를 읽고도 어떤 프로젝트인지 파악을 못 한다면 너무 많은 전문적 배경지식을 요구하거나, 실질적인 프로젝트 없이 백서를 발간한 것일 가능성이 높다. 이런 경우 투자를 하지 않는 편이 좋다.

③ 기술적인 특성

백서를 읽고 어떤 프로젝트를 진행하는지에 대한 답을 찾았다면, 다음으로는 암호화폐의 기술적인 작동 방식에 대해 파악해야 한다. 백서에는 일반적으로 암호화폐의 블록체인이 어떻게 작동하는지 일반적인 설명하고 있다. 기술적인 내용이므로 높은 이해도가 필요한 부분이다. 암호화폐 백서의 대표인 비트코인 백서를 먼저 읽어 보는 것으로 시작하자. 현재 암호화폐의 뿌리인 비트코인과 이더리움의 백서를 이해한다면 다른 코인에 대한 이해를 좀 더 수월하게 할 수 있을 것이다. 프로젝트의 목표와 그것을 달성하기 위한 기술적 접근 방법에 대해 이해했다면 절반 정도는 파악했다고 볼 수 있다.

④ 암호화폐의 독창성

다음으로는 왜 이러한 암호화폐를 발행할 수밖에 없었는지, 다른 암호화폐가 제공하지 못했던 부분을 해결하였는가이다. 이 부분은 독창성 또는 정당성을 판별하는 영역이다. 어떤 사용자들이 이 프로젝트의 결과물을 통한 기술을 사용할 것이며, 현재의 다른 암호화폐보다 어떠한 점이 좋은지 등을 보아야 한다. 이미 다른 유사한 프로젝트가 있다면 긍정적으로 볼 수는 없다. 실제로 암호화폐 업계에서는 이미 수많은 블록체인 프로젝트가 중복되어 있으며, 다른 암호화폐의 백서 대부분을 그대로 복사해서 일부만 수정한 채 진행하는 경우도 많다.

⑤ 블록체인 기술 사용의 당위성

블록체인 기술을 이용해야 하는 당위성이 있어야 한다. 블록체인이 아닌 현재의 정보 시스템으로도 충분히 가능한 프로젝트를 블록체인을 굳이 사용할 필요는 없다. 인터넷은 여전히 강력한 도구이며 일부 암호화폐 프로젝트는 웹 애플리케이션에서 구현이 가능한 경우가 많다. 일부 기업들은 단순히 자본 조달을 쉽고 간편하게 하기 위해 암호화폐 ICO 트렌트를 남용하는 경우도 있다. 해당 암호화폐 프로젝트에 블록체인이 필요한지, 암호화폐 융통과 스마트 계약 관리를 위해 블록체인 기술이 필요한지 등을 판단해야 한다.

PART

09

비트코인 자세히 알아보기

080 비트코인은 무엇인가요?

Q 비트코인은 무엇인가요?

A 2009년 1월 3일 사토시 나카모토가 개발한 세계 최초의 암호화폐입니다.

비트코인 개요

비트코인은 2009년 1월 3일, 사토시 나카모토가 개발한 세계 최초의 암호화폐이며, 2018년 말 기준 1 BTC는 약 500만 원 전후로 거래되고 있다. 암호화폐 시장에서 비트코인은 현재 유통되고 있는 모든 암호화폐의 조상으로 봐도 될 정도의 영향력을 가지고 있다. 비트코인은 어떠한 중앙 통제 기관에서 관리를 하는 것이 아니라 비트코인 사용자들에 의해서 발행되고 유통된다. 비트코인은 '채굴' 이라는 과정을 통해 발행된다. 채굴은 금광에서 금을 캐는 것에 빗대어 표현된 말로 비트코인을 얻기 위해 컴퓨터가 어려운 수학 문제를 푸는 과정을 의미한다. 채굴을 통해 약 10분에 한 번씩 생성되는 블록에 비트코인의 모든 거래 내역은 저장되며 모든 네트워크 참여자가 동일한 블록을 소유한다.

비트코인의 총 발행량은 2,100만 개로 한정되어 있으며, 현재까지 약 1,700만 개의 비트코인이 채굴되었다. 400만 개만 채굴되면 너무 빨리 끝나는 것으로 의문이 들 수 있지만, 채굴되는 비트코인 양은 약 4년마다 절반씩 줄어들게 되어 있으며, 이론적으로 2140

년에 2,100만 개의 비트코인이 모두 채굴될 것으로 예상된다. 비트코인의 본래 목적은 어떠한 중앙기관이 통제하지 않는 블록체인 기술 기반의 빠른 송금 및 결제 시스템을 구축하는 것이었지만, 최근 비트코인 거래량이 많아짐에 따라 송금 속도가 점차 늦어지게 되었고 이러한 문제를 해결하기 위해 비트코인 캐시, 라이트코인과 같은 다른 암호화폐가 나오기 시작했다.

(bitinfocharts.com)

특성	수치
현재까지 발행량	17,451,042 BTC
시가 총액	$67,678,677,739 USD (75조원)
가격	1BTC = $3,878 USD (430만원)
24시간 동안 거래량(블록체인상)	289,514
24시간 동안 송금액	1,199,206 BTC ($4,650,762,981USD)
평균(Average) 거랫값	4.14 BTC ($16,064 USD)
중앙(Median) 거랫값	0.031 BTC ($119 USD)
평균(Average) 거래 수수료	0.000056 BTC ($0.218 USD)
중앙(Median) 거래 수수료	0.000011 BTC ($0.042 USD)
평균 블록 생성 시간	9m 0s
블록 수	556,090 (2018-12-30 01:32:01)
블록 용량	716.65 KBytes
블록 생성 시 채굴 보상	12.50+0.0971 BTC ($48,854.1 USD)
상위 100위권 보유자 규모	2,741,621 BTC ($10,632,563,679 USD) 전체의 15.71% 보유
보유 비중 분포 상위순위 각 10/100/1,000/10,000번째	5.30% / 15.71% / 35.49% / 58.08%
첫 번째 블록 생성일	2009-01-09
전체 데이터베이스 용량	230.51 GB
Reddit 구독자	1,007,982
Tweets/day	20,589
Github release	v0.17.1 (2018-12-25)
Homepage	https://bitcoin.org/

[표 9-1] 비트코인 스펙

081 비트코인은 어디에 사용할 수 있나요?

Q 비트코인은 어디에 사용할 수 있나요?

A 송금, 결제, 대금 지급 등 수단으로 사용되고 있습니다.

비트코인의 현황

비트코인을 지급 수단으로 인정하는 가맹점은 아직 많지 않으나 그 수는 점차 증가하는 추세에 있다. 주로 온라인 사이트들이 비트코인을 받아들이고 있으며, 미국과 유럽을 중심으로 오프라인 가맹점도 늘어나 현재 전 세계적으로 1만 여 개를 넘어서 증가하고 있다. 국내 비트코인 오프라인 가맹점 수는 전국에 200여 개로 다양한 업종에 사용 가능하다. 가맹점에서의 비트코인 오프라인 결제는 스마트폰의 앱을 이용한 방식으로 QR코드 스캔을 통해 비트코인을 전송하게 된다. 두바이에서는 비트코인으로 아파트를 매매한 사례가 있고, 일본에서는 빌딩이나 토지를 암호화폐로 거래하기도 한다.

비트코인의 거래 규모

비트코인의 거래 규모는 지속적으로 확대되고 있으며 2018년 말 24시간 동안 거래량은 약 50억 달러, 전체 공급량은 약 1,700만 개의 BTC가 발행되어 있다. 거래소별로는 coinbase 미국, zaif 일본, bitFlyer 일본, Coinsbank 유럽, coinsbank 미국, bitstamp 미국 순서로 거래 규모를 기록하고 있다. 거래 화폐별로는 달러화가 38%로 1위, 엔화가 36%로 2위, 유로화가 22%로 3위를 기록하고 있다.

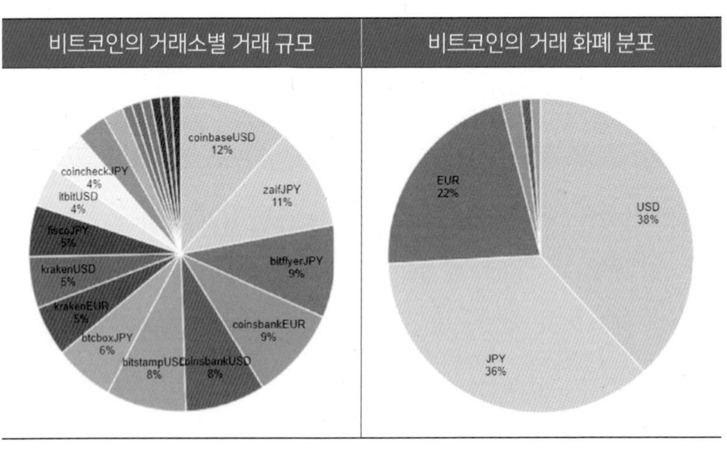

(www.bitcoincharts.com)

082 비트코인 채굴을 할 수 있나요?

Q 비트코인 채굴을 할 수 있나요?

A 비트코인 채굴에 특화된 ASIC 기기를 이용하여 채굴이 가능합니다.

비트코인 채굴

비트코인은 특정한 발행 주체가 없는 P2P Peer-to-Peer 네트워크 상에서 암호화 알고리즘에 따라 채굴 Mining 을 통해 발행한다. 특정한 조건을 만족시키는 해시값 Hash 을 찾아 블록을 생성하는 과정으로 가장 먼저 찾아낸 사용자 노드 에게 비트코인을 새로 발행하는데, 이 과정은 블록당 약 10분 정도 소요되며, 새로 생성된 블록은 이전 블록과 체인을 형성한다. 생성된 블록에는 이용자들의 거래 내역이 기록되며 채굴이 성공하기 전까지의 거래 내역은 미확정 상태가 지속된다. 이러한 거래 미확정 상태에서는 수취자가 비트코인을 받았더라도 사용 불가능하다.

POW 작업 증명은 새로운 블록을 형성하기 위해 비트코인 시스템이 요구하는 특정한 작업을 채굴자가 수행하는 과정이다. 채굴자는 새로운 블록의 해시값, 미승인 거래 기록 암호화된 메시지 및 논스 Nonce 를 입력하여 새로운 블록의 해시값 Hash value 을 계산한다. 여기에서 논스는 목푯값을 찾기 위해 0부터 순차적으로 무한히 입력되는 임의의 값이고, 해시값은 해시함수를 이용해 임의의 데이터로부터 고정된 길이의 난수 일종의 짧은 전자지문 를 만들어 내는 방법을 말한다. 논스를 다르게 입력하면서 계산된 해시값이 시스템의 요구 조건, 즉 설정된 임계치보다 낮아야 한다는 조건을 충족하는지 확인하는 절차를 거치는 것이다. 시스템의 임계치는 채굴자들이 많아질수록 난이도가 높게 조정되는데, 해시값 중 숫자 0의 개수를 이용하여 평균적으로 10분이 걸리도록 난이도를 조절한다. 채굴자 중 한 명이 조건을 충족하는 해시값을 구하면 거래 블록이 형성되고 보상으로 비트코인 12.5BTC 이 지급되는 것이다.

비트코인의 총발행량은 2,100만 BTC로 정해져 있으며 채굴을 통해 발행되는 양 현재 12.5BTC 은 약 4년마다 절반으로 줄어들도록 설계되어 있다. 전체 채굴량이 총발행량에 근접하여 비트코인이 추가로 발행되지 않는 경우 채굴의 보상으로 거래자들의 수수료만 수취한다. 매장량의 50%가 채굴될 때까지 50BTC가 주어지며, 이후에는 잔존량의 50%가 채굴될 때마다 대가가 50%로 감소한다.

ASIC 채굴 방식 사용

비트코인이 처음 등장한 2009년은 채굴 난이도도 매우 낮고 블록당 보상도 많아서 인터넷에 연결된 저사양의 CPU만 달린 컴퓨터로도 간단히 채굴을 하여 10분 만에 50비트코인을 얻을 수 있었다. 당시 가격으로는 100원 정도로 전기세 보상을 받는 수준이었겠지만, 현재 시세로 본다면 2억 원어치에 해당하는 엄청난 가치를 가진다. 2010년 채굴 난이도가 증가하여 그래픽카드 채굴로 전환되며 CPU가 아닌 GPU로 비트코인으로 채굴해야 하는 시대가 도래하였다. 비트코인이 점점 인기를 얻기 시작하면서 일반 컴퓨터에 달린 GPU가 아닌 채굴 전용기기를 만들려는 아이디어가 나왔고, 2011년 FPGA Field-Programmable Gate Array 가 새롭게 등장하였다. FPGA 채굴기는 전력 소비량을 최소화한 채 빠르게 채굴을 수행할 수 있었다. FPGA 시대도 오래가지 못하고 곧 ASIC 기기에 자리를 내주게 되었다. 현재 비트코인은 ASIC 채굴기를 사용하지 않고서는 채굴할 수 없는 환경이 되었다.

비트코인의 거래는 어떻게 이루어지나요?

Q 비트코인의 거래는 어떻게 이루어지나요?

A 비트코인은 월렛에서 비트코인 주소로 송금이 가능하며, 거래소에서도 타 주소로 송금할 수 있습니다.

비트코인 거래

비트코인 이용자는 비트코인 주소 계좌 라고 불리는 공개 키와 비트코인 계좌의 비밀번호인 비밀 키를 가진다. 비트코인 주소는 '지갑 Wallet '이라 불리는 프로그램 혹은 비트코인 이용 서비스를 제공하는 사이트에 저장되며, 이용자가 '지갑'에 접근하기 위해서 추가적인 암호화 과정을 거치도록 한다. 비트코인 지갑 생성 및 이용 시 신원증명 절차가 없으므로 익명으로 모든 거래가 가능하다.

비트코인 거래를 위해서는 구매자가 판매자를 직접 찾는 방식이 아닌 비트코인 거래소 및 인터넷을 활용하여 비트코인을 사고파는 중개 서비스를 이용한다. 외환시장과 마찬가지로 수요와 공급에 따라 변동 환율이 적용되며, 개별 거래소가 각각 독립적으로 환율을 적용한다. 구매와 판매 주문은 각자가 선택한 시장가 혹은 지정가로 선택이 가능, 증권사의 온라인 중개 거래 절차와 동일하다. 거래소 내에서 이체는 블록체인 네트워크를 이용하지 않고 비트코인의 소유권만 변경하므로 이체 속도가 빠르다. 핫월렛 hot wallet 은 고객과 바로 주고받는 비트코인만 보관하는 온라인 지갑으로, 해커들의 접근이 쉽기 때문에 안전하지 못하며, 핫월렛에는 최소한의 비트코인을 저장해야 한다. 콜드월렛 cold wallet 은 대량의 비트코인을 저장하기 위한 목적을 가진 외부와 연결되지 않은 오프라인 지갑으로 핫월렛과 비교된다.

비트코인 이체 확인

비트코인 이체는 주변 노드가 이체 내역을 확인하며, 이체된 비트코인은 일정 시간 경과 후 이용 가능하다. 채굴자가 자신의 블록에 거래 내역을 담아 발행하면, 해당 이체 내역의 '이체 확인 confirmation'은 1로 변경된다. 해당 블록의 해시를 이용한 다음의 블록이 발행되면, 이체 확인은 순차적으로 증가한다. 거래가 포함된 블록체인이 채굴된 후 총 6번 60분 의 이체 확인을 통해 지급된 금액의 사용이 가능해진다. 구매자가 판매자에게 비트코인을 지급하면 해당 거래 내역을 주변 블록체인 노드에게 전파한다.

비트코인 송금 수수료

비트코인은 기본적으로 비트코인 송금 시에는 수수료가 필요하며, 입금자가 직접 수수료를 조정한다. 거래 기록이 승인되면 거래자들은 거래 금액과 상관없이 시스템에서 설정된 건당 기본 수수료 0.0001BTC 정도 를 채굴자에게 지급한다. 수수료를 지급하지 않거나 거래소에서 요구하는 금액 이하로 지급하는 것도 가능하지만, 수수료가 높을수록 거래가 지연 없이 처리된다. 비트코인은 송금 및 수금 내역이 투명하게 공개되기 때문에 누구나 거래 내역 확인이 가능하다. 이체 내역, 발신 계좌, 수신 계좌 각 지갑의 잔액, 이체 기록까지 모든 정보가 조회 가능하다.

(blockchain.info)

[그림 9-1] 특정 비트코인 주소의 거래 내역

 084

비트코인은 문제점이 없나요?

Q 비트코인은 문제점이 없나요?

A 다른 암호화폐에 비해 상대적으로 높은 송금 수수료, 낮은 전송 속도 등이 문제점입니다.

비트코인의 문제점

비트코인은 역할과 위상에 대하여는 불확실성에 높아져 가고 있다. 현 시점에서 전송 속도와 수수료를 고려한다면 화폐로서의 역할 수행에 어려움이 있다. 비트코인의 역할을 가치의 저장이라고 주장하는 사람들도 있으나 이를 달성하기 위한 난관에 부딪히고 있다. 금으로 대변되는 전통적인 가치 저장의 매개체가 있는 상황에서 비트코인에 투자하는 이유는 가격 상승을 기대하기 때문이다. 이는 비트코인의 가격 상승이 전제되지 않는다면 가치 저장소로 비트코인을 구매할 이유가 없어지는 것을 의미한다. 비트코인을 유사 수신 행위로 규정하는 사람들의 근거도 이런 문제에서 나온 것이다. 가치 저장소로 취급하기에는 가격 변동이 너무 크고 잦아서 화폐, 즉 거래의 수단으로 취급하기에는 어려움이 있다. 라이트닝 네트워크나 세그윗 도입을 통한 화폐로 기능 복구를 통해 이러한 문제점 개선이 필요해 보인다.

PART

10

알트코인 알아보기

085 이더리움은 왜 유명한가요?

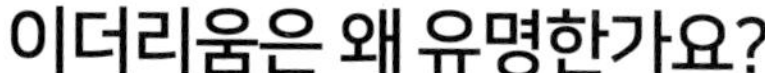

Q 이더리움은 왜 유명한가요?

A 이더리움은 스마트 계약 기능을 탑재한 2세대 블록체인의 시초입니다.

이더리움 개요

이더리움은 2015년 7월 30일 비탈릭 부테린이 개발한 암호화폐이다. 비트코인은 결제를 주목적으로 하는 암호화폐지만, 이더리움은 이더리움 기반의 애플리케이션을 사용해서 결제뿐만 아니라 스마트 계약 등 다양한 목적으로 사용될 수 있다. 이더리움은 블록체인 기반의 애플리케이션Decentralized Application을 통해서 결제뿐만 아니라 다양한 목적으로 사용될 수 있는데, 이 애플리케이션을 줄여서 댑DApp이라고 부른다. 현재 댑을 사용하여 실생활에 적용될 다양한 앱들이 개발 중에 있다. 이더리움은 비트코인과 달리 정해진 발행 한도가 없으며, 현재 약 1억 개가 발행되었다.

비탈릭 부테린은 암호화폐인 비트코인에 사용된 핵심 기술인 블록체인에 화폐 거래 기록뿐 아니라 계약서 등의 추가 정보를 기록할 수 있다는 점에 착안하여, 전 세계 수많은 사용자가 보유하고 있는 컴퓨팅 자원을 활용해 분산 네트워크를 구성하고, 이 플랫폼을 이용하여 다양한 정보를 기록하는 시스템을 창안했다. 이더리움은

C++, 자바, 파이썬, GO 등 주요 프로그래밍 언어를 지원하고 있다. 이더리움을 사물인터넷 IoT 에 적용하면 기계 간 금융 거래도 가능해진다. 이더리움 기능의 구현은 단계별로 진행되고 있다. 1단계 프론티어 Frontier 에서 암호화폐인 이더리움을 개발 · 채굴하고 네트워크를 형성하였다. 2단계 홈스테드 Homestead 에서는 이더리움이라는 신대륙에 가정집이 하나둘씩 생기면서 생태계가 구축되는 단계이다. 3단계인 메트로폴리스 Metropolis 에서는 가정집들이 모여 도시가 형성되는 것처럼 이더리움의 대중화를 위한 사회적 인프라가 형성되는 단계이다. 이를 위해 두 번의 하드포크를 진행하는데, 2017년 10월 4,370,000번째 블록을 기준으로 하여 1차로 비잔티움 Byzantium 하드포크가 이루어졌다. 2019년 1월 중 708만 번째 블록에서 콘스탄티노플 Constantinople 하드포크가 진행된다. 주요 내용은 채굴 난이도의 상승을 지연시키고, 보상을 3분의 2 수준으로 줄이는 것으로 향후 지속적인 공급량 감소가 예상된다. 4단계 세레니티 Serenity 는 이더리움의 최종 단계로 채굴방 식을 완전히 POS로 전환하고 이더리움의 생태계를 완성한다.

스마트 컨트랙트

이더리움의 비트코인과 가장 비교되는 특징이라고 하면 'Smart Contract' 기능이다. 비트코인의 스크립트 언어는 비교적 단순해서 비트코인이 가치 저장 및 전달 수단인 '화폐'로서의 기능만 가지고 있다. 예를 들면 현재 전 세계적으로 사용되고 있는 언어의 개수가 많이 있지만 비트코인의 스크립팅 언어는 원시시대 인류가 처음 등장할 때 사용했던 아주 단순한 생존을 위한 언어로서의 기능만 가지고 있다 보면 된다. 비트코인이 플랫폼으로서 기능하지 못하는 것은 비트코인 스크립트가 반복 명령어를 쓸 수 없기 때문이다. 이를 비트코인의 '튜링 불완전성Turing-incompleteness'라고 한다. 한편으로 비트코인의 UTXOUnspent Transaction Output, 비트코인의 잔액 덩어리가 표현할 수 있는 상태는 사용했거나 안 했거나 둘 중 하나인데 이 두 가지 상태 이외에 다른 어떤 조건에서 UTXO를 전부 사용하지 않고 나눠서 사용하는 계약을 할 수가 없다. 이를 'Lack of state상태 표현 제한'이라고 한다. 또한, UTXO의 블록헤더 데이터 해독의 한계로 인하여 화폐의 기능 이외의 다른 분야의 애플리케이션을 만드는 데 한계가 있는데 이를 'Blockchain-blindness'라 한다. 이렇게 비트코인은 가치 저장 및 전달을 위한 제한적이고 단순한 기능만 가지고 있다.

스마트 컨트랙트 작동 방식

Smart Contract는 온라인상에서 특정 계약 조건을 실행하는 것이다. 예를 들어 A가 병원에 입원하게 될 경우 병원비로서 1 ETH를 B병원의 이더리움 지갑으로 송금한다는 조건을 세우면 A가 병원에 입원할 경우, '상태 변환 함수'를 생성해 특정 조건을 만족하게 되어 1 ETH를 B병원에게 강제적이고 자동적으로 송금하게 된다. 이 계약 조건은 블록체인 위에 기록되면 처음 기록된 조건을 절대 바꿀 수 없고 조건을 만족시킬 경우에 바로 실행되는 것이다. 다시 말하자면 비트코인은 화폐의 기능만 하고 있고 화폐로서의 가치만 추구하도록 업데이트도 진행되었는데, 이더리움은 다양한 종류의 서비스를 제작하고 그것이 분산화된 방식으로 운영되도록 만든 '플랫폼'이다. 비트코인이 튜링 불완전한 '스크립트'를 사용했다면, 이더리움은 튜링 완전한 언어인 'Solidity JAVA script'와 'Serpent Python'을 사용한다. 이것이 복잡한 다중계약인 Smart Contract를 가능하게 하고 분산 애플리케이션을 구현한다.

반면, 이더리움의 개발자 비탈릭은 비트코인보다 더 세련된 언어 튜링 완전한 언어 를 구사하기 위해 새로운 블록체인 네트워크를 만들어 여러 가지 DApp 분산 애플리케이션 을 이용할 수 있는 플랫폼을 만들기로 하는데 이것이 이더리움 플랫폼이다. 비트코인도 VISA나 Master Card 또는 금융회사들의 역할을 분산화된 블록체인 네트워크에서 하는 애플리케이션이므로 DApp이라고 볼 수도 있다. 비트코인이 전자계산기라면 이더리움 플랫폼은 하나의 거대한 컴퓨터라고 비유해 볼 수 있다. 그 안에서 전자계산기 화폐 기능만 실행하려는 것이 아니라 여러 앱들 금융, 신원관리, 의료, 정부행정, 보험 등 을 실행할 수 있다.

이더리움 생태계에서 GAS라는 용어가 자주 등장하는데, 이것은 이더리움 생태계에서 구현되는 여러 가지 알트코인들 중 하나로, DApp인데 애플리케이션이라고 볼 수 있다. 이더리움 플랫폼에서는 이더 ether 라는 자체 화폐 토큰이 있고 이더를 가지고 가스 GAS 라는 애플리케이션을 구매해 이더리움이 Smart Contract를 하는데 연산력과 저장 공간 제공의 '연료'로써 쓰이게 된다. 그렇게 되면 명령어에 따라 특정 조건에서 자동적이고 강제적인 계약이 실행된다.

이더리움의 미래

이더리움은 수많은 이더리움 블록체인을 사용하는 토큰의 대표로 입지를 더욱 확고히 할 것이다. 이더리움의 기술을 차용하며 이를 뛰어넘는다는 수많은 토큰들이 있지만 근간이 되는 블록체인을 제공한다는 점과 시장 선진입의 이점을 십분 활용하게 될 것이다. 비트코인과 디커플링되어 독자적인 가격대를 형성할 확률이 높다. 리플 다음으로 금융권에 사용될 예정인 점, 시카고 옵션거래소 cboe 에서 선물 상장 가능성을 언급했다는 점도 긍정적인 영향을 미칠 것이다.

이더리움의 스펙

특성	수치
현재까지 발행량	104,087,239 ETH
시가 총액	$14,104,752,474 USD (16조원)
가격	1 ETH = $ 135 USD (15만원)
24시간 동안 거래량 (블록체인상)	540,203
24시간 동안 송금액	3,785,202 ETH ($512,928,756 USD)
평균(Average) 거랫값	7.01 ETH ($949.51 USD)
중앙(Median) 거랫값	0.0041 ETH ($0.554 USD)
평균(Average) 거래 수수료	0.00067 ETH ($0.091 USD)
중앙(Median) 거래 수수료	0.00023 ETH ($0.031 USD)
평균 블록 생성 시간	14.5s
블록 수	6,977,127 (2018-12-30 10:19:38)
블록 용량	16.917 KBytes
블록 생성 시 채굴 보상	3+0.06084+0.00783+0.2087 ETH ($444.11 USD)

특성	수치
이더리움 최초 블록 생성	2015-07-30
전체 데이터베이스 용량	약 1 TB
Reddit 구독자	422,100
Tweets/day	6,636
Github release	v1.8.20 (2018-12-11)
Homepage	https://www.ethereum.org/

(bitinfocharts.com)

암호화폐의 차세대 지도자들

비탈릭 부테린(Vitalik Buterin)

비탈릭 부테린은 1994년 러시아 출생의 프로그래머로 이더리움 개발자이다. 어린 시절 가족과 함께 캐나다로 이민을 갔고, 수학, 프로그래밍, 경제학에 관심을 가졌다. 2012년에는 24회 국제올림피아드 정보 부문 International Olympiad in Informatics 에서 동메달 Rank 87 을 수상하였다. 워털루대학에 진학하였으나 1학년때 바로 중퇴하고 티엘 펠로우십을 받았다. 티엘 펠로우십은 페이팔 공동 창업자 피터 티엘이 시작한 프로그램으로 젊은 발명가들에게 대학을 다니는 대신 발명에만 몰두하도록 10만 달러를 제공해 준다. 이런 그에게 비트코인은 최고의 관심사였다. 비트코인 메거진에 지속적으로 글을 기고하며 연구하였으며, 이에 만족하지 않고 비트코인 그 이상의 무언가를 생각했다. 이더리움이 하는 새로운 플랫폼을 제안하는 백서를 내놓고 비트코인을 받아 이더를 나누어 주는 ICO를 진행했다. 그의 아이디어와 비전으로 개발자와 사용자들을 이끌며 이더리움 공동체를 운영하고 있다. 비탈릭 부테린이 이더리움은 물론 암호화폐 세계에서 가장 강력한 지도자임은 누구도 부인할 수 없을 것이다.

우지한(Wu Jihan)

우지한은 1986년생 중국인으로 가장 큰 해시 파워를 가진 비트코인 채굴장을 운영하고, ASIC 채굴기를 제조하는 비트메인Bitmain 사의 CEO이다. 베이징대학을 수석으로 졸업하였으며, 사모펀드에서 재무분석 전문가로 활동하였다. 비트코인의 초창기에 중국에서 커뮤니티 활동을 하였으며 많은 수량을 확보한 뒤 비트코인의 주요 세력으로 성장했다. 비트코인 캐시를 탄생시켜 메이저 암호화폐로 부상시키고, 성공적으로 유지시키고 있다.

패트릭 다이(Patrick Dai)

패트릭다이는 비트코인과 이더리움의 기술적 장점을 결합해 하이브리드 블록체인 퀀텀QTUM을 개발하였다. 포브스 선정 '30세 이하 중국의 젊은 혁신가'에 이름을 올렸고, 중국 최고의 쇼핑몰 알리바바에서 경력도 가지고 있다. 박사학위 과정에서 비트코인에 대한 교수님의 강의를 듣고 암호화폐 세계에 진입했다. 2016년 퀀텀 프로젝트를 시작하여 11월 싱가포르에 거점을 둔 비영리재단 퀀텀을 설립했다. 패트릭 다이는 "퀀텀의 목표는 통화와 플랫폼 기능을 갖는 것이다"라고 하며 "비트코인과 같은 분권화된 통화이면서 블록체인에서 이루어지는 모든 거래에 연료를 공급하는 역할을 하게 되길 원한다"고 한다. UN의 인터넷 거버넌스 포럼에 연사로 초청되어 블록체인 기술을 구현하는 사례에 대해 발표하고 논의하기도 하였다.

윙클보스 형제(Winklevoss twins)

미국 뉴욕주에서 태어난 타일러, 캐머론 윙클보스 형제는 36세로 비트코인 억만장자로 유명하다. 두 형제는 2000년에 하버드대학교에 입학했고, 2004년 경제학 학사 학위를 취득했다. 하버드대 재학 중 커뮤니티 사이트인 '커넥트유 ConnectU '를 만들었는데 페이스북 창업자인 마크 저커버그가 커넥트유의 아이디어를 가져다 쓴 것으로 소송을 제기하여 승소하고 2011년 4500만 달러의 합의금을 페이스북 주식으로 받았다. 추후에 페이스북이 기업공개 IPO 를 하면서 보유 주식가 치가 3억 달러 이상으로 폭등하게 된다. 이 돈으로 2012년 1만 원 정도에 거래되던 비트코인의 12만 개를 사들이는데 비트코인 전체의 1%에 해당하는 양이다. 윙클보스는 비트코인의 미래에 대해 공급이 제한되어 있어 금보다 희소성이 높고, 휴대성, 대체성, 내구성 등 많은 면에서 뛰어난 자산으로 평가한다.

 086

이더리움과 이더리움 클래식은 다른 건가요?

Q 이더리움과 이더리움 클래식은 다른 건가요?

A 이더리움 클래식은 이더리움이 하드포크되면서 분리된 암호화폐입니다.

이더리움 클래식

이더리움 클래식은 이더리움과 다르게 발행 한도가 2.3억 개로 정해져 있으며, 현재 1억 개가 발행되었다. 이더리움 클래식은 이더리움의 포크되지 않은 기존의 블록체인을 유지한 것이기 때문에 사용하는 프로토콜이나 기술은 2016년 당시의 이더리움과 큰 차이가 없다. 따라서 이더리움 플랫폼의 핵심인 스마트 컨트랙트와 플랫폼 위에 탈중앙화 앱 DApp 을 개발할 수 있는 기술은 이더리움 클래식 플랫폼에서도 똑같이 적용된다. 다만 2016년 이더리움과 이더리움 클래식이 갈라지게 된 하드포크 당시 '코드는 법이다 code is law '라는 신념하에 블록체인의 중심 가치인 '불변성'을 최우선으로 중시하여 이더리움 DAO 해킹 사태를 해결하지 않고 그대로 덮어두었다. 또한, 이더리움의 무제한 발행인 기존 인플레이션 정책에서 비트코인과 같은 고정 공급 방식으로 통화 발행 정책을 변경했다. 그래서 최대 발행량이 2.3억 개로 제한되어 있다.

하드포크 이후, 새로운 토큰의 이름은 계속해서 이더리움이라 불리게 되었고, 예전 토큰의 이름이 이더리움 클래식이라 불리게 되었다. 이더리움 클래식은 The DAO에 관한 이더리움 설립자와의 의견 불일치의 결과로 탄생하였다. 이더리움 클래식은 이더리움 커뮤니티에서 이더리움의 하드포크를 철학적 배경에 기초하여 반대한 구성원들을 통합하며 등장했다. DAO 하드포크 이전 이더리움을 보유한 사람들은 이더리움이 나누어진 이후에 같은 양의 이더리움 클래식 토큰을 얻게 되었다. 이더리움 클래식은 2016년 10월 25일에 이더리움이 약 일주일 전쯤 진행했던 내부 가격 조정을 위한 기술적인 하드포크를 진행하였다.

이더리움의 해킹

이더리움 네트워크가 해킹을 당하면서 타의적으로 이더리움과 이더리움 클래식으로 나누어지게 되었는데, 이더리움 클래식은 '클래식'이란 뜻처럼 해킹당했을 당시의 이더리움 구성을 계속 유지하고 있는 암호화폐이다. 반면 이더리움은 해킹 후 입은 피해를 복구, 보완하여 운영을 하고 있는 암호화폐이다. 2016년 5월, 이더리움을 기반으로 하는 벤처 자본인 The DAO는 이더리스마트 계약을 이용한 계획에 투자하는 의도를 가지고 약 1억 6,800만 달러를 투자받는 데 성공하였다. 그런데 6월 The DAO의 계좌 에있는 360만 이더리움 대략 5,000만 달러 이 한 달전인 5월에 발생한 보안 취약점을 악용하여 무단으로 타인의 계좌로 옮겨졌다. 이더리움 탈취 사건과 함께 이더리움의 가치는 대폭락하였고, 이 사건을 해결하기 위해서 이더리움 재단에서는 2가지 방법을 제시하였다. 이더리움의 이동을 막는 소프트 포크와 탈취된 이더리움 만큼 되돌려 주는 하드포크이다. 소프트포크에 실패하고 하드포크로 문제를 해결하려 하였다.

DAO와 이더리움 커뮤니티 구성원들은 이 문제를 해결하기 위한 해결책을 찾기 위해 토론하였다. 2016년 7월에 이더리움의 하드포크에 관한 투표가 이루어졌다. 이더리움 클래식은 이더리움 커뮤니티에 있는 몇몇 회원의 블록체인은 변화하지 않는다는 원리, 즉 '불변성'의 원리를 주장하면서 기존의 이더리움이 업그레이드되는 것을 거절하면서 나타나게 되었다. 이더리움 클래식은 2016년 10월 25일에 이더리움이 약 일주일 전쯤 진행했던 내부 가격 조정을 위한 기술적인 하드포크를 진행하였다.

이더리움 클래식의 미래

이더리움 클래식을 여전히 지지하는 사람들은 블록체인의 불변성과 '코드가 즉 법'이라는 의견을 주장한다. 이더리움 클래식의 비판가들은 이더리움 클래식을 사기라고 비난하였고, 지적재산권을 훔치기 위한 잠재적인 도둑이라고 표현하였다. 그러나 이더리움 클래식은 여전히 이더리움을 보유하고 있는 사람들을 사용자로 보유하고 있으며, 철학적인 이유로 다른 암호화폐의 변화를 거부하는 사람들에게 매력적이다. 그러나 이더리움 클래식은 공식적으로 Ethereum Foundation에서 지원하지 않는다. 따라서 비탈릭 부테린을 중심으로 하여 진행되고 있는 이더리움의 업데이트가 이더리움 클래식에는 적용되지 않는다.

이더리움 클래식의 스펙 

특성	수치
현재까지 발행량	107,706,026 ETC
시가 총액	$558,913,589 USD (6000억원)
가격	1 ETC = $ 5.19 USD (5,800원)
24시간 동안 거래량 (블록체인상)	57,894
24시간 동안 송금액	2,695,025 ETC ($13,982,863 USD)
평균(Average) 거랫값	46.55 ETC ($241.53 USD)
중앙(Median) 거랫값	1.03 ETC ($5.34 USD)
평균(Average) 거래 수수료	0.00035 ETC ($0.0018 USD)
중앙(Median) 거래 수수료	0.00011 ETC ($0.00055 USD)
평균 블록 생성 시간	14.3s
블록 수	7,206,461 (2018-12-30 11:39:07)
블록 용량	1.782 KBytes
블록 생성 시 채굴 보상	4+0.00332+0.00427+0.00427 ETC ($20.82 USD)
최초 블록 생성	2015-07-30
전체 데이터베이스 용량	49.38 GB
Reddit 구독자	23,951
Tweets/day	115
Github release	v5.5.2 (2018-11-13)
Homepage	https://ethereumclassic.github.io/

(bitinfocharts.com)

087 리플도 암호화폐인가요?

Q 리플도 암호화폐인가요?

A 리플은 다른 암호화폐와 유형과 방식이 다르지만 암호화폐에 속합니다.

리플 개요

리플코인은 금융 거래를 위한 인터넷 프로토콜인 '리플 프로토콜'에서 사용되는 디지털 자산이자 기초 화폐이다. 리플은 전 세계 어디서든 실시간으로 결제 가능한 시스템 구축을 목표로 하고 있다. 리플은 은행 또는 결제 서비스 제공 업체에서 사용될 수 있는데, 리플은 기존 송금/결제 시스템에 비해 4초라는 빠른 처리 속도로 결제가 완료되며, 초당 1,500건의 거래를 처리할 수 있다. '리플 프로토콜'이란 분산원장을 기반으로 한 '실시간 총액 결제 시스템RTS'으로 국제결제시스템망SWIFT을 대체할 새로운 대안으로 주목받고 있다. 또한, 기존 은행 송금 수수료보다 훨씬 더 저렴한 수수료로 이용할 수 있기 때문에 비용 감소 측면에서도 장점을 가지고 있다. 전 세계 어디든 거래당 4초가 걸리며 즉각적인 정산이 가능하며, 연중 무휴로 초당 5만 건의 거래를 처리할 수 있다.

리플의 기술적 특성

송금 시스템에 가까운 특성이 있어 일반적인 암호화폐와는 그 구조가 다르다. 사용하는 합의 프로토콜도 독자적일 뿐만 아니라, 다른 코인들과 다르게 현실적으로 주도권의 집중화가 되어 있다. 따라서 리플의 시스템은 한정된 참여자만 분산 네트워크를 구성한다는 의미에서 프라이빗 블록체인 private blockchain 이라고 할 수도 있다. 리플사는 총량의 62%의 코인을 보유하고 있으며, 사업 개발 단계에 따라 전략적으로 시장에 유통하고 있다. 리플사는 그들이 전체 유통의 반수 이상으로 보유하고 있는 코인을 악용할 우려를 잠재우기 위해 암호화를 통해 보호된 조건부 날인 계정 escrow 에 리플을 넣어두고 있다.

현재 주로 은행 간 이체 서비스에 집중하여 진행 중이며, 리플 네트워크에는 미쓰비시 도쿄UFJ 은행, 스웨덴 SEB, 중동의 아부다비 국립은행과 인도 AXIS 은행을 비롯한 세계 주요 금융권이 참여하고 있다. 매년 빠른 속도로 확장하고 있으며, 최근 이들의 적극적인 참여로 상호 송금 거래 규모는 1억 달러에 달할 것으로 전망된다. 리플은 연결 통화 bridge currency 의 역할을 하며 기존 통화시장과 달리 수요가 적은 희귀 통화를 거래하기 쉽다. 복잡한 거래 과정이 불필요하고, 추가적인 비용도 지출되지 않기 때문이다.

리플은 거래마다 0.0004달러 가치의 수수료를 지급한다. 이는 네트워크 공격을 막기 위한 것이며, 매우 적은 액수이므로 기존의 결제 시스템보다 비교 우위에 있다. 또한, 이 수수료는 영원히 소멸하게 되는데, 이는 시간이 지날수록 토큰의 가치가 조금씩 높아짐을 의미한다. 리플은 인플레이션이 없는데, 이는 시간이 지날수록 화폐 총량이 늘어나는 대부분의 암호화폐와 달리, 리플은 초기에 총 1,000억 개 발행되었고 이제 더 추가로 생성되지 않기 때문이다.

리플의 미래

화폐의 가장 기본적은 요건은 가격의 안정성인데, 현재로서는 암호화폐가 가격 변동성 등의 약점이 있어서 기존의 화폐를 완벽히 대체하기는 힘들다. 다만 블록체인의 도입으로 인한 전 세계적인 변화는 피할 수 없고 정부가 암호화 화폐를 막는 일 또한 불가능하다고 생각한다. 따라서 중앙기관에서 거래를 기록하기도 하면서 여러 게이트웨이에서 분산화된 방식으로 거래되는 리플이 가까운 미래의 과도기에 아주 중요한 역할을 할 것이라고 전망된다. 암호화폐 중 화폐의 기능에 가장 충실한 것이 리플이고 금융권과의 협업이 가장 많이 늘어나고 있는데, 빠른 속도로 협력사를 증가시키면서 실제 화폐로 사용될 가능성도 생기고 있다. 향후 많은 거래 체결을 가능하게 하는 기술적 기반을 완성시키기 위한 로드맵 이행이 된다면 미래는 밝을 것이다.

다만 비트코인의 라이트닝 네트워크 도입 등 타 주요 암호화폐들의 기술적인 특성 개선이 성공적으로 이루어질 경우 리플이 시장에서 입지가 모호해질 가능성이 있다. 또한, 550억 개의 리플이 발행되어 에스크로에 예치된 상황으로 매년 120억 개의 물량이 시장에 풀려 공급량이 늘어나 가격 하락의 가능성이 언제든지 존재하는 점은 단점이다.

리플의 스펙

특성	수치
유통량	40,794,121,066 XRP
최대 공급량	100,000,000,000 XRP
시가 총액	$14,868,904,722 USD (17조원)
가격	1 XRP = $ 0.364 USD (400원)
24시간 동안 거래량 (블록체인상)	4,178
평균(Average) 거래 수수료	0.00054 USD
Reddit 구독자	197,320
Tweets/day	5,450
Github release	1.1.2 (2018-12-11)
Homepage	https://ripple.com/

(bitinfocharts.com)

일반 암호화폐와는 다른 리플

리플의 시스템

리플은 비트코인과 같은 퍼블릭 블록체인이 아니다. 하나의 기관이 관리하는 시스템도 아니고 다른 코인들과 마찬가지로 P2P 기반의 분산장부 시스템인 것은 맞다. 리플을 더 자세히 이해하기 위해 우리가 기존에 알던 방식과는 조금 다른 거래 방식에 대해서 알아볼 필요가 있다. Ripple의 전신인 RipplePay의 거래 방식을 살펴보기로 하자.

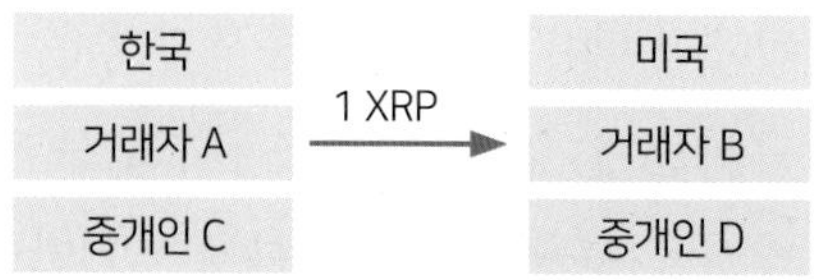

한국인 A가 미국인 B에게 1리플을 보내려 한다. 한국의 중개인인 C에게 1리플, 전송 수수료, 비밀코드를 보낸다. 그 비밀코드를 1리플을 받을 B에게 알려준다. 그 비밀코드를 미국에 있는 중개인 D에게 말하고 1리플을 D로부터 받는다. 처음에 A가 지급했던 전송 수수료는 중개인인 C와 D가 나누어 갖는 방식으로 거래가 이루어진다. 전체적으로 보면 중개인을 사이에 두고 거래하던 기존 은행의 방식과 유사하다. 하지만 이 거래의 특징은 A의 돈이 직접 미국으로 이동하지 않았고 먼 거리에 있는 사람에게 돈을 보내기 위해 중앙기관 없이 신뢰 시스템을 형성한다는 것이다. 다른 말로 SNS 사용자가 서로의 정보를 공유하듯 커뮤니티 사람들끼리 정보와 가치를 공유하는 것이다. 하나의 기관이 모든 거래를 기록하지 않고 그 커뮤니티 안에서는 누구든 '중개인'이 되어 거래를 기록할 수 있으며 A와 B도 중개인이 될 수 있다. 또한, 많은 노드들의 합의도 필요하지 않기 때문에 비트코인보다 거래 속도가 훨씬 빠르다.

리플페이의 실패와 리플의 등장

하지만 고려해 할 점이 있는데 이 커뮤니티의 규모이다. Ripple의 전신이었던 RipplePay도 사용자 수가 많아야 신뢰도와 시스템의 가치가 증가한다. 은행 거래와 유사하지만 탈중앙화 방식에 은행의 거래를 처리하는 소프트웨어보다 간소화되어 규모만 보장이 된다면 많은 사람이 이용하기 좋은 시스템이다. 이러한 점을 충족시킬 수 없었기에 RipplePay는 실패하였다. 즉 은행의 거래 방식을 통째로 바꾼 블록체인 기반의 거래 방식이 아닌 은행의 기존 시스템을 어느 정도 유지했고 거래 기록 소프트웨어는 중앙에서 관리했다. 또한, 기존에 신뢰가 있는 사람끼리만 정보와 가치를 공유하며 운영하려는 시스템이 RipplePay 시스템이다. 실패 원인을 분석해 보면 리플페이의 커뮤니티는 규모도 작고 신뢰 그룹도 여러 개로 퍼져 존재하며 서로 통합이 되지 않으며, 믿을 수 있는 지인이 있어야만 그룹에서 거래가 가능했고, 거래를 기록하는 소프트웨어는 중앙에서 통제했다는 점에서 한계가 있었다. 그래서 Ripple이 이러한 결점들을 보완하여 나온 것이다. 그 해결책이 XRP라는 Ripple 토큰 발행과 게이트웨이 이다.

리플의 완성

리플은 XRP 토큰 발행을 통해 다른 블록체인 기반들과 유사하게 한 주소에서 다른 주소로 송금이 가능해졌다. 기존의 RipplePay 시스템의 경우는 신뢰가 가능한 중개인을 거쳐 가치가 오갔지만 XRP 토큰을 매개로 믿을 만한 사람이 없어도 송금이 가능해진다. 또한, 게이트웨이라는 개념을 추가하여 기존의 문제점을 해결한다. 리플이 서로의 가치를 바꿔 주는 역할을 한다고 본다면, 게이트웨이는 가치를 바꿔 주는 곳으로 환전소랑 비슷하다고 보면 된다. US 달러와 원화가 얼마에서 서로 가치가 같은지를 수요/공급에 따라 결정하고 환전하는 것처럼, 게이트웨이에서 이 가치의 교환이 일어난다. 이때의 가치는 포인트가 될 수 있고 비트코인, 원화, 달러가 될 수 있다. 따라서 누구나 게이트웨이를 만들 수 있게 되어 은행도 게이트웨이가 될 수 있고 P2P 시스템도 게이트웨이가 될 수 있다. 하지만 누구나 게이트웨이를 만들 수 있다면 그 게이트웨이를 만드는 사람이 설립 초기에는 신뢰를 얻기가 굉장히 어렵다. 게이트웨이에서 사용되는 것이 XRP, 즉 리플 Ripple 이다. Ripple은 처음 만들어질 당시부터 코인의 개수를 1,000억 개로 발행했고, 게이트웨이에서 가치를 거래할 때마다 사용되는데, 그와 동시에 사용되는 XRP는 소멸되어 없어지도록 시스템이 만들어져 있다. 쉽게 말해, 여러 개 게이트웨이에서 다양한 유형의 거래의 통합된 수수료로써 사용되는 코인이 리플인 것이다. 결론적으로 XRP의 발행은 믿을 수 있는 중개인이 없어도 가치의 전송이 가능하게 만들었고, 게이트웨이는 수요/공급의 원리에 따라 리플 네트워크 안에서 무한대로 만들 수 있어 어떤 가치의 교환이든 빠른 속도로 거래하고 흩어져 있던 각각의 신뢰 그룹을 한데 뭉칠 수 있는 효과가 있다.

다만 리플은 중앙화된 거래 기록 방식이다. 리플은 채굴을 통해 토큰을 발행하지도 않고 미리 리플사에서 발행되어 거래된다. 거래 기록 또한 분산화돼 있다는 말이 무색할 정도로 8개의 노드 밖에 가지고 있지 않다. 즉 이중 지급이라는 문제점이 발생해도 8개 노드의 합의만 이끌어낸다면 얼마든지 거래의 위변조가 가능하다는 위험성도 존재한다. 하지만 리플의 시가총액과 전 세계 사람들이 많이 이용한다는 점을 고려한다면 리플사에서도 위·변조하기는 어렵다고 본다.

088 비트코인 캐시는 비트코인과 무엇이 다른가요?

Q 비트코인 캐시는 비트코인과 무엇이 다른가요?

A 비트코인 캐시는 비트코인이 하드포크되면서 분리된 암호화폐입니다.

비트코인 캐시 개요

비트코인 캐시는 거대 비트코인 채굴 업체 '비트메인 Bitmain'의 CEO 우지한 吳忌寒 에 의해서 만들어진 암호화폐이다. 기존 비트코인 사용자들은 점차 느려지는 비트코인 결제 속도에 불만을 품게 되었고, 우지한을 중심으로 비트코인 캐시를 지지하기 시작했다. 2017년 8월 1일, 기존 비트코인에서 비트코인 캐시가 파생되어 나오게 되었다. 비트코인 캐시는 비트코인에서 파생된 코인인 만큼 비트코인의 대부분의 특징을 물려받았다. 비트코인과 동일하게 총발행량은 2,100만 개로 한정되어 있으며, 현재까지 약 1,700만 개의 비트코인 캐시가 채굴되었다.

비트코인의 사용자 집단 중 중국발 ASIC 채굴 머신의 최대 유통사인 비트메인의 영향력 아래에 있는 다수의 사용자들은 채굴을 위해 고가의 장비를 도입하였으므로, 해당 기기의 특화 기능을 통한 채굴에 의존력이 강하다. 해당 채굴기의 특수 기능이 동작하지 않게 된 세그윗 업데이트에 반발하여, 별도의 이익 집단이 구성되었고 Bitmain사 회장 우지한의 영향력 아래 하드포크가 이루어졌다. 기존 비트코인의 블록체인을 그대로 이어받아 8월 시점 이후로 '비트코인 캐시'라는 대안 명칭으로 하드포크되었다.

비트코인 캐시의 기술적 특성

비트코인 캐시의 경우 느려지는 속도를 극복하기 위해 일단, 블록 크기를 2~8MB까지 유동적으로 늘리는 정책을 적용하였으며 앞으로도 더 많은 기능을 적용하여 비트코인을 실생활에까지 사용될 수 있도록 하겠다는 목표를 가지고 있다. 그런데 그건 비트코인 코어 측도 같은 비전을 가졌다고 볼 수 있고, 비트메인 측은 특정 채굴기의 편법을 살려두므로 사업 수완을 발휘했다고 본다. 비트 캐시 출범 이후 비트메인의 영향이 강한 거래소들은 즉시 비트코인 캐시를 상장시켰으며, 해당 집단 사용자들의 거래량이 많아지자 추후 다른 거래소들도 도입하였다. 이러한 흐름이 비트코인의 근원 철학 중 하나인 '탈중앙화'가 무너지게 되는 것으로 평가하는 의견도 있다.

비트코인은 DDoS 공격 또는 마이닝풀의 거대화를 막기 위해 블록체인에 기록되는 블록의 크기를 1MB로 제한하였는데, 이는 2100건 정도의 거래를 수용할 수 있었다. 그러나 2013년부터 비트코인의 이용량이 늘어나면서 거래량이 한계에 달하였고, 이를 해결하기 위해 블록 사이즈 증가, 세그윗 Segwit 등 여러 방법이 제안되었으나 이해관계에 부딪혀 어려움을 겪어왔다. 이후 세그윗을 통한 업그레이드를 지지하는 측과 이를 거부하는 측의 대립으로,

최악의 경우 비트코인 네트워크가 둘로 쪼개질 것이라는 불안감 때문에 비트코인의 가격은 30% 넘게 급락하기도 했다. 처음에는 95%의 채굴자들이 세그윗 활성화에 동의를 하면 세그윗을 활성화 시키자는 제안을 했으나 절대적인 지지를 얻지 못하여 활성화되지 못했다. 이 제안이 실패한 이후 95%의 비율을 80%로 하향 조정하여 다시 제안되었으나 약 40%의 비율만을 달성하였다. 이렇게 세그윗 활성화에 달하지 못하는 이유는 비트코인 채굴기 Antminer 등 업계의 큰손이자 제일 많은 해시 파워를 가진 채굴장을 운영하는 비트메인이라는 회사의 CEO인 우지한이 반대했기 때문이다. 우지한이 세그윗 활성화에 반대한 이유는 세그윗이 활성화되면 자신들이 가지는 채굴 수익이 저하 때문이다.

비트코인 캐시의 하드포크

이후 UASF User Activated Soft Fork , Segwit2x, UAHF User Activated Hard Fork 등의 제안이 나오게 되었는데, UASF는 특정 일자에 무조건 세그윗을 활성화하지만 그 세그윗의 기능은 지갑을 업데이트한 사람들끼리만 사용하자는 제안이고, Segwit2x는 UASF와 같이 특정 일자에 세그윗 활성화 후 동년 11월에 하드포크를 통하여 블록크기를 직접 2MB로 늘리겠다는 제안이다. UAHF는 세그윗을 활성화하지 않고 블록 크기를 2MB로 늘린다는 것이다. 2017년 5월에 중국 채굴자 및 여러 비트코인 스타트업들이 뉴욕에 모여 UASF 혹은 Segwit2x를 통해 세그윗을 활성화하자는 협의를 내놓았다. 그때 정해진 세그윗 활성화 기간이 8월 1일이다. 7월 17일, 비트코인 채굴장과 거래소를 운영하는 ViaBTC에서 8월 1일을 기점으로 UAHF 제안을 시행하여 기존 비트코인의 블록체인을 온전히 가진 새로운 알트코인인 비트코인 캐시를 내놓겠다고 선언했다. 참고로 이 거래소는 Bitmain사로부터 2,000만 위안 약 33억 원 에 상당하는 투자를 받은 바 있다. 비트코인 캐시는 새로운 알트코인의 형태를 지니게 되어, 한 이름 비트코인 아래 두 개의 블록체인이 운영되는 참사는 피하게 되었다. 이후 한국 시간으로 8월 1일 10시 16분에 생성된 478,558블록을 기점으로 UAHF가 활성화되어 비트코인 BTC 와 비트코인 캐시 BCH 둘로 나누어지게 되었다.

비트코인 캐시의 스펙

특성	수치
총발행량	21,000,000 BCH
현재까지 발행량	17,525,202 BCH
시가 총액	$2,854,056,471 USD (3조원)
가격	1 BCH = $ 162 USD (18만원)
24시간 동안 거래량 (블록체인상)	7,923
24시간 동안 송금액	2,954,925 BCH ($481,222,484 USD)
평균(Average) 거랫값	372.96 BCH ($60,737 USD)
중앙(Median) 거랫값	0.531 BCH ($86.55 USD)
평균(Average) 거래 수수료	0.000047 BCH ($0.0077 USD)
중앙(Median) 거래 수수료	0.0000078 BCH ($0.0013 USD)
평균 블록 생성 시간	9m 52s
블록 수	563,056 (2018-12-30 11:44:28)
블록 용량	29.793 KBytes

특성	수치
블록 생성 시 채굴 보상	12.50+0.00246 BCH ($2,036.08 USD)
상위 100위권 보유 비중	4,255,412 BCH ($693,012,657 USD) 전체의 24% 소유
보유 비중 분포 Top 10/100/1,000/10,000	6.57% / 24.28% / 47.89% / 69.45%
최초 블록 생성	2009-01-09 (하드포크 2017-08-01)
전체 데이터베이스 용량	166.64 GB
Reddit 구독자	39,417
Tweets/day	419
Github release	v0.18.5 (2018-11-21)
Homepage	https://www.bitcoincash.org/

(bitinfocharts.com)

089 비트코인SV는 어떻게 생겨났나요?

Q 비트코인SV는 어떻게 생겨났나요?

A 비트코인 캐시에 대한 이해관계 대립으로 비트코인ABC와 비트코인SV로 하드포크 되면서 생겨났습니다.

비트코인SV 개요

비트코인 캐시는 2017년 비트코인 하드포크로 생겨났다. 비트코인 캐시 지지자들은 더 많은 사용자를 확보하고 거래량을 늘리기 위해 블록크기를 확정해야 한다는 데 의견을 일치하였지만, 이후로 개발자들의 기술적 이견이 있어 지속적으로 문제가 제기되어 왔다. 비트코인 캐시의 주요 개발팀인 비트코인ABC가 새로운 소프트웨어를 발표하면서 개발자간 갈등이 드러나게 되었다. 새SW는 거래소를 통하지 않고 교환이 가능한 아토믹 스왑 Atomic Swap을 지원하는 스마트 계약 기능 등이 포함되어 있다. 대부분이 이러한 아이디어에 대해 동의하였지만 크레이그 라이트 Craig Wright를 중심으로 이해관계가 얽힌 문제에 따라 반대하는 진영이 있었다. 이들은 블록크기를 128MB로 변경하는 비트코인SV라는 새로운 하드포크를 진행하였고, 채굴자 등에게 기존 버전의 비트코인 캐시를 이용할 선택권을 주고자 하였다.

비트코인ABC VS 비트코인SV

각각의 이해관계로 인하여 비트코인의 주요 개발팀인 비트코인 ABC와 크레이그 라이트를 필두로 한 비트코인SV의 주도권 잡기 전쟁이 시작되었다. 하드포크의 기점은 2018년 11월 16일 이었다. 일반 투자자들은 2017년 비트코인 캐시 하드포크 이후의 급등처럼 이번도 같은 현상이 발생할 것으로 기대하면서 비트코인 캐시의 가격은 20만원이상 급등하여 70만원에 달하였고, 거래량도 20배 늘었다. 그러나 이번 하드포크는 이전의 비트코인/비트코인 캐시 하드포크와는 달리 해시파워 전쟁을 벌여 패배하는 쪽은 없어지는 것으로 되면서 급락하였다. 비트코인ABC측의 무난한 승리가 예상되어 초기 시세는 60만원중 비트코인ABC가 55만원, 비트코인SV가 5만원으로 형성되었다가, 갑작스런 SV측의 해시파워 선전에 SV가 ABC의 가격을 역전하는 현상이 발생하였다. 그러나, 비트코인 캐시의 수장인 우지한이 해시파워를 모두 비트코인 캐시에 투입하며 ABC의 승리로 끝나며 SV는 폭락하여 사라지는 듯 하였다. 그러나 크레이그 라이트는 패배하는 측이 없어진다는 규칙을 위반한고 체인을 분리하여 독자적으로 생존하기로 결정하였다. 해시파워 전쟁의 결과로 암호화폐 시장은 전반적으로 폭락하였고, 투자자 뿐 아니라 채굴업자와 우지한도 큰 피해를 입었다. 오직 비트코인SV와 크레이그 세력이 실리를 챙겨가는 것으로 마무리 되었다.

비트코인SV의 미래

비트코인SV의 대표주자인 크레이그 라이트의 발언을 보면 비트코인SV와 암호화폐에 대한 그의 철학을 알 수 있다. 크레이그 라이트는 비트코인이 상품 Commodity 이라고 지속적으로 강조해 왔다. 화폐는 두 가지 형태로만 존재하는데, 첫째는 교환 가치를 가진 재화 Commodity Money , 둘째는 국가가 인정한 지급수단인 법정화폐 Fiat Currency 이다. 비트코인은 이 두 가지에 속하지 않으며 법정화폐가 아니며 상품일 뿐이라고 지적하였다. 그는 비트코인은 실질적인 현금으로 거듭나야 하며, '상품 원장' Commodity Ledger 가 되어 투기적인 도박수단이라는 인식에서 벗어나야 한다고 주장한다. 비트코인은 결국 은행과 정부를 지우기 위한 것이 아니며, 건전하고 안정적인 공급능력과 효율성을 가져야 한다고 강조한다. 이를 통해 비트코인SV의 미래 모습을 어느정도 예측할 수 있을 것이다.

비트코인 골드는 비트코인과 무엇이 다른가요?

Q 비트코인 골드는 비트코인과 무엇이 다른가요?

A 비트코인 골드는 비트코인이 하드포크되면서 분리된 암호화폐이며, ASIC 채굴기로 채굴되지 않게 설계되었습니다.

비트코인 골드 개요

비트코인에서 하드포크되어 생성된 알트코인이며, 비트코인 골드의 개발 계획은 2017년 10월경 발표되었으며, 2017년 10월 25일경 생성되는 491,406번 블록을 기준으로 스냅숏하고, 이후 11월 1일부터 본격적인 블록 생성에 돌입하였다. 11월 4일 대규모 업데이트가 이루어지고 안정성과 기술력을 인정받아 11월 13일부터 메인넷이 런칭되며 정식으로 채굴 및 블록체인 구동이 시작되었다.

비트코인 골드 공식 홈페이지 첫 화면에는 '비트코인을 다시 탈중앙화 시켜라 Make Bitcoin Decentralized Again '라는 문구가 나온다. 이들이 제시하는 로드맵에는 "새로운 작업 증명 방식의 알고리즘을 도입해 누구나 쉽게 채굴할 수 있도록 하겠으며, "보다 탈중앙화되고 민주적인 채굴 인프라를 갖추는 것이 사토시가 구현하려는 원래 버전의 비트코인에 더 가까울 것"이라고 밝혔다. 비트코인 골드는 비트메인 등 채굴 업체가 주도하는 전용 채굴기 ASIC 로는 채굴할 수 없는 암호화폐다. 일반인들이 쉽게 접근 가능한 그래픽카드 GPU 로 채굴할 수 있다.

비트코인 골드 탄생을 말하기 전, 암호화폐에서 말하는 '하드포크' 개념을 이해할 필요가 있다. 암호화폐는 기본적으로 컴퓨터 프로그래밍의 결과다. 그 때문에 암호화폐도 기술 발전에 따라, 혹은 기능 개선을 위해 업그레이드가 필요하다. 하드포크가 그런 일종의 업그레이드다. 하드포크 과정에서 개발자 · 채굴업자 등 이해당사자들 간의 의견 일치가 이뤄지지 않으면 암호화폐가 쪼개지는 일이 생기기도 한다. 2017년 8월 1일, 비트코인 캐시 BCH 가 탄생한 배경이 그렇다. 블록 처리 용량을 늘리는 방법을 놓고 개발자들과 채굴업자 miner 들이 대립했다. 개발자들은 블록에서 서명을 분리하는 방법 세그윗 을 통해 처리 용량을 늘리자고 했고, 채굴업자들은 아예 지금의 1메가바이트 MB 블록 사이즈 자체를 키우자고 제안했다. 끝까지 합의가 안 되어, 세계 최대 마이닝풀 채굴업자들의 연합 인 앤트풀을 이끌고 있는 우지한 비트메인 대표 주도로 탄생한 게 비트코인 캐시다.

비트코인 골드의 탄생 배경

비트코인 골드 탄생을 주도한 세력은 홍콩의 비트코인 채굴 업체인 라이트닝ASIC의 잭 라이오 대표다. 그는 2017년 7월 비트코인 골드의 탄생을 예고했다. 비트코인 블록 처리 용량을 늘리는 방법을 놓고 개발자와 채굴 업자들끼리 서로 극한 대립하던 시기다. 그를 비롯해 비트코인 골드를 지지하는 세력의 문제의식은 비트코인 채굴 세력의 거대화·독점화다. 2009년 익명의 개발자 사토시 나카모토가 만든 최초의 암호화폐 비트코인의 정신은 '탈중앙화 decentralized'다. 국가가 통제하는 '중앙화'된 화폐 시스템에 대한 반발로, 블록체인 기술을 기반으로 만든 화폐가 비트코인이다.

비트코인 생태계를 유지하는 큰 두 축은 개발자들과 채굴 업자들이다. 채굴 업자들은 비트코인 거래가 유효한지를 증명해 주는 대가로 비트코인을 보상받는다. 일명 작업 증명 Proof of Work, PoW 방식의 채굴인데, 컴퓨터로 복잡한 연산식을 푸는 것으로 이해하면 된다. 비트코인 초기에는 개인 컴퓨터만으로도 채굴이 가능했다. 그런데 시간이 지나면서 문제 연산식 가 어려워지면서 전문 채굴 업자들이 등장했다. 단순히 컴퓨터를 이용하는 게 아니라 채굴만을 위한 컴퓨터인 전용 채굴기 ASIC 를 돌려야 채산성을 맞출 수 있는 수준이 되었다.

비트코인 채굴에 최적화된 채굴기를 만들고, 또 자체적으로 채굴기를 돌려 비트코인을 채굴하는 업체들 대부분은 중국계다. 이들은 채굴을 가장 효율적으로 하기 위해 연합해 일종의 광산인 마이닝풀을 만든다. 마이닝풀 역시 대부분은 중국 업체들이고, 이들 중국계 마이닝풀의 채굴량은 전체 비트코인 채굴량의 90%에 달한다. 아이러니하게도 탈중앙화를 모토로 내건 비트코인이지만 채굴하는 방식은 철저히 중앙화되었다. 시간이 지날수록 시장 경제의 논리에 따라 독점이 심화됐다. 현실 세계에서라면 정부가 개입해 시장의 독점을 바로 잡고, 공정 경쟁을 유도하겠지만 암호화폐 세계에선 정부가 없다. 대신 독점화에 반대하는 세력이 대중의 호응을 유도하며 반란을 일으켰다. 기존 질서에 반하는 반란이 이번 하드포크이고, 그 결과물이 비트코인 골드이다.

비트코인 골드 스펙

특성	수치
현재까지 발행량	17,511,850 BTG
시가 총액	$242,835,056 USD(2,700억원)
가격	1 BTG = $ 14 USD (15,600원)
24시간 동안 거래량 (블록체인상)	673
24시간 동안 송금액	60,896 BTG ($844,445 USD)
평균(Average) 거랫값	90.49 BTG ($1,255 USD)
중앙(Median) 거랫값	5.16 BTG ($71.53 USD)
평균(Average) 거래 수수료	0.00041 BTG ($0.0057 USD)
중앙(Median) 거래 수수료	0.000015 BTG ($0.00021 USD)
평균 블록 생성 시간	10m 4s
블록 수	562,012 (2018-12-30 23:13:18)
블록 용량	11.666 KBytes
블록 생성 시 채굴 보상	12.50+0.00160 BTG ($173.36 USD)
상위 100위권 보유 비중	5,920,291 BTG ($82,096,073 USD) 전체의 33.81% 소유
보유 비중 분포 Top 10/100/1,000/10,000	19.36% / 33.81% / 49.10% / 67.15%
최초 블록 생성	2009-01-09 하드포크 2017-10-25
전체 데이터베이스 용량	166.22 GB
Reddit 구독자	1,945
Tweets/day	16
Github release	v0.15.2 (2018-09-21)
Homepage	https://bitcoingold.org/

(bitinfocharts.com)

091 라이트코인이 비트코인보다 더 좋은가요?

Q 라이트코인이 비트코인보다 더 좋은가요?

A 라이트코인은 비트코인의 단점을 보완한 암호화폐입니다.

라이트코인 개요

라이트코인은 구글 소프트웨어 엔지니어였던 찰리 리가 개발한 암호화폐이다. 기본적으로 비트코인과 유사한 구조를 가지고 있지만, 결제 속도에 있어서는 약 4배 정도 빨라 결제 수단에 적용될 가능성이 크다. 향후 라이트코인을 사용하면 일반 신용카드나 체크카드보다 빠르게 결제를 할 수 있을 것으로 예상된다. 라이트코인의 총발행량은 비트코인의 4배인 8,400만 개로 정해져 있으며, 현재까지 약 6,000만 개의 라이트코인이 채굴되었다.

여러 가지 기술 적용에 있어서 매우 빠르고 선도적이며 전송 속도도 매우 빠른 편이기 때문에 상용화와 실 결제 수단에 매우 근접한 암호화폐이다. 기술 적용에 필요한 SegWit에 대해 개발진 내부의 암투가 없고 라이트코인 커뮤니티 내에서도 잡음이 없는 편이기 때문에 높은 지지율을 기반으로 SegWit에도 성공해왔고, 이에 따라 기술적 도입이 기타 암호화폐에 비해 매우 빠른 편이다.

2017년 라이트닝 네트워크 기술도 라이트코인 메인넷에서 오류 없이 테스트가 완료된 상황이고, 향후 정식 런치가 되면 일반 신용카드, 체크카드 결제보다도 빠른 시간 안에 컨펌이 완료될 수 있다. 이런 긍정적인 이유로 비트코인과 같이 현재 결제 수단으로 가장 많이 사용할 수 있는 암호화폐이다. 체코에서는 샌드위치 프랜차이즈 서브웨이에서 공식적으로 라이트코인으로 결제를 받고 있다. CT Confidential Transaction 기능이 추가될 예정인데 해당 기술이 적용되면 라이트코인도 모네로와 마찬가지로 익명성을 가질 수 있다.

라이트닝 네트워크 구현

라이트닝 네트워크가 라이트코인 메인넷에서 성공적으로 구동이 되었고 향후 해당 기술은 비트코인과 라이트코인에 복수 적용될 예정이다. 라이트닝 네트워크가 위의 복수 코인 비트코인, 라이트코인 의 메인넷에서 모두 활성화가 되면 기술적으로 아토믹 스왑이 실현 가능해질 예정이다. 아토믹 스왑 활성화 후에는 별도의 거래소 및 트랜잭션을 거치지 않고 비트코인과 라이트코인의 즉시 교환이 가능해진다.

2017년 11월, 라이트닝 네트워크에서 비트코인과 라이트코인의 크로스 스왑이 성공했다. 결제 및 처리 속도에서 엄청난 이점이 생겼고 비트코인, 라이트코인 지지자들로부터 엄청난 기대를 받고 있다. 비트코인과 거의 동일한 알고리즘을 사용하지만 빠른 전송 속도 등의 기술적 우수성을 가지고 있다. 비트코인과 같이 본래 목적은 금융위기를 타개하기 위한 것이었다.

라이트코인의 기술적 특징

비트코인과 차별화를 주기 위해 몇 가지 큰 차이점이 존재한다. 비트코인 블록은 10분마다 갱신되지만, 라이트코인 블록은 2.5분 비트코인의 1/4 마다 갱신된다. 따라서 비트코인보다 이론적으로 대략 4배 빠른 거래가 이루어진다. 비트코인은 SHA-256 기반이지만, 라이트코인은 Scrypt라는 암호 알고리즘을 사용한다. 한동안 Scrypt는 ASIC 및 FPGA를 사용하여 효율적으로 구현하지 못했기 때문에 그래픽카드가 비트코인보다는 더 오래 버텼다. 그런데 2014년 말부터 라이트코인 ASIC 마이너가 출시되기 시작했고, 효율성도 계속 발전하여 현재는 라이트코인은 ASIC 채굴기를 통해서만 채굴이 가능하다. 라이트코인은 최종적으로 8,400만 개의 라이트코인을 만들게 된다. 비트코인의 2,100만 개의 정확히 4배 많은 통화량이다.

라이트코인 스펙

특성	수치
총발행량	84,000,000 LTC
현재까지 발행량	59,813,271 LTC
시가 총액	$1,894,674,726 USD (2조 1000억 원)
가격	1 LTC = $ 32 USD (35,500원)
24시간 동안 거래량 (블록체인상)	23,382
24시간 동안 송금액	3,257,897 LTC ($103,198,750 USD)
평균(Average) 거랫값	139.33 LTC ($4,414 USD)

특성	수치
중앙(Median) 거랫값	2.25 LTC ($71.35 USD)
평균(Average) 거래 수수료	0.00065 LTC ($0.021 USD)
중앙(Median) 거래 수수료	0.0002 LTC ($0.0062 USD)
평균 블록 생성 시간	2m 24s
블록 수	1,552,608 (2018-12-30 23:24:02)
블록 용량	22.312 KBytes
블록 생성 시 채굴 보상	25+0.02535 LTC ($792.72 USD)
상위 100위권 보유 비중	24,336,206 LTC ($770,885,706 USD) 전체의 40% 보유
보유 비중 분포 Top 10/100/1,000/10,000	7.64% / 40.69% / 62.69% / 77.33%
최초 블록 생성	2011-10-08
전체 데이터베이스 용량	21.23 GB
Reddit 구독자	199,850
Tweets/day	1,139
Github release	v0.16.3 (2018-09-29)
Homepage	https://litecoin.com

(bitinfocharts.com)

092 네오는 중국에서 개발되었나요?

Q 네오는 중국에서 개발되었나요?

A 네오는 중국에서 개발된 최초의 암호화폐입니다.

네오 개요

네오는 중국에서 최초로 만들어진 암호화폐이다. 일명 중국판 이더리움이라고 불리기도 하며, 스마트 계약과 DApp을 만들 수 있는 기능을 제공하는 오픈소스 블록체인 플랫폼이다. 네오의 기존 명칭은 앤트쉐어스 ANTSHARES, ANS 였으며, 2017년 7월에 네오라는 이름으로 바뀌었다. 네오는 이더리움 스마트 컨트랙트 기술과 유사한 '네오 컨트랙트'를 기반으로 한다. 최근에는 네오 컨트랙트를 통해 레드펄스, 애드엑스 등과 같은 네오 기반의 ICO를 진행하였다. 네오는 자바, 파이썬, 마이크로소프트닷넷 등 다양한 개발 프로그램 언어를 지원한다. 네오는 개인 지갑에 보관하면, 보상으로 네오가스라는 토큰을 이자처럼 받을 수 있다.

네오의 기술적 특징

NEO 스마트 컨트랙트는 이더리움에서 버추어 머신이 존재하는 것처럼 마찬가지로 그들만의 버추어 머신을 통해 생성된다. 다양한 프로그래밍 언어를 지원한다는 점이 이더리움과의 큰 차별성이다. 파이썬, 자바, 마이크로소프트닷넷 등 대부분의 프로그래밍 언어를 지원한다는 점은 그만큼 프로그래머들의 진입 장벽을 낮추어 준다. 반면 이더리움의 경우 솔리디티를 알아야만 한다는 큰 장벽이 존재한다. 이더리움의 경우 스케일링 이슈로 문제가 있는데 NEO의 경우 일찍이 이러한 문제를 해결하기 위해 샤딩과 동시실행 기능을 포함시켰다. 동시 실행 concurrency 의 경우 두 개 이상의 프로그램을 같이 동시에 수행할 수 있게 하는 기능이다. 아직 확실히 스케일링 문제를 해결할 수 있다는 확실한 장담을 하기는 어려우나, 좋은 모습을 보여 줄 것으로 기대된다. 이더리움에 DAO 펀드가 존재했다면, NEO에서는 Nest Smart Fund라고 하는 것이 있다. 일종의 펀드 상품인데, NEO 보유자는 Nest Smart Fund에 참여할 수 있는 기회가 제공된다. 반면 DAO와 다른 점은, 특정 기업의 애플리케이션을 투자하는 것이 아닌, 스마트 계약을 기반으로 하는 투자이다.

네오의 미래

네오는 중국 제1의 암호화폐로써 가격 상승적인 면에서 중국 시장의 큰 관심을 끌 수 있을 것이다. 중국의 전자화폐 시장은 세계 제일의 규모인데, 풍부한 자금과 지원, 그리고 시민들의 전자화폐에 대한 인식 또한 상당히 긍정적이다. 이러한 점은 많은 투자자들로 하여금 기대 심리를 끌어들일 것이며 NEO의 미래가 밝을 것으로 예상한다. 다만 NEO 코인의 가장 큰 불안요소이자 변수는 이더리움이다. 물론 두 체인이 공존할 가능성도 존재한다. NEO가 발전하려면, NEO 체인을 기반으로 한 DApp이 많이 생성되어야 할 것이다. 반면 현재 많은 댑DApp 개발은 이더리움 또는 퀀텀에서 이뤄지고 있다. NEO 블록체인이 DApp 개발을 소홀히 한다면, 이더리움이나 퀀텀에 밀릴 수 있다.

네오 스펙 

특성	수치
총발행량	100,000,000 NEO
현재까지 발행량	65,000,000 NEO
시가 총액	$526,528,153 USD (5,800억 원)
가격	$8.1 USD (9,000원)
평균 블록 생성 시간	20초
블록 수	3,158,596 (2018-12-30)
최초 블록 생성	2015-10
블록 용량	2,000 ~ 10,000 Bytes
Reddit 구독자	97,819
Tweets/day	834
Github release	v2.9.3 (2018-12-12)
Homepage	https://neo.org/

(bitinfocharts.com)

093 퀀텀의 특징은 무엇이 있나요?

Q 퀀텀의 특징은 무엇이 있나요?

A 퀀텀은 매우 다양한 DApp을 보유하고 있습니다.

퀀텀 개요

싱가포르에 있는 Qtum Foundation에서 개발한 오픈소스 블록체인 프로젝트이다. 퀀텀은 UTXO unspent transaction output 기술을 기반으로 POS 3.0 Proof-of-Stake : 지분 합의 증명 채굴 방식을 채택하였다. 비트코인의 보안성과 이더리움의 확장성을 동시에 지닌 퀀텀은 차세대 하이브리드 블록체인이다. 큐텀이라고도 불리지만 공식적으로는 퀀텀이라고 읽는 편이다. 한국 팬들에게 두터운 암호화폐 중 하나인데, 이유는 창립자인 패트릭 다이 Patrick Dai가 카카오톡, 텔레그램을 사용하여 한국 사람들에게 친근하게 인상을 남기는 편이며, 여러 국제 행사와 포럼에 참석하여 얼굴을 비추기 때문이다.

퀀텀의 기술적 특성

퀀텀 플랫폼은 비트코인의 빌딩 블록을 사용하여 이더리움의 스

마트 계약 엔진을 연결한 플랫폼이다. 정확히 말하자면, 비트코인의 UTXO Unspent Ttransaction Output 디자인을 사용하고 이것을 블록체인에 코드로 비즈니스 규칙을 저장하고 실행하는 EVM 이더리움 Virtual Machine 과 연결하는 방식이다. UTXO의 경우, 비트코인의 기본 블록체인 메커니즘으로써, 소비되지 않은 거래 출력은 새로운 거래가 발생할 시 입력으로 연결되어 '소비'되게 하는 역할을 한다. EVM의 경우 일종의 작동 기계로써 이더리움 플랫폼에서 이뤄지는 스마트 컨트랙트은 코딩으로 이뤄져있고, 이러한 컨트랙트가 이루어 지는 곳이다.

퀀텀은 기본적으로 비트코인의 장점과 이더리움의 장점을 결합하여 생겨났다. 퀀텀은 이런 하이브리드 형식을 채택했지만, 채굴 방식에는 신기술을 앞서 도입했다. 비트코인과 이더리움은 PoW Proof-of-Work, 작업 증명 를 채택하는데, 이는 일반적인 마이닝 Mining 의 개념으로 더 많은 해시를 보유한 사람이 블럭을 더 많이 발견하는 시스템이다. 그러나 퀀텀은 PoW 채굴 방식이 아닌 PoS Proof-of-Stake, 지분 합의 증명 를 채택했다. PoS 채굴 방식은 PoW 채굴 방식의 가장 큰 문제인 채굴 비용, 유지 비용, 해시 독점을 해결하고자 만든 시스템이며, 이더리움도 곧 PoS 방식으로 전환을 예정하고 있다. 채굴 방법은 인터넷만 연결된 PC 1대만 있으면 모든 준비가 끝난다. 가지고 있는 코인 양이 많을수록 더 많은 코인을 지속적으로 얻게 된다. PoS Proof-of-Stake, 지분 합의 증명 라는 이름과 같이 전체 코인에 대한 많은 지분 Stake 를 보유한 사람이 추가적으로 발행되는 코인에서 높은 확률로 많은 분량을 가지게 된다. 간단히 말해 이자와 같은 개념이라 보면 된다.

퀀텀 스펙

특성	수치
총발행량	101,145,224 QTUM
현재까지 발행량	89,145,224 QTUM
시가 총액	$205,828,874 USD (2,300억 원)
가격	$ 2.31 USD (2,600원)
알고리즘 & 증명 방식	PoS
평균 블록 생성 시간	2분
블록 수	291,390 (2018-12-30)
블록 용량	1,000 ~ 5,000 Bytes
최초 블록 생성	2017-09-08
Reddit 구독자	15,167
Tweets/day	41
Github release	mainnet-ignition-v0.16.2 (2018-11-15)
Homepage	https://qtum.org/

(bitinfocharts.com)

인공위성을 발사한 블록체인 퀀텀

퀀텀은 우주에서의 첫 번째 블록체인 노드를 2018년 2월 인공위성을 발사하며 구성하였다. 노드는 블록체인에서 네트워크 참여자를 가리키는 것으로 블록체인의 영역 확장을 의미한다. 2022년까지 총 72개의 인공위성을 발사하며 사물인터넷 기술과 연관되어 인터넷을 사용하는 온체인 onchain 에서 인공위성을 통해 오프체인 offchain 영역까지 확장을 목표로 한다. 퀀텀의 최종 목표는 인공위성망을 통해 인터넷을 벗어나 전 세계 어디에서나 사용 가능하도록 하는 것이다. 쏘아올린 초소형 위성 '장헝1호' ZH-1 는 성공적으로 발사되어 작동 중이다. '장헝 1호'는 초소형 비행체인 큐브샛 Cubesat 을 탑재했으며 뛰어난 정확성을 가진 정밀도 자석, 고주파 분석기, 고에너지 입자 탐지기 등과 함께 퀀텀의 블록체인 노드가 포함되어 있다.

[그림 10-1] 퀀텀 큐브샛

퀀텀 우주 프로젝트는 스페이스체인 Spacechain 으로 진행되며 성공적으로 ICO를 마쳤다. 로드맵에 따르면 인공위성이 발사되는 과정은 시작일 뿐이며 블록체인 기술의 상용화를 위한 첫 번째 시도라고 한다. 지구의 모든 인간과 최대 1조 개에 달하는 사물들이 음영 지역 없이 스페이스체인 네트워크를 활용할 수 있게 되며, 지구 전체의 네트워크 영역을 100%까지 확대시킬 수 있을 것으로 목표로 하고 있다. 스페이스체인은 비트코인 핵심 개발자 출신의 제프 가직 Jeff Garzik 이 공동 창업자로 참여하였고, 팀 드레이퍼 Tim Draper , 패트릭 다이 Patrick Dai 등 블록체인 업계에서 가장 영향력 있는 전문가들이 자문으로 참여하고 있다.

094 카르다노는 왜 3세대 코인인가요?

Q 카르다노는 왜 3세대 코인인가요?

A 카르다노는 소유자 의견을 수렴한 투표 결과를 소프트포크로 구현하여 민주적인 변화를 이끌어내는 블록체인입니다.

카르다노(에이다, ADA) 개요

카르다노는 금융, 다양한 분야에 응용 프로그램을 실행할 수 있는 블록체인 응용 플랫폼이자 하스켈 프로그래밍 언어로 구축된 최초의 블록체인으로 3세대 블록체인 암호화폐이다. 카르다노의 목표는 암호화폐의 장점을 현재 금융 시스템에 접목시키는 것이다. 3세대 암호화폐라고 알려진 카르다노의 업데이트는 개발진의 의견보다는 카르다노 사용자의 의견을 수렴해서 진행된다. 카르다노의 창립자는 찰스 호스킨스라는 개발자이며, 이더리움 공동개발 및 이더리움 CEO를 역임한 이력이 있다. 카르다노는 우로보로스 Ouroboros 라는 합의 방식을 적용하였으며, 하스켈이라는 프로그래밍 언어로 개발되어 해킹으로부터 위협받지 않도록 설계되었다.

카르다노의 기술적 특징

1세대 블록체인인 비트코인은 화폐로 기능에만 충실한 코인이며, 여기에 계약서 작성 등의 추가적인 기능을 더한 것이 2세대인 이더리움이다. 에이다는 여기서 한발 더 나아가 헌법을 정하여 해당 틀 안에서 변화를 인정하는 수단을 가능하게 했다. 즉 에이다 소유자는 프로토콜 변경 방법, 이해관계자 의도를 파악하는 방법, 파편화 가능성을 줄이는 방법 등에 투표할 수 있다. 이렇게 도출된 합의는 하드포크가 아닌 소프트포크를 통해 이루어진다. 즉 에이다 소유자 의견을 수렴한 투표 결과를 소프트포크로 구현하여 민주적인 변화를 이끌어내는 블록체인이다. 에이다 소유자 의견을 수렴한 투표 결과를 소프트포크로 구현하여 민주적인 변화를 이끌어낸다. 에이다는 우로보로스라는 안정성이 입증된 Stake 프로토콜을 적용하였으며, 안전한 하스켈 프로그래밍 언어로 구축되어 향후 양자컴퓨터가 개발되더라도 해킹에서 매우 안전하도록 설계되었다. 카르다노는 국가에 편향되지 않고 중립적인 화폐를 만들 예정이다.

카르다노의 로드맵을 보면, 우로보로스 위임이라는 것이 있는데 사용자들은 자신의 지분을 위임하거나 자신에게 위임된 지분을 가지고 스테이크 풀로 역할을 할 수 있게 된다. 또한, 3세대 코인 에이다는 민주적 방법으로 처리하며, 투표센터를 설치해 프로토콜의 변경을 할 수 있다. 또한, 페이퍼 월렛을 개발 중이라고 하는데, 자신의 자금을 물리적인 매체로 오프라인에서 안전하게 보관할 수 있게 된다.

카르다노(에이다, ADA) 스펙

특성	수치
총발행량	45,000,000,000 ADA
현재까지 발행량	25,927,070,538 ADA
시가 총액	$1,121,490,837 USD (1조 2,500억 원)
가격	$0.043 USD (48원)
알고리즘 & 증명 방식	PoS(Ouroboros)
평균 블록 생성 시간	20초
블록 용량	500 ~ 2,000 Bytes
최초 블록 생성	2017-9
Reddit 구독자	70,282
Tweets/day	489
Github release	mainnet-ignition-v0.16.2 (2018-11-15)
Homepage	www.cardano.org

(bitinfocharts.com)

095

스텔라루멘과 리플의 차이점은 무엇인가요?

Q 스텔라루멘과 리플의 차이점은 무엇인가요?

A 스텔라루멘의 운영주체는 비영리 재단이라는 점에서 차이가 있습니다.

스텔라루멘 개요

스텔라루멘은 전 리플 개발자가 리플 네트워크를 이용해서 새로 개발한 송금/결제 암호화폐이다. 기업 간의 송금을 주목적으로 하려는 리플과는 다르게 스텔라루멘은 개인 간의 거래에 초점을 맞추고 있다. 스텔라루멘은 비영리 기업인 스텔라 개발재단에서 운영하고 있으며, 금융 인프라가 정착되지 않은 개발도상국들의 금융 인프라 구축을 목표로 한다. 스텔라루멘 코인의 목표는 금융기관의 쉽고 간편한 지급 시스템과 효율적이고 안전하게 자본을 이동시키는 플랫폼 역할을 하는 것이다. 다른 암호화폐처럼 작업 증명 방식 POW 이나 자산 증명 방식 POS 이 아닌 또 다른 합의 메커니즘으로 해결하기 위해 SCP Stellar Consensus Protocol 를 개발했다. POS, POW는 증명 방식에 의존하지만 SCP는 인터넷을 통해 통신하는 소프트웨어를 실행하는 사람들에게 의존한다. 즉 트랜잭션을 완료하기 위해 신뢰할 수 있는 몇 명의 참여자를 식별함으로써 신뢰성을 더 높였다. 비트코인이 제한되는 상황을 예견하여 만들었기에 스텔라루멘은 이런면에서 차별성이 있다.

리플과의 비교

리플과 비교를 해보면, 리플은 수수료가 발생하게 되면 없어지지만 스텔라멘은 없어지지 않는다. 리플이 기업 간의 자금 송금으로 사용됨이 목적이라면 스텔라루멘은 개인 간의 거래를 더욱 편안하게 하고자 만들어졌다. 본격적인 스텔라루멘 결제 네트워크 플랫폼을 활성화시키기 위해 은행들과 협의를 할 것이라고 한다. 스텔라루멘을 운영하고 있는 스텔라재단은 비영리 기업으로 금융 인프라가 갖춰지지 않은 개발도상국의 금융 시스템 개발에 초점을 맞춰서 진행하고 있다. 실제로 많은 비영리 단체들이 스텔라를 통하여 아프리카나 필리핀 쪽 지역에 금융 인프라를 구축하고 있는 중이다. 그 외에도 스텔라루멘의 전망을 보여주는 장점을 보면 실시간 트랜잭션, 자동 환전, 단일 통합으로 국제적인 도달 범위 확보, 암호화로 안전한 트랜잭션, 빠른 속도로 움직이는 지급, 소액 거래 수수료가 있다.

스텔라루멘 스펙

특성	수치
총발행량	104,323,820,467 XLM
현재까지 발행량	19,160,773,995 XLM
시가 총액	2,239,288,731 USD (2조 5,000억 원)
가격	$0.117 USD (130원)
알고리즘 & 증명 방식	SCP
거래 수수료	0.00001 XLM (거래당 고정 수수료)
평균 블록 생성 시간	5초
최초 블록 생성	2014-7
Homepage	www.stellar.org

(bitinfocharts.com)

096 아이오타는 어떻게 사물인터넷에서 활용되나요?

Q 아이오타는 어떻게 사물인터넷에서 활용되나요?

A 탱글 기술을 이용하여 사물인터넷에서 활용하기 위한 최적의 환경을 제공합니다.

아이오타 개요

2015년 10월 21일 런칭하여 발행량 27억 개를 전부 유통하였고, IoT 사물인터넷 에 최적화된 마이크로 트랜잭션 암호화폐이다. 비트코인과는 달리 가볍고 무한 확장 가능한 특성을 가지고 설계했다. 이더리움과 같은 스마트 계약 플랫폼을 위한 신탁 역할을 수행하며 현재의 블록체인 생태계를 보완하는 역할도 담당한다. 암호화폐로 분류되지만, 블록체인 방식이 아닌 신기술인 탱글 Tangle 기술을 사용한다. 다른 주요 암호화폐들보다 비교적 최근에 나온 것이기 때문에 기술 부분에서는 장족의 발전을 이루었고, 이에 따라 메인넷에 상장된 지 1년, 거래소에서 거래된 지 5개월 만에 1,000종이 넘는 암호화폐들 속에서 한때 Top 5를 기록한 적도 있다. 리플처럼 다른 암호화폐와 다르게 채굴이라는 개념이 존재하지 않으며, 발행은 전적으로 아이오타 재단의 소관이었으나, 재단은 최대 발행량으로 정해 놓았던 27억 MIOTA를 발행하였고, 이를 전부 시장에 유통시켰다. 그래서 최대 발행량과 시장 유통량이 다른 일반적인 암호화폐들과 달리 거의 비슷하며 아이오타재단은 해당 액수 안에서의 발행권을 다 사용한 상황이다.

탱글 기술

탱글 기술 자체는 채굴자가 필요하지 않고, 거래자들이 스스로 채굴자의 역할을 하기 때문에 채굴자에게 들어가는 송금 수수료가 없다. 송금 수수료에 대해 비트코인은 수수료 $2~10에 3~4Transaction/second, 이더리움은 수수료 $0.01~0.1에 20T/s인 반면에 아이오타는 수수료 무료에 500~800T/s로 확실한 장점을 가지고 있다. 송금이 많아질수록 더욱 송금 속도가 빨라지는데, 이는 블록체인 기반이 아닌 탱글 방식을 사용하기 때문이다. 거래자 서로가 채굴자의 역할을 하는 형식으로 이루어져 송금자가 증가할수록 채굴자 역할을 하는 사람들이 증가하여 거래가 더욱 빨라진다. IOTA 코인은 수수료가 없는 대신, 다른 곳에서 이루어진 2건의 결제를 컨펌을 하는 구조이다. 결국, 더 많은 거래건수가 일어날수록 거래 속도가 더 빨라지는 시스템이 된다. 이것은 1거래가 2거래의 승인을 하는 시스템이기 때문에 가능한 것이다. 탱글의 기술은 결국 모든 거래는 그들만의 새로운 블록을 만들며, 이러한 블록은 스스로가 검증하는 기반이다. 위에서 말한 1 결제가 2개의 결제에 대한 검증을 할 수 있는 기술을 뜻한다.

아이오타의 미래

이러한 장점에 따라 기계를 통한 사물인터넷에 대한 적용이 용이하다. 수수료가 없고 송금 속도가 점점 빨라질 것이기 때문이다. 따라서 사물인터넷 분야에서 소액 결제의 수단으로써 많이 쓰일 수 있다는 것이다. 덕분에 IoT에 관심이 많은 삼성 ARTIK, 마이크로소프트, 보쉬, 시스코 등에서 관심을 가지고 있다. 마이크로소프트 같은 경우에는 아이오타 시장 참여에 관심을 갖기도 한 상황이다. 타이페이에서는 2018년 1월, 아이오타재단과 협약을 맺고 아이오타를 활용한 IoT 스마트 시티 계획을 추진하기로 했다. 2018년 2월, 폭스바겐도 IoT 컨퍼런스에서 IOTA를 통해 차량 가격을 수요에 맞게 자동 조절하게 하는 시스템을 구현하겠다고 밝혔다.

IOTA는 다른 암호화폐와 구별되는 확실한 특징을 가지고 있으며, 현재까지 밝힌 로드맵과 목적을 충실히 달성할 경우 암호화폐에서 독보적인 한 위치를 차지할 것으로 생각한다. 우선 수수료가 무료인 점, 또한 사물인터넷에서 사용 가능한 무한한 확장성은 장차 엄청난 프로젝트가 될 가능성이 보인다. 휴대전화에서 사용할 수 있는 솔루션을 이미 개발하여 장차 모바일 프렌들리 환경이 조성될 수 있는 기초 단계를 마쳤다.

아이오타 스펙 

특성	수치
총발행량	2,779,530,283 MIOTA
현재까지 발행량	2,779,530,283 MIOTA
시가 총액	1,000,174,835 USD (1조 1,000억 원)
가격	$0.359 USD (400원)
알고리즘 & 증명 방식	Tangle
최초 블록 생성	2015-10
Reddit 구독자	112,048
Tweets/day	329
Github release	v2.5.7 (2018-01-29)
Homepage	www.iota.org

(bitinfocharts.com)

097 이오스는 다른 코인보다 어떤 기술적 면에서 좋은가요?

Q 이오스는 다른 코인보다 어떤 기술적 면에서 좋은가요?

A 매우 빠른 속도로 트랜잭션 처리가 가능한 DPOS(Delegated Proof Of Stake) 방식을 채택하였습니다.

이오스 개요

EOS는 2017년 6월 26일부터 2018년 6월 1일까지 정해진 방법에 따라 투자자들에게 배포된 ERC-20 호환 토큰이다. 이오스 소프트웨어 EOS.IO 는 Block.one에서 2016년 개발에 착수한 오픈소스 소프트웨어로서 마이크로소프트사의 브렛출리, IBM사의 하이퍼렛저 패브릭, 텔레그램사의 톤 블록체인 등과 같은 블록체인 아키텍처 중 하나이다. 이오스 블록체인은 이더리움에 비해 매우 빠른 속도로 트랜잭션 처리가 가능한 DPOS Delegated Proof Of Stake 방식을 채택하였다. 이로 인한 가장 큰 장점은 빠른 트랜잭션 처리와 함께 사용자는 수수료를 지급하지 않고 개발자가 이오스를 지급하는 특성을 지니고 있게 된다는 점이다. 이에 비해 이더리움 기반의 DApp들은 개발자는 수수료를 지급하지 않고 사용자가 이더리움을 지급해야 한다. 이더리움으로 만들어진 DApp에서는 사용료로 gas가 소진되어 이더리움 기반 DApp을 쓰고자 하는 사람은 정기적으로 이더리움을 충전해야 한다. 반면 EOS의 경우 사용자는 트랜잭션 자체에 비용을 내지 않고, 대신 DApp 제공자가 EOS 토큰을 보유해야지만 트랜잭션을 발생시킬 수 있다. 예를 들어 EOS가 1초에 1만 번 트랜잭션을 발생할 수 있다면, EOS를 10% 보유한 DApp은 1초에 1천 번 트랜잭션만큼의 대역 폭을 확보하는 식이다. 따라서 이더리움 기반의 DApp은 사용자가 이더리움을 보유해야 하는 반면, 이오스 기반의 DApp은 서비스 제공자가 이오스를 보유하고 있어야 한다. 이러한 차이 때문에 메신저, SNS, 검색엔진, 위키피디아 등 현재 대부분 무료로 사용하고 있는 App들이 이더리움 기반보다 EOS 기반의 DApp들로 대체될 가능성이 크다. 왜냐하면, 사용자에게 서비스를 무료로 제공하는 DApp의 경쟁력이 더 클 것이기 때문이다.

그렇다면 개발자가 아닌 사람들은 이오스를 들고 있을 이유가 없는 것일까? 아니다. 이오스 토큰 홀더들은 트랜잭션 대역 폭이 필요한 DApp 개발자에게 자신들의 토큰을 일정한 값을 받고 '임대'해 줄 수 있는데 이를 통해 토큰 홀더들이 수익을 얻을 수 있게 된다.

이오스의 특성

이오스는 주로 웹어셈블리와 C++을 이용하여 작성되었는데 따라서 이오스의 DApp들은 브라우저에서 컴파일 과정을 거치지 않고 빠르게 돌아갈 수 있다. 또한, 이오스는 리눅스나 안드로이드와 같이 DApp들을 구동할 수 있는 운영 체제이다.

어떤 기업이 이오스EOS.IO 소프트웨어를 사용하고자 한다면, 이 토큰 소유자의 15% 지지를 받아야만 한다. 따라서 이 토큰을 직접 구매하거나 토큰 구매자에게 에어드랍 등 일종의 혜택을 베풀어 지지받고자 할 가능성이 크므로 많은 이들이 이 토큰을 구매하고 있다. 그 결과 현재 시가총액으로 10위권 안에 들게 되었다. 2018년 2월 네트워크상의 토큰들 간 상호 교환을 위하여 반코 프로토콜을 채택하였다. 반코 프로토콜은 중앙화된 거래소를 거치지 않고 네트워크상의 토큰들을 교환할 수 있게 해주는 프로토콜로 현재는 이더리움의 토큰들을 거래소를 거치지 않고 지갑에서 바로 교환이 가능하게 해준다.

참고로 현재 이더리움은 초당 20 트랜잭션을, 네오는 초당 1,000 트랜잭션을 처리한다. 이오스의 개발자 댄 라리머에 따르면 dawn 3.0 런칭 후 이오스의 초당 처리량은 최대한 보수적으로 산정할 때 최소 1,000 트랜잭션 이상이며, 평균적으로 약 25,000~50,000 트랜잭션을 처리할 수 있는 것으로 알려졌다. 이오스로 만든 코인들이 초당 수백만 건의 트랜잭션을 처리할 수 있는 이유는 위임 지분 증명 방식DPOS를 택했기 때문이다. DPOS는 블록 합의 메커니즘 중의 하나로 비트코인, 이더리움의 POW 혹은 네오의 POS, 에이다의 ouroboros 등에 해당한다.

이오스의 스펙

특성	수치
총발행량	1,006,245,120 EOS
현재까지 발행량	906,245,118 EOS
시가 총액	$2,395,321,909 USD (2조 6,600억원)
가격	$2.64 USD (3,000원)
알고리즘 & 증명 방식	DPOS
최초 블록 생성	2018-6
전체 데이터베이스 용량	88 GB (2018-12-31)
Reddit 구독자	61,665
Tweets/day	1,250
Github release	v1.5.2 (2018-12-18)
Homepage	https://eos.io/

(bitinfocharts.com)

 098

모네로는 익명성이 보장되나요?

Q 모네로는 익명성이 보장되나요?

A 익명성을 보장하여 추적이 불가능한 성질을 갖는 암호화폐입니다.

모네로 개요

모네로는 익명성을 보장하여 추적이 불가능한 성질을 갖는 암호화폐이다. 공식 슬로건이 'secure, private, untraceable'일 정도로 보안에 신경을 쓰는 화폐이다. 바이트코인 BCN 에서 포크되었다. CryptoNote 프로젝트에서 개발된 CryptoNight라는 채굴 알고리즘을 통해 강한 익명성을 제공한다. CryptoNote는 링시그니처를 구현하는데, 이는 타인이 거래의 대상자를 파악하지 못하게 하는 시스템이다. 모네로는 다크코인이라고 불리는 것들 중 하나로 비트코인과 다르게 누가, 누구에게, 얼마를 보냈는지 전혀 추적이 불가능하다. 비트코인은 모든 거래 정보가 공개되어 있다. 누구나 거래에 대한 모든 정보를 알 수 있다. 다만 비트코인도 어떤 주소에 얼마가 들어 있는지 파악할 수는 있지만, 그 주소의 주인이 누구인지는 알 수 없다. 이런 특성은 은행 등 전통적 금융과 차이가 있다. 은행의 거래는 프라이버시가 보호된다. 모네로로 이루어진 구매, 영수증, 또한 송금은 모두 프라이빗이며, 대중에게 결코 공개되지 않는데, 모네로팀은 돈의 기록은 일종의 프라이버시이며, 대중에게 공개되면 안된다는 원칙을 갖고 있다.

익명성에 특화된 모네로

익명성을 강화한 암호화폐를 위해 시작된 첫 번째 프로젝트는 익명성을 기반으로 한 크립토노트이다. 익명에 기반을 둔 프로토콜을 만들고 그 프로토콜로 처음 만들어진 것이 바이트코인 BCN 이고, 그 바이트코인에서 포크되어 나온 것이 모네로이다. 모네로는 크립토노트 시리즈라고 할 수 있는 많은 코인들 중 가장 많이 사용되는 코인 중의 하나가 되었다. 모네로의 장점은 프라이버시를 보호한다는 것인데, 다음의 4가지 기능을 통해서 프라이버시를 보호한다.

① Ring Signature

발신자의 프라이버시를 보호할 수 있는 방법인데, 여러 명이 동시에 발신 서명을 함으로써 실제 누가 발신했는지는 알 수 없게 한다. 이를 통해 트랜잭션을 추적할 수 없게 된다. A가 B에게 1 XMR을 보내려고 할 때 실제로 어떻게 작동하는지 살펴보기로 하자. A만이 발신 서명을 하는 것이 아니라 랜덤으로 설정된 그룹에서 함께 서명을 보낸다. A, C, D, E, F 모두가 동시에 서명을 해서 보내는 것이다. 외부에서 봤을 때 불특정 다수의 사인이 있기 때문에 A, C, D, E, F 중에 보냈다는 것은 알지만 그게 실제 A가 보냈는지는 알 수 없게 하는 방법이다. 이를 통해서 보내는 이의 프라이버시가 보호된다.

② 스텔스 어드레스

Ring Signature가 보내는 이의 프라이버시를 보호하는 방법이라면, 스텔스 어드레스는 받는 이를 보호하는 방법이다. 임의로 1회용 주소를 만들어서 개인정보를 보호하며, 매번 변경되는 1회용 주소를 통해 외부에서는 누가 돈을 받고 있는지 알 수 없게 된다. 매번 거래할 때마다 1회용 주소를 사용하기 때문에 트랜잭션을 추적하여 이 지갑에 얼마의 자산이 있는지 파악하기 힘들게 된다.

③ Ring CT

모네로는 Ring CT를 통해서 얼마를 보냈는지도 숨길 수 있으며, 2017년 1월에 도입된 기술로 현재 99.9% 이상의 트랜잭션이 Ring CT로 보내지고 있다.

④ Korvi

모네로는 Korvi를 통해서 보내는 사람, 받는 사람의 IP주소까지 추적할 수 없게 만든다.

모네로의 이러한 특성을 바탕으로 다음과 같은 경우를 생각해 볼 수 있다. 비트코인과 모네로 '교환'시 결제의 기록은 상당히 중요한데, 결국 비트코인은 퍼블릭 레저 public ledger 를 통해 그 투명성 때문에, 그 비트코인이 어떤 경로를 통해서 얼마만큼 변환된 기록이 존재하기 때문이다. 만약에 그 거래를 통해서 비트코인이 지갑에 들어올 경우, 결국 레저를 통해 그러한 거래가 수행되었다는 것이 추적 가능하고, 결국 그러한 '거래 기록'이 존재해야지, 이러한 결제의 정당성이 증명된다. 반면에 모네로의 경우 불투명한 블록체인이다. 즉 이러한 거래 기록을 대중이 볼 수가 없다. '거래'의 기록이 없으니 결국 1개의 XMR은 항상 1개의 XMR이다. 결국, 이러한 이유 때문에 모네로는 항상 1개의 모네로로 존재하는 일종의 지폐와 같은 것이며, 비트코인처럼 거래 내역이 존재하는 암호화폐와는 다르게 분리해서 보아야 한다는 주장도 있다.

모네로 스펙

특성	수치
총발행량	제한없음
현재까지 발행량	16,684,809 XMR
시가 총액	$804,966,044 USD (8,900억 원)
가격	1 XMR = $ 48.25 USD (54,000원)
알고리즘 & 증명 방식	POW
24시간 동안 거래량 (블록체인상)	3,5323,818
평균 블록 생성 시간	1m 58s
블록 수	1,738,308 (2018-12-31 11:32:42)
블록 용량	18.954 KBytes
블록 생성 시 채굴 보상	3.36+0.00109 XMR ($162.54 USD)
최초 블록 생성	2014-4-18
전체 데이터베이스 용량	63.75 GB
Reddit 구독자	150,166
Tweets/day	290
Github release	v0.13.0.4 (2018-10-25)
Homepage	www.getmonero.org

(bitinfocharts.com)

099 제트캐시는 모네로와 비슷한가요?

Q 제트캐시는 모네로와 비슷한가요?

A 제트캐시는 모네로처럼 익명성을 특징으로 하지만 방식은 차이가 있습니다.

제트캐시 개요

제트캐시는 분산 암호화 화폐에 연구를 20년간 한 주코 윌콕스 Zooko Wilkox에 의해 2016년 10월 28일 세상에 등장하였다. 제트캐시는 익명성과 추적이 불가능한 성질을 갖는 분산 암호화 화폐이다. "비트코인이 http의 돈이라면, 제트캐시는 보안 전송 레이어이다"라고 자신들을 설명한다. 제트캐시는 처음에 제로코인 Zerocoin으로 2013년 공개되었으며, 비트코인에서 사용할 수 있는 부가 기능 정도의 프로젝트였다. 이후 개발 과정에서는 제로캐시 Zerocash로 불리다가 제트캐시 Zcash로 이름을 확정했고, 비트코인의 애드온 add-on이 아닌 독자적 블록체인을 구축하였다.

제트캐시의 영지식 증명

제트캐시는 영지식 증명 Zero-knowledge proof을 통해 익명성을 구현한다. 영지식 증명이란 정보를 공유하지는 못하지만, 자신이 그

것을 알고 있다는 사실을 증명하는 암호화 프로토콜이다. 지식이 0인데 증명은 할 수 있다는 개념이다. 상대방에 대해 아무것도 아는 것이 없지만, 상대방이 가진 정보는 신뢰할 수 있는 방법이다. 상대방이 가지고 있는 정보가 진짜인지 해당 정보로 증명 가능성이 높은 것을 여러 번 보내서 한 번도 틀리지 않는 반응이 나오면 상대가 진짜 정보를 가졌다고 확률상으로 확신하는 것이다.

여러 가지 영지식 증명 중, 제트캐시는 zk-SNARK를 프로토콜로 사용한다. 제트캐시를 통한 거래는 블록체인에 기록되지만, 사용자의 선택에 따라 송금자와 수신자와 그 거래 금액에 대한 거의 모든 것을 비공개로 하여 송신자, 수신자, 금액 등이 완벽히 프라이버시와 보안을 유지할 수 있다. 이렇게 많은 정보가 숨겨지기 때문에 프로토콜은 새로운 암호화 방법으로 유효성을 검증해야 하고, 이것을 zk-SNARK란 프로그램이 담당한다. 제트캐시는 총공급량에 도달하기 위해 비트코인과 같이 채굴 보상에 대해 4년마다 반감기를 두어 채굴량을 줄인다. 한편 개발자 포상 Founder's Award 의 개념이 있어서, 코인 시작 후 첫 4년 동안만 채굴한 가치의 10%가 지캐시 개발자들에게 보상으로 지급되며, 그 이후에는 채굴자들에게 모든 보상이 돌아간다.

제트캐시의 프라이버시 보장

제트캐시는 개인의 사적인 영역 또한 중요하다고 생각하며, 인간의 도덕, 존엄성을 지켜 주는 길이라고 믿었다. 프라이버시가 거래에서 중요한 요소이며, 어느 기관의 지식 재산권, 내부 자금 흐름 등의 세부적인 내부 정보가 프라이버시에 해당될 수 있으며 절대 노출되지 말아야 할 정보라고 생각했다. 따라서 이러한 프라이버시를 안전히 지킬 수 있는 길을 제공하고자 했다.

여기에서 딜레마가 생긴다. 프라이버시를 존중할 경우 투명성이 하락할 수 있다. 제트캐시팀은 블록체인 시스템을 도입함으로, 'Big player'의 손의 휘둘리지 않는 안정적인 기반을 마련하고 결국 이는 더 공정한 분산화된 경제를 구축할 것이라고는 주장한다. 프라이버시를 극대화한 시스템이 악용될 가능성도 많은데 자금세탁, 불법 자금 거래, 테러 지원 관련 돈의 송금 등이 이에 해당된다. 제트캐시팀은 그러한 악의 무리를 지원하는 기반을 마련하는 것이 아닌 대다수의 시장경제를 따르는 좋은 사람들을 위한 시스템이며 그러한 부작용에 대해서는 인지하고 있다.

제트캐시 스펙

특성	수치
총발행량	제한 없음
현재까지 발행량	5,566,844 ZEC
시가 총액	$327,322,684 USD (3,600억 원)
가격	1 ZEC = $ 58 USD (65,000원)
알고리즘 & 증명 방식	POW
24시간 동안 거래량 (블록체인상)	2,895
평균 블록 생성 시간	2m 30s
블록 수	455,348 (2018-12-31 11:39:11)
블록 용량	9.616 KBytes
블록 생성 시 채굴 보상	12.50+0.00203 ZEC ($733.67 USD)

특성	수치
최초 블록 생성	2016-10-28
전체 데이터베이스 용량	20.47 GB
Reddit 구독자	14,956
Tweets/day	135
Github release	v2.0.2 (2018-11-30)
Homepage	z.cash/

(bitinfocharts.com)

PART

11

블록체인/ 암호화폐 정책과 미래

100 미래 사회에서는 어떻게 쓰이게 될까요?

Q 미래 사회에서는 어떻게 쓰이게 될까요?

A 송금, 결제 뿐만 아니라 우리 일상생활의 모든 부분에서 필수적으로 사용될 것입니다.

미리 보는 2025년의 선거

선거일이다. 중앙선거관리위원회가 지정한 투표 장소에 직접 방문하지 않고 집에서 온라인으로 편리하게 투표했다. 투표 내용은 즉각 암호화되어 블록체인 시스템상에 기록되었다. 투표자 ID와 선택 후보 ID를 담고 있는 각 데이터는 누구에게나 공개되어 각 후보의 득표 현황을 실시간으로 확인할 수 있었다. 당연히 비밀투표로 진행됐다. 블록체인이 도입됨으로써 개표와 결과 저장까지 더욱 안전하고 신뢰할 수 있는 선거 시스템이 구축되었다. 투표에 드는 비용이 절감되었고, 선거 결과에 대해 빠르게 접근할 수 있었다. 이러한 투표 시스템은 투명성과 안정성, 유권자의 익명성을 보장함과 동시에 누구도 부정 선거에 대한 논란을 제기하지 않게 되었다. 전 세계에 블록체인 선거 열풍을 불러일으킨 역사적인 선거는 몇 년 전인 2018년 3월에 열렸다. 아이러니하게도 아프리카에서 처음 도입되었다. 2018년 아프리카 시에라리온에서 세계 최초로 대통령 선거에 블록체인 스타트업 아고라 Agora가 운용하는 프라이빗 블록체인 기술이 적용되었다. 그후 선거와 투표가 있는 곳에서 블록체인 기술이 활발히 적용되어 블록체인 없이는 투표와 선거를 상상할 수 없는 시대가 되었다. 블록체인을 통해 위변조를 원천 차단할 수 있었고 선거와 투표에 관한 논란은 사라졌다. 시에라리온의 블록체인 선거는 개표 과정은 수동으로 한 후에 결과만을 블록체인에 기록했다는 점에서 완전한 블록체인 시스템이라고 말할 수는 없었다. 블록체인에 수동으로 등록한 개표 결과의 위변조는 불가하지만, 개표 입력 과정에서 발생한 실수는 블록체인에 그대로 등록될 가능성도 있기 때문이다. 하지만 그 이후로 기술 향상을 통해 유권자의 투표 단계부터 전 과정을 블록체인을 통해 진행하는 시스템을 구축하였다.

미리 보는 2025년의 헬스케어

병원 예약일이다. 예약 시간에 맞춰 병원에서 검진과 치료를 받았다. 이때의 데이터는 블록체인 시스템에 기록되었다. 약국에 가서 처방전 없이 필요한 약을 조제 받을 수 있었다. 이 과정에서 암호화폐 메디토큰으로 결제가 자동적으로 이루어짐과 동시에 보험사와 보건복지부, 정부기관에도 정보 시스템이 연동되어 처리되었다. 모든 의료 관련 기관들이 블록체인의 분산원장을 공유하여 실시간으로 보안이 되어 있는 정보를 받기 때문이다. 각 의료기관마다 설치되어 있는 환자 및 의료기록 시스템의 필요성을 제거하며 의료기록 관리에 소비되는 비용도 낮추고 그 결과 환자가 부담하는 의료비용도 감소하였다. 스마트폰의 앱을 실행하여 오늘 진료한 내역과 몇 년간의 기록들을 조회할 수 있었다. 어떤 의사가 어떠한 처방을 내렸는지, 어떠한 약을 조제하였는지, 피 검사 수치 등 블록체인 시스템에 기록되어 있어서 언제든지 스마트폰을 통해 볼 수 있다. 2019년 블록체인 의료 정보 플랫폼인 '메디블록'이 출시된 이래 의료 시스템은 환자에게 획기적으로 편리하게 변화하였다. 이제 개인의 의료 정보는 블록체인 의료 정보 플랫폼에 저장되어, 환자 중심으로 의료 정보의 관리와 유통이 이루어진다. 내 정보임에도 병원에 일일이 방문하여 정보를 발급받고, 병원에서의 정보 유출에 걱정하던 시절과는 많이 달라졌다. 데이터의 신뢰성, 보안성, 투명성, 경제성이 확보되고 질 높은 통합 의료 서비스를 받을 수 있게 되었다. '메디블록' 플랫폼에서 제공하는 API를 이용하여 플랫폼을 활용할 수 있는 다양한 응용 프로그램이나 서비스가 등장하여 맞춤형 의료 서비스를 받을 수 있다. 내 의료 정보에 기반하여 받는 맞춤형 건강 레포트, 개인 맞춤형 인공지능 의료 정보 서비스, 의료 데이터 제공에 대한 인센티브로 토큰 획득, 자동 보험 청구 및 심사 서비스, 수집된 정보를 이용한 연구 활용 시스템, 의료 정보에 기반한 소셜 네트워킹 서비스 등 메디블록 플랫폼을 통하지 않고서는 의료 서비스를 논할 수 없는 시대가 되었다.

미리 보는 2025년의 부동산 거래

내 집을 마련하는 날이다. 아파트 매도자와 만나서 블록체인 시스템상에 저장되어 있는 해당 아파트의 과거 거래 정보 및 권리 관계를 파악하고 스마트 계약 기능을 활용하여 암호화폐를 지급하고 매매를 완료하였다. 매매 완료 즉시 등기 정보는 국가 블록체인 등기소에 기록되어 위변조가 불가능한 데이터로 남는다. 세계 최초로 부동산 블록체인 시스템이 남미의 온두라스에서 등장한 이후로 이제는 블록체인 없이는 부동산 거래를 생각할 수 없는 시대가 되었다. 'Factom' 플랫폼은 모든 기록물 정보를 보관하는 실생활 응용 플랫폼으로 선거의 투표 시스템, 법률적 서류, 각종 기록들의 안전한 보관을 가능하게 했다. 부동산 자산 소유 거래 시스템이 세계 최초로 구축된 곳은 남미의 온두라스였는데 온두라스에서는 오랫동안 기득권층이 마음대로 토지대장을 조작해 일반인들의 토지를 빼앗는 일이 일상적이었다. 이런 병폐를 없애기 위해 조작이 불가능한 디지털 등기소를 미국 스타트업 Factom과 함께 구축하였다.

101 블록체인과 암호화폐에 대한 법·제도적인 현황은 어떤가요?

Q 블록체인과 암호화폐에 대한 법·제도적인 현황은 어떤가요?

A 블록체인과 암호화폐의 본격적인 활용을 위해서 법·제도적인 측면의 개선이 필요합니다.

블록체인 활용의 가장 큰 장벽인 법·제도

블록체인 기술은 나날이 발전하고 있고, 기술을 활용하여 다양한 사업을 수행하려는 스타트업 등 기업들은 혁신적인 아이디어를 끊임없이 내놓고 있다. 이와는 대조적으로 기존의 법 · 제도는 이러한 블록체인 산업이 활동하지 못하게 여러 가지 규제로 가득 차 있다. 블록체인 활용 및 응용 사례들이 늘어갈수록 기존의 법 · 제도 체계가 이를 받아들일 준비가 되지 않았다는 것들을 깨달을 것이고, 많은 법적 문제들을 야기할 것이다. 이러한 가운데 법제도의 개선 요구가 거세질 것이다.

블록체인 기술은 우리가 상호 작용하고 정보를 교환하는 방식에 혁신적인 가능성을 부여함과 동시에 도전적이고 복잡한 법적 이슈들에 직면하고 있다. 기존 법률의 한계와 제한을 뛰어넘는 새로운 체계가 필요하다. 우리 사회가 그동안 인터넷, 신의료 기술, 소셜 미디어 등 변화에 대처했던 것처럼 법률도 블록체인 기술을 활용할 수 있도록 제 · 개정이 필요하다.

암호화폐의 성질

비트코인과 같은 암호화폐는 은행이나 다른 금융기관에 의해 관리되지 않으며, 어느 정부기관의 인증 및 확인 절차도 거치지 않는다. 세금 등의 문제로 정부기관에 알려야 하는 금전적인 거래가 있는 경우에도 보고하지 않아도 되어 탈세를 부추기고, 이는 정부의 규제와 현행법에 부합하지 않는다.

비트코인과 같은 암호화폐의 '통화 정책'은 처음 코인이 설계된 소스코드에 의해 결정된다. 코인의 발행 통화공급 이 정부에 의해 결정되지 않고 상품에 고정되어 있고, 수요와 공급에 따라 가격이 결정된다는 점에서 금 Gold 과 유사한 성질의 자산 특성을 갖는다.

비트코인이 화폐인지, 상품인지에 대한 논란이 빈번하다. 상품으로 간주되는 경우, 미국 선물거래위원회 CFTC 가 비트코인과 같은 암호화폐의 거래에 세금을 부과할 수도 있으며 이는 우리나라도 크게 다르지 않다. 다만 미국 네바다주 의회에서는 주정부가 세금을 부과하지 못하도록 하는 법안이 만장일치로 통과되었다.

돈세탁 및 기타 불법적 금전 거래로 악용

최근 미국 웨스트버지니아주 의회에서 비트코인 등의 암호화폐를 이용하여 돈세탁하는 행위를 중범죄로 간주하고, 주 돈세탁 방지법 AML, Anti-Money Laundering 개정안을 발표하였다. 대부분의 국가에서 금융 서비스는 고객 확인 제도 KYC, Know Your Customer 와 돈세탁 방지법 AML 에 대한 규칙을 준수해야 한다. 고객 확인 제도 KYC 란 금융기관의 서비스가 자금 세탁 등 불법 행위에 이용되지 않도록 고객의 신원, 실제 당사자 여부 및 거래 목적 등을 금융기관이 확인함으로써 고객에 대해 적절한 주의를 기울이는 제도이며, 돈세탁 방지법 AML 이란 우리나라에서는 '특정 금융 거래 정보의 보고 및 이용 등에 관한 법률'에 해당하며 금융거래를 이용한 자금 세탁 행위를 규제하여 범죄 행위를 예방하고 건전하고 투명한 금융 거래 질서를 확립하고자 하는 제도를 위한 법이다. 암호화폐의 사용도 이러한 규칙 준수의 대상에서 제외시키지 않으려 하며, 일부 국가에서는 암호화폐의 사용을 엄격하게 금지하고 있다.

102 블록체인과 암호화폐에 대한 법률 이슈는 무엇이 있나요?

Q 블록체인과 암호화폐에 대한 법률 이슈는 무엇이 있나요?

A 분산 응용 프로그램에 의한 다양한 서비스 등장, 개인정보 보호법과의 상충, 블록체인 기록에 대한 법적 활용성, 스마트 계약, 소유권 관리 등이 있습니다.

분산 응용 프로그램에 의한 다양한 서비스 등장

이더리움과 같은 프로그래밍 가능한 블록체인은 사용자에게 분산 응용 프로그램을 만들 수 있도록 환경을 제공해 준다. 이러한 환경하에서 기업과 개인이 상품 및 서비스를 개발할 수 있는 상호 운용 가능한 오픈 프로토콜을 제공할 수 있도록 설계되었다. 암호화폐를 사용하여 서비스 중개 계층을 제거한 새로운 형태의 다양한 분산형 금융 시스템을 간단하게 제작 가능하며, 이러한 시스템이 기존의 법률을 준수하는지 많은 논란이 있을 것이다.

개인정보 보호 법률(Privacy laws)과의 상충

블록체인에서 과거 거래의 유효성을 확인할 수 있는 기록은 누구에게나 공개되지만, 거래 기록의 특정 개별 요소는 암호화되어 공개하지 않을 수 있다. 예를 들어 여권 또는 기타 개인 식별 정보는 안전하게 암호화될 수 있지만, 거래 기록의 유효성 증명을 위한 정보는 공개적으로 사용될 수 있다. 이러한 측면에서, 블록체인 시스템에 특정 개인정보 보호 관련 법률을 충족시키도록 강요하는 것은 문제를 야기할 수 있다. 예를 들어 '잊혀질 권리'에 따르면, 법원의 요구에 따라 데이터를 영구적으로 삭제해야 하는 경우가 있는데, 본질적으로 블록체인에서는 과거의 데이터를 삭제할 수 없기 때문에 이러한 법과 상충되는 측면이 있다.

블록체인 기록의 법적 활용성 증가

블록체인 기반 기록의 특성상 법정에서 중요한 자료로 활용될 수 있다. 미국 버몬트주 의회에서는 블록체인 기술을 통해 입증된 기록을 법원에서 증거 자료로 활용하도록 하는 법안을 입안하였고, 네바다주에서는 스마트계약과 블록체인 서명을 합법적으로 인정한 사례가 있다. 이러한 경향은 블록체인 시스템이 보편화될수록 법원에서 증거로 활용될 가능성이 증가시킬 것이다.

스마트 계약 활성화

블록체인은 단순히 거래 정보만을 저장하는 것이 아니라 거래 데이터를 처리할 수 있기 때문에, 코드 및 응용 프로그램을 실행할 수 있는 플랫폼으로서 역할을 수행 가능하다. 스마트 계약은 특정 이벤트가 발생하면 추가적인 외부 개입 없이, 예정된 조치를 실행하는 프로그램 로직으로 기존의 법률 계약 부분을 상당 부분 대체할 가능성이 있다. 미국 아리조나주 의회는 스마트 계약을 활용할 수 있도록 주 법을 개정하고 있다. 이때 스마트 계약에 들어가는 문구는 객관적으로 측정 가능한 사건과 행동으로 정의할 수 있어야 하고, 모호한 용어를 사용한 계약조건은 스마트 계약의 내용에 포함될 수 없다고 하는 등 법률 영역인 만큼 엄격하게 조건을 설정하고 있다. 앞으로 난관이 예상되는데 법률용어들 예: 최선의 노력, 중대한 부작용, 합리적 이유 을 스마트 계약에 기입하여 적용시키는 것은 매우 복잡할 수 있기 때문이다.

투명하고 효율적인 소유권 관리

토지나 아파트 등과 같은 부동산 자산의 소유권이 누구에게 있는지 기록하고 결정하는 것은 개발도상국에서 특히 중요한 문제이다. 블록체인을 통하여 토지대장 등 자산의 소유권을 관리하면, 자산을 신뢰성 · 투명성 · 보안성이 높은 방식으로 이전하고 보유할 수 있다. 블록체인 방식의 간소화된 소유권 증명을 통해 더 효율적인 인증 기반 시스템을 만들 수 있고, 정부는 개인과 기업에 공정하게 세금을 부과할 수 있다.

103 우리나라는 블록체인·암호화폐 정책을 어떻게 세워야 할까요?

Q 우리나라는 블록체인·암호화폐 정책을 어떻게 세워야 할까요?

A 4차 산업혁명 시대에서 급성장하는 블록체인과 암호화폐 시장을 선점하기 위해 적극적인 지원 정책이 요구됩니다.

블록체인·암호화폐 정책 제언

스위스가 어떻게 가난한 나라에서 부국이 되었는지 되돌아볼 필요가 있다. 중립국으로서 지정학적으로 강대국들 사이에서 살아남기 위해 수많은 역경을 겪어 왔다. 가장 큰 발전의 원동력은 중립국으로서의 지위를 이용하여 금융업을 발달시키고 세계 각국의 검은돈을 받아 운용하는 과정에서 부를 축적하였다. 관광 산업이 있다고는 하지만 이는 부수적인 것이다. 스위스라고 하면 이미지가 매우 깨끗하고 신뢰할 수 있는 이미지를 구축해 놓았다. 부를 이룬 방법에 대해 배울 점은 배워야 한다. 국가의 이익을 위해 손익을 냉정하게 판단하고 활용할 줄 아는 현명함이 우리나라에 요구된다.

1990년대 말 온라인 게임의 중흥과 함께 시작한 게임 산업이 세계적으로 커나갈 기회를 얻었지만, 게임을 마약으로만 보는 지속적인 규제 때문에 이미 자리를 잃어 버린지 오래다. 비트코인이 이 세상에 태어난지 10년이 다 되어 간다. 미국은 선물시장에 상장도 하고 세계 각국은 각종 규제완화와 지원정책을 펴고 있는데, 우리나라에서는 규제만 하려고 든다. 물론 정부의 규제와 이용자 보호를 폄하할 의도는 없다. 하지만 산업이 커 나아가야 할 길은 열어 줘야 한다. 올바른 규제와 지원을 통해 세계 블록체인 · 암호화폐 시장을 선도할 수 있을 것이다. 과거 우리가 했던 실수를 번복하여 규제를 하고 산업의 싹을 잘라 버린다면 4차 산업혁명의 시대에서 선도국의 지위를 잃을 것이다.

104 암호화폐 은행이 등장할까요?

Q 암호화폐 은행이 등장할까요?

A 암호화폐를 주요 자산과 거래의 대상으로 하며 은행 또는 증권사와 같은 기능을 하는 금융기관이 탄생할 것입니다.

암호화폐의 제도권 진입

인터넷과 정보통신 혁명은 우리 사회의 구조를 완전히 바꾸어 놓았고, 새로운 산업의 등장과 기존 산업의 쇠퇴를 동시에 불러왔다. 미디어의 주도권이 인터넷 매체들에게 넘어갔으며, 유통 소매업도 월마트 등 오프라인 기업에서 아마존, 알리바바 등으로의 권력 이동이 있었다. 이것은 정보의 디지털화 덕분이었다. 아마존은 월마트보다 물류 업무 경력이 비교도 안 되고 짧은 신생 회사였지만 아마존은 정보를 디지털화 했고 그것이 현재 세계 최대의 유통 물류 업체가 된 계기가 되었다.

이러한 인터넷 혁명에 이어서 세상을 변화시킬 기술로 떠오른 것이 블록체인이다. 비트코인 개발자인 사토시 나카모토 덕분에 인터넷이 활성화된 지 20년 만에 처음으로 자산을 디지털화 할 수 있게 되었다. 자산 등 금융 부분은 미디어와 소매업보다 훨씬 더 크다. 금융시장은 거대하다. 블록체인이 나타나기 전까지만 해도 정보통신 기술은 금융 영역을 대체할 무엇인가를 만들어 내지 못했다. 이제는 모든 것이 달라지고 있다. 이제 외국에 송금을 할 경우 은행을 이용하는 복잡한 절차 없이, 저비용으로 매우 빠르게 암호화폐를 송금할 수 있다. 금융 거래 시 신뢰해야 하는 제3자를 중개인으로 삼는다는 것은 그만큼 비용, 절차, 보안적인 면에서 단점이 있다. 블록체인은 이 제3자인 중개인을 없앨 수 있게 해준다. 블록체인 기술로 돈과 자산이 디지털화되고 프로그래밍이 가능해지게 되면 금융 시스템에 혁신을 불러일으킬 것이고, 세계 경제는 또 한 번 변화할 것이다.

머지 않은 미래에 미국의 투자은행 골드만삭스 등과 같이 암호화폐 시대에서 금융의 주도권을 쥐게 될 신생 금융회사가 등장할 것으로 전망된다. 암호화폐 거래를 기본으로 하여 현재 은행과 증권사가 가지고 있는 기능을 대부분 갖추게 될 것이다. 블록체인 기술을 은행 시스템에 도입하여 최소한의 인력만 갖추고도 운영이 가능하게 할 수 있을 것이다. 암호화폐 뱅킹의 주요 자산과 서비스는 암호화폐가 될 것이다. 은행의 입출금, 종목 리서치, 암호화폐 펀드 운영 등 암호화폐 기반의 새로운 서비스 등 암호화폐 자산 관리 종합 솔루션을 제공하는 제2의 골드만삭스가 탄생할 것이다.

105 블록체인과 암호화폐의 미래는 어떨까요?

Q 블록체인과 암호화폐의 미래는 어떨까요?

A 인터넷과 모바일이 우리 사회에 영향을 준 것처럼, 블록체인과 암호화폐도 생활에서 뗄 수 없는 필수 기술이 될 것입니다.

블록체인과 암호화폐 시대가 되면

블록체인이 가져올 영향에 대해 전망하기 위해 지난 인터넷 시대에 세상이 어떻게 변화했는지 알아볼 필요가 있다. 1990년대 후반 인터넷이 일반인들에게 사용할 수 있는 길이 열렸다. 당시 인터넷은 단순히 이메일 자료를 주고받거나, 고작 채팅을 할 수 있는 용도가 전부인 일부 컴퓨터광의 전유물이었다. 그러나 곧바로 인터넷은 사람들의 삶의 방식을 바꾸어 갔고, 현재 인터넷이 우리 삶에서 차지하는 위치는 어떠한가? 인터넷과 모바일이 결합하여 현재는 인터넷이 없이는 1시간도 지낼 수 없는 것이 현실이다. 모든 산업 영역에서도 인터넷을 받아들이지 않은 기업은 사라졌고, 적극적으로 활용한 기업은 세계 제일의 기업으로 부상했다.

그렇다면 블록체인과 암호화폐는 현재의 위치에서 앞으로 어떻게 될 것인가? 현재 암호화폐가 가장 많이 쓰이는 용도는 송금 및 가치 저장을 위한 것이다. 마치 인터넷이 초창기 채팅과 이메일 주고받기가 전부였던 것처럼 암호화폐의 실질적인 용도는 현재 제한적이다. 하지만 앞으로 개발되어 우리 삶에 적용될 영역에는 제한이 없다. 의료 · 물류 · 공공 · 에너지 등 모든 산업 영역과 결합하여 투명성 · 신뢰성 · 보안성 · 효율성을 높이는 수단으로써 사용될 것이다. 몇 년 안에 전 세계 GDP의 10% 이상이 블록체인 플랫폼에서 나올 것이라는 전망에 대다수 동의하고 있는데, 이러한 위치를 차지하게 된다면 차세대 인터넷과 모바일 산업으로서 기능할 것이다. 과거 인터넷과 모바일이 그랬던 것처럼 4차 산업혁명 시대의 새로운 인프라가 되어, 블록체인 없이는 살 수 없는 세상이 될 것이다.

인터넷 시대에 산업과 기업이 꽃길만을 걸었던 것은 아니다. 인터넷 버블을 거치고 혹독한 무한경쟁의 약육강식의 시절을 거쳐 현재 살아남은 기업들은 전 세계 경제를 좌지우지하는 기업으로 성장하였다. 현재 세계로 진출하고 있는 우리나라의 많은 IT 기업도 이때 탄생하였다. 우리나라도 코인플러그, 데일리인텔리전스, 블로코, 메디블록, 블록체인OS 등과 같은 블록체인 스타트업 전문 기업들이 제2의 구글 또는 애플이 될 날도 머지 않은 미래가 될 것이다.

부록

블록체인/
암호화폐
용어 정리

블록체인/암호화폐 용어 정리

용어	해설
BFT (Byzantine Fault Tolerance)	비잔티움 장애라는 시스템에 생길 수 있는 임의의 장애를 견딜 수 있는 시스템을 만드는 분야. 비잔티움 장애는 시스템이 멈추거나 에러 메시지를 내보내는 것과 같은 장애와, 잘못된 값을 다른 시스템에 전달하는 등의 그 원인을 파악하기 어려운 장애도 포함함.
BlockHeader (블록헤더)	블록을 구성하는 요소 중 하나. 블록은 블록헤더, 거래 정보, 기타 정보로 구성됨.
Chbtc	중국의 암호화폐 거래소
DAICO (다이코)	DAO와 ICO의 합성어로 이더리움의 창시자 '비탈릭 부테린'에 의해 제시된 새로운 ICO 방식.
DApp (Decentralized Application)	분산화된 애플리케이션. 중앙화된 서비스 중 대표적인게 웹서버를 이용한 웹사이트라고 할수 있음. 웹서버는 클라이언트와 서버의 모든 리소스(글, 그림, 영상)을 연결하는 중계자이자 컨트롤러의 역할을 함. 이를 중앙 서버에서 통제하는 것이 아닌 각각의 사용자들이 독립 노드가 되어 합의를 통해 정보를 나눠 통제하게 되는데 이것이 DApp이라고 함.
EEA	Enterprise Ehereum Allience의 줄임말로 이더리움을 후원하는 기업들의 모임. 2017년 5월 EEA 발표에서 삼성SDS와 도요타가 참여하면서 이더리움의 가치가 급등하였음.
ERC20 (Ethereum Request for Comment 20)	이더리움 블록체인 네트워크에서 발행되어 이더리움 생태계에서 사용할 수 있는 토큰의 표준. 예를 들면 안드로이드 또는 iOS를 플랫폼으로 하는 수많은 어플이 있는데 각각 어플들의 포인트를 하나로 통합하는 것이 현재는 불가능하지만 이더리움 플랫폼에서는 이 애플리케이션들의 토큰끼리 서로 호환됨.

용어	해설
EVM (Ethereum Virtual Machine)	이더리움 블록체인 네트워크의 노드가 공유하는 하나의 거대한 분산 컴퓨터. 네트워크상의 수많은 노드에 접근할 수 있으며 자료도 변경할 수 있으나, 동시에 많은 사람이 접속했을 때 충돌이 발생하는데 이를 중재하는 것이 EVM. 또한, 악성 코드의 삽입 및 불필요한 사용 등의 문제를 예방하기 위해 일정 비용을 지급하도록 설계되어 있음. EVM을 사용한 만큼을 Gas로 측정하여 ETH로 지급함.
ICO (Initial Coin Offering)	신규 비상장 코인에 암호화폐로 투자하면 해당 신규 코인을 받는 투자 방식. 개발자 입장에서는 백서를 제출하며 돈을 모금하는 행위. 암호화폐를 내면 그에 해당하는 비율만큼 신규 코인을 배포해 줌.
KYC (Know Your customer)	ICO 전에 주민등록증이나 여권을 요구하며 고객의 정보를 모으는 작업. 고객의 신원을 미리 확인하고 투자를 유치 받아 자신들의 서비스가 불법적인 목적으로 쓰이지 않도록 방지함
Merkle Tree (머클트리)	머클트리를 이용해 해당 블록에 들어 있는 모든 거래의 요약본을 가지고 있을 수 있으며, 이를 통해 세부 거래 내용을 쉽게 찾을 수 있음. 블록헤더의 요소중 하나.
Nonce	작업 증명 알고리즘에서 사용되는 변수. 이를 SHA256 해시함수에 입력해 출력되는 값을 가지고 연산하는데 이용. 작업 증명 알고리즘에서 해시값을 구하기 위해 단 한 번만 사용되도록 생성되는 임의의 숫자.
P2P(peer to peer)	네트워크상에서 개인과 개인이 집적 연결되어 데이터를 공유하는 것. 네트워크에 참여하는 개인은 모두 동등한 지위를 가지고 있고 모든 노드가 네트워크 서비스를 공급하는 역할을 분담하는 것을 의미.
Previous Block Hash	블록체인에서 바로 앞에 위치하는 블록의 블록 해시. 블록을 이전 블록들과 연결해 주는 매개이고 블록헤더의 구성요소임.
Replay Attack	하드포크가 일어날 때(블록체인이 두 개로 분기될 때) 기존의 코인을 전송하면 새로운 블록체인의 코인도 전송되는 현상.

용어	해설
SHA256	입력값에 대하여 256비트의 길이의 16진수로 (0123456789-abcdef) 바꿔 주는 해시 알고리즘
Smart Contract	조건과 행위가 존재하고 강제성이 있는 계약. 예를 들어 'A가 결혼을 하면 10 이더리움을 전송한다'는 계약을 하면 A가 결혼을 했을 때 자동으로 10 이더리움이 전송됨.
Solidity	계약 지향 프로그래밍 언어로 다양한 블록체인 플랫폼의 스마트 계약 작성 및 구현에 사용됨. EVM을 목표로 설계된 4가지 언어 중 하나이며 현재는 이더리움의 주요 언어. 누구든지 이 언어를 사용해 스마트 컨트랙트, 분산 애플리케이션을 작성하고 소유권에 대한 임의의 규칙, 트랜잭션 형식(transaction format), 상태 변환 함수(state transition function) 등을 생성할 수 있음.
Tether (테더)	Tether라는 회사의 주관으로 1USDT를 1USD로 환전해주는 기준 코인. 우리나라는 원화 기준으로 거래소가 운영되는 반면, 외국 대부분의 거래소는 주로 비트코인, 이더리움이 기준이 되어 거래소가 운영이 되어 가격 변동과 측정에 어려움이 있는데, Tether는 이를 보완해 줄 수 있는 달러 가격 지표 코인.
UAHF (User Activated Hard Fork)	사용자가 중심이 되어 하드포크를 활성화하려는 시도를 가리킴. 하드포크의 경우 기존 블록에서 새로운 체인이 생성된 형태로 업그레이드가 진행됨. 기존 유저들은 반드시 개로운 버전으로 블록체인을 업그레이드해야만 사용이 가능함. 하드포크를 시행하게 되면 새로운 버전은 이전 버전과 분리가 됨.
UASF (User Activated Soft Fork)	사용자가 중심이 되어 소프트포크를 활성화하려는 시도를 가리킴. 소프트포크란 기존 버전에서 새로운 업그레이트를 하는 것이며 코인 보유자에게는 영향을 주지 않지만 채굴자는 프로그램 업그레이드가 필요함. 소프트포크의 경우 새로운 체인이 생성되지 않는 범위에서 업그레이드가 진행됨. 이전에 사용하던 유효한 블록에서만 무효화되는 방식으로 변경됨. 이전 버전과 호환이 가능하며 사용자 입장에서는 별도의 설정 변경 없이 기존 버전을 그대로 사용 가능함.

용어	해설
UTXO (Unspent Transaction Output)	사용되지 않은 거래 출력값. 입금만 받고 송금하지 않았다면 아직 소비하지 않은 거래가 되며 이러한 거래 정보. 쉽게 말해 지갑에 가지고 있는 비트코인의 잔액을 이루는 거래들을 가리킴. 사용되지 않은 블록체인 트랜잭션의 결과물이며, 새 트랜잭션 입력 시에 사용됨. 비트코인은 UTXO 모델의 가장 대표적 예시임.
가즈아	암호화폐 상승을 기원하는 소리. 상승을 원하는 마음을 담아 외치는 기도와 비슷함. 달나라 가자는 뜻인 '투 더 문(To the moon)'과 비슷한 의미.
개미	소액 투자자
고아 블록 (Orphaned block)	동시에 두 블록이 승인되었을 때 메인체인으로 연결되지 못한 블록. 고아 블록에도 승인된 거래 내역이 담겨 있으나 더 이상 메인체인에 연결되지 못하고 따로 떨어져 존재함.
구조	특정 가격에 코인을 샀는데 수익 실현 전에 코인값이 떨어졌을 경우 자신이 산 가격대 이상으로 코인값이 도달하는 것. "리플 10층에 사람 있어요. 구조 바랍니다"라는 말은 자신이 리플을 1,000원에 샀는데, 매수한 가격보다 시세가 하락했으니, 다시 매수가로 가격이 상승하기를 도와달라는 말. 코인가를 다시 끌어올려주는 존재를 '구조대'라 부름.
기사	세력이나 작전을 지휘하는 사람. "기사님 제발 여기도 한번 와주세요" 와 같이 사용함
김프 (김치 프리미엄)	같은 암호화폐라도 국외 거래소에 비해 국내 거래소에서 비싸게 거래되는데, 이때 낀 가격 거품을 가리키는 말. 반대말은 역프(역김치 프리미엄)이지만, 자주 발생하지 않으니 잘 쓰이지 않는 용어임.
깃허브 (Github)	깃(Git)이란 분산형 버전 관리 프로그램으로 전체 기록과 각 기록을 추적할 수 있는 정보를 포함하고 있는 저장소. 깃허브는 대표적인 무료 Git 저장소로 오픈소스 프로젝트의 경우에는 무료로 사용 가능함. 기업이나 개인이 일종의 포트폴리오처럼 사용되고 있으며, 블록체인 업계에서는 깃헙에 공개된 코드로 그 프로젝트의 신뢰도를 평가함.

용어	해설
난이도	새로운 블록을 찾는 것이 얼마나 어려운지를 나타내는 상대적인 척도. 난이도는 해시 파워로 나타내며, 네트워크의 채굴자가 얼마나 많은 해시 파워를 배치했는가에 따라 주기적으로 조정됨.
넥스트	암호화폐 '엔엑스티(NXT)'의 별칭이며 '엔엑'이라고도 부름
노드	네트워크에서 연결점을 의미하며, 데이터를 인식하고 처리하거나 다른 노드로 전송하기 위한 컴퓨터를 의미함. 블록체인을 배포하는 소프트웨어를 가지고 블록체인을 다운 받는 사람 또는 컴퓨터이며, 관계도에서 선이 아닌 동그라미로 표현됨.
뉴이코	암호화폐 '뉴이코노미무브먼트'의 별칭
다크코인 (Darkcoin)	Dash 코인의 이전 명칭이자 익명 화폐를 가리킴. 거래 기록을 숨길 수 있는 익명 암호 화폐들을 뜻하며, 대시 외 모네로, 제트캐시 등이 있음.
단타·장타	단타는 코인을 길게 갖고 있지 않고 몇 분 혹은 몇 시간 내 짧은 텀으로 사고파는 행위. 장기간 길게 보유하는 것을 장타라 함.
대구은행	암호화폐 'DGB(디지바이트코인)'의 별칭. 대구은행이랑 이름만 같을 뿐 아무 상관이 없음.
대기중(Pending)	컨펌 과정 중에 있는 거래
대장	비트코인을 가리키는 말. 암호화폐 중 인지도 1위이며, 가격도 가장 비싸고 거래량도 많기 때문임. 비트코인을 제외한 암호화폐들은 대장 시세를 따라가는 것이 일반적이지만, 상관관계가 높지는 않음.
데드캣	'데드캣 바운스'의 줄임말. 높은 곳에서 떨어진 고양이는 목숨을 잃게 되지만, 몸의 탄력 때문에 잠깐 튀어 오르는 데에서 유래한 말. 폭락한 코인값이 살짝 오르는 상황.
도마뱀	암호화폐 '코모도(KMD)'의 별칭. 물론 코모도도마뱀에서 유래함.
따거형님	중국세력을 가르키는 말

용어	해설
떡상·떡락	각각 '폭등'과 '폭락'을 뜻하는 말. 암호화폐 시장은 주식시장보다 변동성이 더 심하여, 대개 30% 이상은 변화해야 떡상 혹은 떡락이라 부름.
라이덴 네트워크 (Raiden network)	라이트닝 네트워크의 이더리움 버전
라이트닝 네트워크 (Lightning network)	별도의 거래 채널을 열어 블록체인을 거치지 않는 오프체인(off-chain) 거래를 시행하고 채널을 닫으면서 전체 내역을 묶어서 블록체인에 기록하는 온체인(on-chain) 거래를 생성하는 기술. 거래 과정에서 수수료가 절감되며 실질적인 소액 거래를 가능하게 함.
라코	암호화폐 '라이트코인'의 별칭
리또속	'리플에 또 속나'의 준말로 리플(XRP) 코인이 오를 때가 되었다고 생각했는데 오르지 않을 때 사람들이 리또속, 리도석(북한식 표현), 중력코인이라는 표현을 사용함 '안전 자산 리플'이라는 말은 암호화폐 상승기에 리플의 가격은 변하지 않아 붙여졌던 별칭임.
매수벽·매도벽·지지선	암호화폐 가격이 일정 선을 넘어 치솟거나 떨어지지 않도록, 특정 가격대에서 코인을 대거 사들이거나 팔기 위해 대기 중인 물량. 세력이나 큰손이 가격 통제 또는 조작을 위해 쌓아두는 것으로 추정됨. 호가창에서 지정가로 걸어둔 매수량이 매수벽, 반대가 매도벽임.
메인체인 (main chain)	제네시스 블록으로부터 가장 최근의 블록까지 연결되어 있는 체인. 가장 많은 해시 파워가 투입되는 체인에 다음 블록이 연결됨.
물타기	매수한 코인 가격보다 낮은 가격으로 추가 매수하여 평균 단가를 낮추는 행위
백서 (White paper)	개발자들이 암호화폐에 대해 기술적 특징이나 미래 계획에 대해 설명한 문서. ICO 전에 백서를 공개하고 투자자를 모집함.
블록	블록체인에서 일정 기간 동안(비트코인의 경우 10분) 쌓인 거래 내역을 저장하는 단위. 블록체인 거래 내역과 함께 타임스탬프와 이전 블록의 해시값이 담겨 있음.

용어	해설
블록 탐색기 (Block explorer)	거래 내역, 주소, 특정 블록에 대한 정보 등을 보여 주는 탐색기. 각각의 블록체인에 따른 블록 탐색기가 존재하며, 대표적인 블록 탐색기는 https://blockexplorer.com, etherscan.io 등이 있음.
블록 헤더	블록 헤더는 블록에서 가장 중요한 데이터를 담고 있는데, 이전 블록 해시값, 난이도, 타임스탬프, 논스값, 머클트리 루트값을 담고 있음.
비골	암호화폐 '비트코인 골드'의 별칭
비캐	암호화폐 '비트코인 캐시'의 별칭
비트렉스(Bittrex)	미국의 암호화폐 거래소
비트파이넥스 (Bitfinex)	홍콩계 암호화폐 거래소
사토시	비트코인의 개발자 이름. 비트코인을 0.00000001단위로 쪼갰을 때의 단위위며, 알트코인들의 값을 부를 때 사토시의 단위를쓰기도 함
세그윗(Segwit)	거래 처리 용량 해결을 위한 업그레이드. 비트코인은 10분당 1MB 용량의 블록을 생성 및 거래하기에 1초에 7개만 거래 가능하였고 이에 비트코인 등은 시스템 업그레이드 필요성을 느끼고 세그윗을 진행하였음.
세력	암호화폐 시세를 끌어올린후 개미들이 뒤늦게 올라타면 매도하여 수익을 챙기는 대형 거래자들을 총칭함. 호재나 악재를 만들거나 코인을 대량으로 사고팔아 시세 조작을 유도함. 대자본이 세력으로서 활동하는 경우가 많지만, 개미들이 단체 카톡방 등에 모여 세력을 형성해 움직이는 경우도 있음.
소프트캡	프로젝트 진행을 위한 최소한의 금액으로 넘지 못할 시 프로젝트가 취소되고 환불 처리됨.
소프트포크 (Soft Fork)	하드포크와 같이 업데이트-되는 체인이 새로 생기며 포킹을 하지만 기존의 체인과 서로 호환이 가능함.
손절	손해를 보면서 암호화폐를 매도하는 행위

용어	해설
스냅샷 (Snapshot)	용어의 사전적 의미는 그 순간을 기록하는 사진. 암호화폐에서는 하드포크가 일어났을 때 또는 에어드랍시 암호화폐를 보상으로 나누어 주기위해 코인보유자들을 기록하는 행위를 뜻함.
스캠(Scam)	암호화폐와 관련한 사기를 총칭함. LoopX 사례가 있음.
슨트	암호화폐 '스테이터스네트워크토큰(SNT)'의 별칭
승차감	상승세일 때 차트가 얼마나 안정적인지를 이르는 말. 오르락내리락을 심하게 하면 승차감이 나쁘다고 함. 승차감이 실제로 나쁜 종목은 언제든지 급락할 가능성이 있음.
시가총액	해당 코인의 발행량에 시가를 곱한 것으로 전체 가치를 나타냄. 예를 들어 시장에 코인이 100개이고 코인 한 개 가격이 100원이라면 시가총액은 10,000원이 됨.
신앙심	오를 것 같은 종목인데 가격이 급락하거나 '승차감'이 굉장히 나쁠 때 '존버'를 위해 필요한 것으로, 자신의 코인이 언젠가는 급등할 것이라고 굳게 믿는 마음.
심상정	뭔가가 심상치 않다는 의미
아다	암호화폐 '에이다(ADA)'의 별칭. ADA는 Cardano의 기본 화폐 단위이며 하스켈 프로그래밍 언어(양자 컴퓨터의 해킹도 막을 수 있도록 만들어진 언어)를 기반으로 하며 3세대 블록체인 암호 화폐임. 2017년 10월에 발행되었으며 천재 수학자 찰스 호스킨스가 개발을 주도하였음.
아인	암호화폐 '아인스타이늄'의 별칭
알트코인	비트코인을 제외한 나머지 암호화폐를 통틀어 가리키는 용어 얼터너티브 코인(Alternative coin)을 줄인 말이며, 알트코인 거래시에는 현물 가치와 비트코인 기준가인 사토시 가격을 둘 다 고려해야 함.
암호경제학	암호학이 결합된 경제학을 이르는 말. 암호학으로 데이터를 검증하고 소유권을 증명하며, 이를 통해 불특정 다수의 사람이 합의에 이르는 경제 시스템에 관련한 체계

용어	해설
약속의 OO시	채팅에서 많은 분들의 기대 심리가 반영되어 오르기를 희망하며 말하는 것, 호재가 나와 상승을 기대하는 시점을 가르킴. '약속의 10시'는 10시에 호재가 나오면서 시세가 오르기를 기대하며 사용하는 말.
어미새	암호화폐 '오미세고(OMG)'의 별칭
에어드랍	특정 코인의 경우 그 코인을 가진 수만큼 다른 코인을 덤으로 무상으로 증정하는 것. 코인 비례로 주는 건 아니고, 사이트 신규 가입자나 암호화폐를 일정 액수 이상 거래한 이를 대상으로 이벤트성 에어드랍을 해주는 경우가 있음. 에어드랍 때 나눠줄 코인 수를 계산하기 위해 각 투자자가 가진 코인 수를 기록하는 작업을 '스냅샷'이라 함.
역프	국외 거래소보다 국내 거래소 시세가 낮은 상황을 가리킴.
오픈소스 (Open source)	소프트웨어 또는 하드웨어 제작자의 권리를 지키면서 원시 코드를 누구나 열람할 수 있도록 한 소프트웨어 혹은 해당하는 라이선스에 준하는 것.
온체인(on-chain)/ 오프체인(off-chain) 트랜잭션	온체인 트랜잭션이란 거래 정보를 모두 블록에 포함하는 거래이며, 오프체인 트랜잭션은 거래 내역이 블록에 포함되지 않는 거래.
운전	세력이나 작전을 지휘하는 '기사'가 거대 자본으로 시세를 조작하는 과정을 이르는 말.
월렛(Wallet)	암호화폐 지갑(wallet)에는 암호화폐를 받거나 사용할 수 있는 Public key와 Private key를 저장하며, 하나의 Wallet은 다수의 Public key와 Private key를 가질 수 있음. 암호화폐는 그 자체로 Wallet에 저장되지 않고 Public 원장에 별도로 저장됨. 모든 암호화폐는 Private key를 가지고 있으며, 이를 가지고 공개 원장에 저당된 암호화폐의 소유권을 행사할 수 있음.
윤비(Yunbi)	중국의 암호화폐 거래소
이클	암호화폐 '이더리움 클래식 '의 별칭
익절	이득을 보고 암호화폐를 매도하는 행위

용어	해설
작업증명 (PoW, proof of work)	컴퓨팅 파워를 투입해 일정 시간 저장된 거래를 새로운 블록으로 승인하는 작업. 채굴의 한 방법임. 새로운 블록을 승인하기 위해서는 채굴자들이 해시값을 찾아야 하는데, 이를 위해 각 채굴자가 컴퓨팅 파워를 동원해 무작위로 숫자를 대입함. 이 과정에서 투입되는 컴퓨팅 파워가 클수록 블록체인의 보안성도 커짐. 대규모의 접속 통신량(트래픽)을 일으켜 서비스 체계를 마비시키는 디도스 공격과 같은 사이버 공격을 차단하는 프로토콜의 역할.
재정거래	프리미엄 시세 차익을 거두기 위해 국내외 거래소 간 송금하여 거래하는 방식. 한국 거래소 가격의 프리미엄이 많이 붙던 시절 국외 거래소에서 코인 구매 후 국내 거래소에 팔아 이익을 챙기는 일이 빈번하였음.
제네시스 블록	블록체인의 시작을 알리는 첫 번째 블록. 현재 시점의 블록으로부터 거꾸로 거슬러 올라가면 이 제네시스 블록에 도달함. 비트코인의 경우 2009년 사토시 나카모토가 처음으로 제네시스 블록을 발행함.
존버	'존엄하게 버틴다', '존엄하게 버로우(burrow) 한다' 라는 뜻. 코인값이 횡보하거나 살짝 오르는 상황에서 기다리는 건 장타지만, 떨어진 상황에서 기약 없는 반등을 노리면 존버라고 볼 수 있음.
주문형 반도체 (ASIC, application specific integrated circuit)	반도체 업체가 사용자의 주문에 맞춰 제작해 주는 주문형 반도체. 범용성이 높은 표준 집적 회로와는 달리, 고객이나 사용자가 요구하는 특정한 기능을 갖도록 제작된 집적 회로. 채굴에 특화된 ASIC는 그래픽 카드 대비 수만 배 이상 빠른 연산력을 가짐.
지분증명 (PoS, Proof of Stake)	지분 증명. 더 많은 지분(코인)을 가질수록 블록체인 장부에 기록할 권한이 더 많이 부여된다. 지갑(노드)에 보유한 코인이 블록 생성 및 검증(네트워크 증명)에 기여한 대가로 보상을 받기 때문에 코인 지분 비율만큼 블록 생성 권한이 주어짐.
채굴(Mining)	작업 증명을 완료했을 때 그 보상으로 코인을 받을 때 채굴한다고 함.

용어	해설
추매(=추격 매수)	암호화폐 상승 시 보유하고 있던 암호화폐를 더 추가로 매수하는 것.
층	코인을 매수한 가격. 리플을 1코인당 1,000원에 샀다면, 100층 또는 10층이라 함. 기준이 딱 정해진 건 아니기 때문에 같은 코인 내에서도 층 표기는 다를 수 있음.
큰손	특정 암호화폐를 다수 보유한 인물 또는 조직
토큰 락(token lock)	이동과 거래가 불가능해진 코인
토큰 소각	토큰을 불태운다는 의미로 토큰 전체 개수가 줄어듦. 보통 개발진 측에서 보유하고 있는 양 중 일부를 없애는 것으로 주식의 자사주 소각과 비슷함.
튜링 완전성/불완전성(Turing-completeness/incompleteness)	무한 순환을 포함해서 상상 가능한 모든 계산 수행을 할 수 있는 것을 의미함. 대표적인 튜링 완전성을 지닌 블록체인은 이더리움이며, 비트코인은 튜링 불완전하다고 함. 비트코인은 무한 반복 공격을 막기 위해 튜링 불완전성을 의도적으로 채택하였으며, 이더리움은 무한 반복을 막기 위해 가스(계산을 위해 지급하는 비용)라는 개념을 도입함.
평단	평균 단가를 의미하며 얼마에 샀는지 또는 얼마에 팔았는지에 대한 평균 가격을 의미함.
폴로닉스(Poloniex)	미국의 암호화폐 거래소
풀매(=풀매수)	가용 가능한 자산을 모두 동원하여 암호화폐를 매수하는 것
하드캡	모금액의 최대치로 이 금액 이상의 돈을 받아 코인을 구매할 수 없음.
하드포크(Hard Fork)	해킹이나 버그 등의 문제점을 개선하는 일종의 소프트웨어 업그레이드 방법을 말하지만, 기존 블록체인에서 갈라져 새로운 암호화폐를 만드는 것을 의미하기도 함. 기존의 블록체인에서 문제가 발생하거나 기존 방식의 장부 기록 방식에서 완전한 변화를 주려고 할 때 두 갈래로 체인이 갈라지며 업데이트되는 체인이 생기며, 두 체인의 노선은 전혀 다른 방식으로 운영되기 때문에 서로 호환되지 않음.

용어	해설
호재·악재	각각 좋은 변수와 나쁜 변수.
혹우	'호구'의 변형. 동일어로 '흑우'나 '흑두루미' 등이 있음.
화이트리스트	KYC와 같이 코인 구입을 위해 자신의 정보를 적어 리스트에 등록하는 작업.
확인 (Confirmation)	컨펌이라고 하며, 블록이 생성되어 확인을 받는 절차를 의미함. 블록체인상에 기록되려면 특정 횟수만큼 컨펌이 되어야 네트워크상에서 진정한 것으로 인정됨.
횡보	암호화폐 가격이 큰 변동 없이 유지되는 상황.

알기쉬운 블록체인&암호화폐 105문답

1판 1쇄 발행 2019년 2월 7일
1판 2쇄 발행 2022년 3월 25일

지은이 | 김상규
펴낸이 | 박정태
편집이사 | 이명수 감수교정 | 정하경
편집부 | 김동서, 위가연, 전상은
마케팅 | 박명준, 박두리 온라인마케팅 | 박용대
경영지원 | 최윤숙

펴낸곳 BOOK STAR
출판등록 2006. 9. 8. 제 313-2006-000198 호
주소 파주시 파주출판문화도시 광인사길 161 광문각 B/D 4F
전화 031)955-8787
팩스 031)955-3730
E-mail kwangmk7@hanmail.net
홈페이지 www.kwangmoonkag.co.kr
ISBN 979-11-88768-11-0 13320
가격 19,000원